Delphi Starbooks

HINWEIS

Aus namens- und urheberrechtlichen Gründen wird hier ausdrücklich darauf hingewiesen, daß es sich bei den sowohl fett wie kursiv
gedruckten Dialogtexten dieser Publikation ausschließlich um

›*paranormale Übermittlungen geistiger Quellen*‹

handelt. Die übermittelnden geistigen Entitäten verstehen
sich als physisches Leben überdauerndes Bewußtsein ihrer
ehemals auf Erden weilenden Persönlichkeit. Um sowohl solchen
Zusammenhang als auch die Unterschiedlichkeit zur jeweiligen
historischen Figur zu kennzeichnen, wurden in dieser Dokumentation parapsychologischer Experimente die vormaligen Namen
der 'verstorbenen' Übermittler in Anführungszeichen gesetzt.
Die Autoren

René & Mirabelle Coudris

Jenseits
berühmter
Leben
(und Lügen)?

Eine Talk-Show von Drüben

Delphi Starbook  *Publications*

Wir bedanken uns herzlichst bei allen irdischen Freunden, die dieses Projekt materiell und ideell unterstützten, auch danken wir unseren neuen Verlagspartnern für den Wagemut, sich des Themas anzunehmen. Unser ganz besonderer Dank gilt natürlich den mit uns kooperierenden geistigen Energien im Unsichtbaren.

René & Mira Coudris

ISBN 3-901494-01-4
Originalausgabe
1. Auflage 1/95

© 1994 by René & Mirabelle Coudris
Studio Phoenix und Delphi Publications
A-4810 Gmunden, Austria

Grafische Gestaltung: René Coudris
Lektorat: Angelika Todtenhaupt
Herstellung: Landesverlag Druckservice Linz

Gechätzter Leser! Aus Gründen des irdischen Persönlichkeitsrechts, das keinerlei Rücksicht auf jenseitige Gegebenheiten nimmt, sehen wir uns genötigt, die nachfolgendenTrance-Dialoge als ›möglicherweise fiktiv‹ zu bezeichnen. Ihre Intuition wird Sie dennoch die tiefere Wahrheit des Lebens erkennen und fühlen lassen!

INHALT

Von wegen Geisterstunde...

›Studio Phoenix‹ ist ein von mir - kurz bevor ich meine Frau im luciden Traum(!) kennenlernte - vor rund fünfzehn Jahren gegründetes, klitzekleines Privat-institut. Den ägyptischen Feuervogel wählte ich als Signet, weil er seit jeher für Transformation, Neubeginn und Unsterblichkeit steht.

Ursprünglich primär auf astrologischer Basis operierend, verwandelte sich dieses Astro-Service und Miniatur-Traumlabor - nachdem ich Mirabelle 1981 auch physisch traf - zunehmend in einen parapsychologischen Experimentierkasten. Während eines damals von mir veranstalteten PSI-Seminars mit einem französischen Meister auf diesem Gebiet, stellte sich mittels diverser Tests die außergewöhnliche mediale Begabung meiner Frau und auch meine Nichthypnotisierbarkeit heraus. Der referierende Diplom-Psychologe - selbst höchst sensitiv veranlagt - betrachtete dies als Omen und Verpflichtung, uns als Para-Team einschlägig auszubilden. In der nachfolgenden mehrjährigen autodidakten Trainingszeit, in der sich die Begabung Mirabelles weiter herauskristallisierte, unternahmen wir mit zunehmendem Erfolg ausgedehnte Reisen tief in Grenzbereiche des Bewußtseins hinein und erforschten so neue Dimensionen jenseits der rationalen Wirklichkeit. Miras PSI-Lehrzeit wurde schließlich sogar durch eine wochenlange Direktschulung von ›Drüben‹ unterstützt.

Gekrönt wurden unsere manchmal allzu wagemutigen Unternehmungen* schließlich durch die sechswöchige telepathische Kommunikation, die unser

---

*Wir sind natürlich anfangs auch in Situationen geraten, die wir nicht nochmals erleben möchten. So hatte Mira etwa Schwierigkeiten, während der Erkundung tierischer Welten aus dem Bewußtsein eines Schimpansen wieder in ihren eigenen Geist zu finden. Ein anderes Mal riß die Kommunikation gänzlich ab und war zwanzig Minuten lang nicht wieder herstellbar...

7

noch ungeborener Sohn im fünften Schwangerschaftsmonat aufnahm. Akustisch - über inneres Hören des Mediums - diktierte er uns ein komplettes Buch an die Eltern der Zukunft. Meine Frau notierte während der täglichen Meditation einfach eilends mit, was das wieder menschwerdende Wesen zu berichten hatte. Eine abenteuerliche Geschichte, die im wahrsten Sinne des Wortes das Leben schrieb. Ich fühlte mich damals von unserem inzwischen zehnjährigen Sohn indirekt damit beauftragt, seine erstaunlichen Übermittlungen in die Welt zu tragen. Jenes Buch hat unsere paranormale Öffentlichkeitsarbeit eingeleitet und ist inzwischen - in ein halbes Dutzend Sprachen übersetzt - zu einem Klassiker der spirituellen New Age-Literatur geworden.*

Ein weiterer Höhepunkt unserer Bewußtseinsexpeditionen wurde die zwei Jahre später erfolgte Kontaktaufnahme mit 'C.G.Jung', die von uns ebenfalls in keiner Weise beabsichtigt war. Anfangs die Quelle selbst anzweifelnd, kamen wir durch vielerlei handfeste Erfahrungen immer mehr zu dem Schluß, daß auch diese intensiv auf uns einströmenden Weisheiten authentisch sein müßten. Ohne unsere persönliche Meinung irgend jemandem aufdrängen zu wollen, wagten wir uns unbedarft an eine chronologische Dokumentation der ersten drei Dutzend Kontakte mit 'Jung', die ein 200-Seiten Buch mit erstaunlichen Aussagen füllten**. Trotz vehementer Versuche der Erbengemeinschaft Jungs, unsere Publikation zum Verschwinden zu bringen, konnte die Veröffentlichung nicht mehr aufgehalten werden, als unsere jungianische Trance-Arbeit von immer mehr Jungianern unterstützt und für zumindest dem archetypischen Geiste Jungs entstammend erklärt wurde. Bislang sind drei deutschsprachige Folgebände dieses Mammutprojekts erschienen. Die derzeit archivierte Menge an Konsultationen mit dieser jenseitigen Geistesgröße ergäbe hochgerechnet aber schon eine etwa zwölfbändige Serie. 'Jungs' dezidierte Absicht ist es ja, mit den gechannelten Durchgaben die historischen Jungschen Werke gemäß 'seinem' erweiterten Wissensstand publikumsnah zu erneuern und zu komplettieren.

Die enorme Tiefgründigkeit von ›CeGe‹, wie wir ihn aus Rechtsgründen auch nennen, hat uns zwar eine Menge interessanter Arbeit und viel Lob eingebracht, unserem diesbezüglichen Verleger ist allerdings das Publikum für 'Jungs' Oeuvre zu gering gewesen, um weiterhin mit ökonomischem Enthusiasmus dahinter zu stehen - obwohl die Erstauflage nun ausverkauft ist.

---

* Unser 1985 erschienenes Erstlingswerk ›Ich kann sprechen‹ war nun jahrelang vergriffen, erscheint aber Mitte 1995 in fünfter Auflage neuerlich unter dem Titel ›Gespräche mit dem Ungeborenen‹ als Heyne-Taschenbuch. Die fremdsprachigen Ausgaben sind im Anhang erwähnt.

** ›Im Trance-Dialog mit ‚C.G.Jung' oder Kontakte mit dem Unbewußten?‹, Band I - III, Silberschnur-Verlag. Nähere Angaben dazu finden Sie auf den letzten Seiten.

Sponsorung aus Leserkreisen hat das Projekt bislang halbwegs am Überleben gehalten, aber niemand hat für breitere Publizität gesorgt. Um auch den restlichen umfangreichen Wisssensschatz aus 'Jungs' astralem Munde, der noch in unseren Schubladen brachliegt und sich zudem noch laufend vermehrt, der interessierten Leserschaft zukommen lassen zu können, haben wir beschlossen, die notwendige Öffentlichkeit auf originelle Weise selbst zu schaffen. Aus dieser Situation heraus entwickelte sich die uns herausfordernde Idee einer jenseitigen ›Talkshow‹ mit Stars. Und das kam so:

Im Laufe der Jahre beehrten uns im Rahmen unserer Channeling-Sitzungen vielerlei Wesen. Neben Ungeborenen jeden Alters, hochentwickelten Geistwesen aus anderen Dimensionen, wissenden Extraterrestriern aus fernen Galaxien, oder Bewußtheiten aus dem Tier- und Pflanzenreich, besuchte uns gelegentlich auch die eine oder andere historische Größe. Angefangen von ägyptischen Pharaonen bis hin zu griechischen Philosophen spannte sich über die Jahre der Bogen. Als sich schließlich vermehrt Persönlichkeiten des zwanzigsten Jahrhunderts zu Wort meldeten, brachte uns das auf den Gedanken, unsere Fast-noch-Zeitgenossen in Serie zu interviewen.

Ausgelöst wurde dieser Geistesblitz durch den altbekannten Fragebogen aus den Salons der Zwanziger Jahre, der nach der Lieblingsgestalt in Literatur und Geschichte, nach der Lieblingsblume und nach allem möglichen fragt, um dadurch eine Art Charakterbild des Antwortenden zu erhalten. Warum also nicht diesen Fragebogen für Jenseitige adaptieren und so eine plastischere Vorstellung von den nachtodlichen Gedanken- und Erfahrungswelten explorieren? Ein naheliegender Schluß war es dann nur noch, daß jene Berühmtheiten, die erst kürzlich oder zumindest erst in diesem Jahrhundert verstarben, am ehesten noch nicht wiedergeboren seien und deshalb mit solchen die größtmögliche Chance für einen Direktkontakt bestünde.

Aus einem mitternächtlichen Spaß in der letzten Sylvesternacht gebar sich schließlich die Idee zum vorliegenden Buch vollends. Ich weiß heute nicht mehr, warum mir damals gerade der kürzlich verstorbene amerikanische Untergrundmusiker Frank Zappa in den Sinn kam, es war jedenfalls eine zwerchfellerschütternde Gaudi. Dennoch entzog uns die Ernsthaftigkeit der tatsächlichen Live-Unterhaltung mit einem sehr lebendigen Toten jeder Geisterstunden-Romantik.

Eben diese spürbare Authentizität forderte uns heraus, eine Publikation für breitere Kreise vorzubereiten, in der wir nebenbei auch jene Leser ansprech-

9

en, die á la C.G.Jung in die tieferen Geheimnisse des Lebens vordringen möchten. Das wäre doch der Clou für eine Weiterführung unserer Arbeit mit 'Carl Gustav'! Gesagt, getan. Testversuche mit 'Walt Disney' und 'Marilyn Monroe', die mehr als wünschenswert verliefen, motivierten uns erst recht, das Projekt zu realisieren. Daß sich damit auch Richtigstellungen verfälschter Biographien von Berühmtheiten ergeben sollten, zeigte sich auch bereits an.

Lieber Leser, behalten Sie also bitte im Auge, daß wir mit dieser vielleicht etwas sensationalistisch anmutenden Publikation insbesondere auf unsere Kooperation mit dem jenseitigen CeGeJung verweisen wollen, dessen Übermittlungen sozusagen die Rosinen in unserem Channelingkuchen darstellen. Natürlich werden wir auch weiterhin Jenseits-Interviews mit berühmten Stars und anderen lexikalisch aufgeführten Personen führen, wenn unser Leserpublikum intensiv genug zeigt, daß es dies wünscht und die dadurch entstehenden namensrechtlichen Querelen nicht allzu üppig wuchern. Die Zeit für eine aufgeschlossenere Transkommunikation sollte ja inzwischen reif geworden sein. Bei zwölf Prozent Esoterik-Umsätzen in den Buchhandlungen brauchte sich die altehrwürdige Parapsychologie längst nicht mehr so trocken zu gebärden. Seit wir in den letzten Jahren durch Amerika tourten, weisen wir jedenfalls dem Spaß an der Freud in unseren Para-Projekten nun einen weitaus größeren Spielraum zu. Trotz unserer erweiterten Palette werden sich die medialen Aktivitäten meiner Frau aber auch weiterhin auf die paranormale Kommunikation mit Ungeborenen und 'Carl Gustav Jungs' Übermittlungen einer ›Spirituellen Psychologie für das dritte Jahrtausend‹* zentrieren. Wenn Sie sich fragen, was Mirabelle denn sosehr zum ehemaligen Schweizer Kulturpsychologen C.G.Jung hinzieht, verraten ich Ihnen leise, daß die beiden über eine Reihe von Leben hinweg eine tiefe Freundschaft verbindet. Auch als Medium ist Mira natürlich schon mehrere Leben lang tätig, von heute auf morgen läßt sich eine derart ausgeprägte Gabe nicht entwickeln.

Was wir Ihnen zwischen diesen Buchdeckeln präsentieren ist also eine Dokumentation experimenteller Vorgänge samt dervon uns daraus schlußgefolgerten Fragen und Antworten. Dazu erklären wir hier aus Rechtsgründen ausdrücklich, - mit einem lachenden und einem weinenden Auge -, daß wir hier keinesfalls behaupten, auch nur mit einer der erwähnten Persönlichkeiten nachweis-

---

* Das ist der Titel der in Arbeit befindlichen (stichwortbezogenen) amerikanischen Ausgabe der 'Jungschen' Dialoge. Während unserer USA-Reisen konferierten übrigens mit 'Carl Jung' neben einer Reihe von Therapeuten aus dem Umfeld der Jung-Institute auch Kapazitäten wie Marilyn Ferguson und Jon Klimo - beide renommierte Autoren der New Age-Szene.

lich in nachtodlichem Kontakt gestanden zu haben, sondern einzig in spezifi-schen, paranormalen Versuchsanordnungen zur telepathischen Erkundung von individuellen Bewußtseinsräumen zu höchst seltsamen Resultaten kamen! Zu Ergebnissen jedoch, die aus guten Gründen - uns persönlich - den Anschein erwecken, als würden wir mit Bewußtseinsformen kommunizieren, die in einer von uns hypothetisch angenommenen Kette wiederholter Erdenleben bereits als dieses oder jenes Wesen verkörpert gewesen seien. Wir wissen von keiner Möglichkeit der objektiven Überprüfbarkeit der Sachlage, da das Jenseits derzeit weder wissenschaftlich bewiesen noch widerlegt werden kann. Allerdings neigen die neuesten Fakten einschlägiger Versuche die Waage der sogenannten objektiven Erkenntnis immer mehr in Richtung Bejahung dieser Jahrtausendfrage. Darüber hier ins Detail zu gehen, würde den Rahmen dieses Buches allerdings übersteigen. Dazu werden wir uns ein andermal zu Wort melden. Hier dokumentieren wir einzig unsere mit den prominenten Gästen gewechselten Dialoge, ohne zu spezifische Positionen einnehmen zu wollen.

Es muß allerdings doch gesagt werden, daß wir, würden wir unsere mediale Transkommunikation persönlich nicht ernst nehmen, gar nicht in der Lage wären, sie derartig lebendig zu pflegen. Unsere hinter allem oberflächlich erscheinenden Humor stehende Ernsthaftigkeit einerseits und die Bereitschaft unserer unsichtbaren Gesprächspartner andererseits baute erst die ener-getische Brücke dafür auf und ließ so diese faszinierende Direktheit entste-hen. In dieser Hinsicht sei besonders unserem jenseitigen Freund Roberto gedankt, der für uns die Gesprächskontakte auf der anderen Seite organisierte. Ohne ihn wäre wohl die Angelegenheit doppelt schwierig gewesen.

Ursprünglich hatten wir vor, ein ausgewogenes Gesprächsrunden-Konglome-rat von Berühmtheiten aus Kunst, Wissenschaft, Politik und Sport zusammen-zustellen, sahen aber bald, daß wir eine solch rationale Planung nicht durchhal-ten würden und haben dann den Launen Hüben und Drüben ihren Lauf gelas-sen. Der einzige Sportler beispielsweise, den wir konkret zu kontaktieren suchten, war Ayrton Senna, der brasilianische Formel 1-Rennfahrer. Der war allerdings von seinem tödlichen Autounfall noch so geschockt, daß kein sinnvoller Dialog möglich schien und wir das Gespräch abbrachen. 29 Kontakte mit 22 Berühmtheiten sind uns aber doch gut gelungen. Es war für uns natürlich anfangs ein seltsames Gefühl, soviele Jenseits-Promis am Fließband und aus nächster Nähe kennenzulernen. Aber das legte sich bald, nachdem wir von einem nach dem anderen spirituelle Offenheit und kooperatives Wohlwol-len erfuhren.

Lustigerweise wollten wir nie etwas mit der üblichen Totenkommunikation zu tun haben, im speziellen nicht mit Tischchenrücken, Buchstabenpendeln, Ouija-Bord, Tonbandstimmen und ähnlichen Methoden, bei denen sehr leicht unterbewußte Funktionen des Experimentators die Führung übernehmen. Wir haben die letzten zehn Jahre streng darauf geachtet, uns nur mit sehr bewußten Energien auszutauschen, die zumindest eine Etage über unserem eigenen Bewußtseinsniveau liegen und unserer persönlichen Evolution förderlich sind - jenseitige Stammtischgespräche waren nie unser Metier. Warum Mira sich nunmehr doch bereit erklärt hat, die Akzeptanz von astralen Gastfrequenzen etwas zu erweitern, liegt im menschlichen Aspekt der Sache. Testlesungen unter Bekannten zeigten, daß unsere Dialoge das Überleben des Todes und diese eigene Art von jenseitiger Menschlichkeit auch Leuten, die sich sonst kaum mit Spiritualität und Esoterik beschäftigen würden, näherbringen.

Zu guter Letzt sollten auch unsere neuen Leserfreunde noch in aller Kürze erfahren, wie eine Trancesitzung bei uns abläuft und funktioniert: Meine Frau meditiert kurz und bittet nach ein paar Minuten leise ihre Schutzwesen, während der Trance auf sie aufzupassen und keine dissonanten Frequenzen oder niedere Astralwesen an sie heranzulassen. Daraufhin vollzieht sie ein kurzes inneres Ritual, um die Trance einzuleiten. Mein Part in dieser Einstiegsphase ist es heutzutage nur noch, daß ich meine gedankliche Konzentration auf das zu kontaktierende Wesen ausrichte und mich auf seine Wellenlänge einstelle. An Veränderungen in Miras Gesichtsphysiognomie und der Raumschwingung läßt sich sodann vielfach auch von außen die Präsenz eines anderen Wesens wahrnehmen, das nach einer kurzen Eingewöhnung die Stimmbänder des Mediums zu nutzen beginnt. Dies geschieht meist in einem Zeitraum von fünf bis fünfzehn Minuten. Mira bleibt während des gesamten Ablaufs - der je nach Energiereserven zumeist zwischen 30 und 45 Minuten dauert - passiver Zeuge des Geschehens und kann sich, zumindest noch kurz nachher, an alles erinnern. Die Sessions werden mit einem Sensormikrofon auf Tonkassette mitgeschnitten und gelegentlich auch zusätzlich gefilmt.

Miras tiefe und dennoch voll bewußte Channeling-Trance basiert auf der Fähigkeit der willentlichen Synchronisation beider Gehirnhälften, durch welche sie sich als Medium in eine spezielle psychische Verfassung versetzt, in der ihre Körper- und vor allem die Gehirnzellen in eine vollkommene Entspannung treten. Die höheren Geistkörperfunktionen eines Channels - man könnte auch sagen die unsterblichen Bewußtseinsanteile - sind dann nicht mehr so fest mit dem dichtphysischen Körper verbunden. In dieser Situation ist es einem Medium möglich, aus dem eigenen Körper 'auszusteigen' und einer anderen Energie sowohl psychische wie auch körperliche Funktionen zur Verfügung zu stellen. Mira erfährt die Begegnungen mit neuen Wesenheiten, die ihre Transmitterfähigkeit nutzen wollen, stets als sehr machtvoll, da sich dabei pure, ungeschminkte Bewußtseinszentren begegnen. Wenn die eingeladene Intelligenz dann die Körperkontrolle übernommen hat, wechseln auch die gedanklichen Inhalte und emotionalen Reaktionsmuster der Kommunikation markant. Interessanterweise ist in diesem Zustand die Schmerzgrenze meiner Frau beinahe gleich Null. Sämtliche Empfindungen werden dann vom kommunizierenden Wesen registriert. Umgekehrt werden von astraler Seite im Medium Bilder ausgelöst und Visionen eingespeist, die zusammen mit den vom Kontakt ausgehenden telepathischen Impulsen die gewünschte feine Nuancierung der übermittelten Information ergeben. Dies ist für ein bewußtes Medium insofern anstrengend, als es die transportierten Inhalte auch alle selbst verdauen muß. Und das Ego des Channels während der Durchgaben fernzuhalten, erfordert ebenfalls Energie und wird durch die Fähigkeit, sich gleichzeitig zu entspannen und zu konzentrieren gewährleistet.

Da in der Trance ja nur die Trennung zwischen Bewußtem und Unbewußtem aufgehoben wird, könnte man natürlich sagen, daß in diesem Brückenschlag zwischen Diesseits und Jenseits die medial kontaktierten anderen Dimensionen ›nur‹ die Welt des Unbewußten an sich sei. Das ändert aber nichts an der Tatsache der subjektiven Kommunikationsmöglichkeit mit darin existentem, sich selbst bewußtem, personifizierendem Bewußtsein.

Als ehemaliger Meinungsforscher hatte ich zu den Gesprächen mit diesen - je nach Sichtweise - offensichtlich oder scheinbar den Tod überlebenden Energien neben dem eingangs erwähnten Fragebogen auch eine eigene Fragenliste als losen Leitfaden für meine Interviews vorbereitet. Ich wollte vor allem wissen:

1) *Wie haben Sie Ihren Todesprozeß und den Übergang erlebt?*
2) *Wie hat sich Ihnen das Jenseits anfänglich dargestellt?*
3) *Welche Bewußtseinsveränderungen haben Sie wahrgenommen?*
4) *Haben Sie neue oder alte Bekanntschaften geschlossen?*
5) *Was fällt Ihnen zu einer Rückschau auf Ihr eben beendetes Leben ein?*
6) *Wissen Sie von noch weiter zurückliegenden Leben?*
7) *Wie steht es um Ihre Wiedergeburtsambitionen?*

8) Möchten Sie eine Botschaft an die Diesseitigen übergeben?
9) Haben Sie schon zuvor mediale Kontakte ins Diesseits gepflegt?
10) Wie unterscheidet sich Ihre nunmehrige Gotteserfahrung von damals?

Natürlich melden sich in solchen Sitzungen nicht mehr exakt die damals Verkörperten, jedes Wesen ist ja durch jedwede Erfahrung einer ständigen Transformation unterworfen. Was spricht, könnte eher als der Persönlichkeitskern und die archetypische Struktur des Bewußtseins der oder des ehemaligen ›Soundso‹ bezeichnet werden. Nichtsdestotrotz, lieber Leser, ist der Tod die größte Lüge im Universum und die Unsterblichkeit unseres Selbstes eine auch Ihrer Seele bekannte Tatsache! Um Ihnen einen Hauch davon buchmäßig zu vermitteln, füllten wir die weiteren Seiten mit beinahe hautnahem Jenseits zum Anfassen und hoffen, daß Sie davon ebenso berührt werden wie wir.

In diesem Sinne wünschen wir Ihnen viel Freude mit dieser Lektüre und bedanken uns für Ihre Aufgeschlossenheit. Vielleicht erinnern Sie sich anläßlich Ihres eigenen Abschieds aus dieser reibungsvollen Welt tröstlich daran, daß der physische Tod keine absolute Trennung bedeutet und wir die Möglichkeit haben, uns auf anderen Ebenen mit abgelegten Masken wiederzusehen.

Gmunden am Traunsee,
im August 1994   René & Mira Coudris

PS: Sie können die einzelnen Sessions auch querfeldein lesen, die Gespräche sind nicht chronologisch gereiht. Einzig die ersten vier Kapitel von Marilyn Monroe über die beiden Kennedy-Brüder bis zu Jackie Onassis stehen in einem engerem Zusammenhang und sollten besser der Reihe nach gelesen werden.
Alle fettgedruckten Dialogteile sind jenseitiger Dialog. Die helleren fett gedruckten Passagen beziehen sich auf Wesen, die im Gesamtdialog eine untergeordnete Rolle spielen.

vormals
›möglicherweise‹
MARILYN MONROE
amerikanische Schauspielerin
1.6.1926 - 4.8.1962

Kontaktversuchs-Protokoll vom 27.5.94
Kommunikation englisch

Als wir uns zu diesem Transkommunikations-Projekt entschlossen hatten, war 'Marilyn' der oberste Wunschgast auf unserer Liste. Wenn es mit ihr gut über die Bühne gehen sollte, dann wäre das schon ein gutes Omen für unser Vorhaben, dachten wir. Mira betrachtete sich das Bild von Norma Jean Baker bzw. Mortensen, wie Marilyn ja eigentlich hieß, in unserem Personenlexikon und ging sachte in Trance.

MIRA: *Irgendwie hab' ich das Bedürfnis, jemanden zu rufen, der drüben einen Vermittler oder so etwas Ähnliches spielt. Ich brauch' jemand, der mich schützt, wenn's demnächst um Dutzende von Leuten geht, die alle auf einer anderen Frequenz sind. - Halt, der Roberto ist schon da.*

RENÉ: *Dann erzähl' ihm doch, was wir vorhaben, und frag' ihn, ob er mitmacht.*

MIRA: *Er freut sich und sagt, ›es ist eine gute Idee. Es wird Zeit, daß wir mehr Spaß bei der Arbeit haben‹, und ›er möchte auch berühmt werden‹.*

RENÉ: *Das kann er gern. Wenn er den Moderator spielt, ist er bald von vielen Berühmtheiten umgeben, das wird schon etwas abfärben auf ihn.*

MIRA: *Er meint: ›Nichts wie 'ran an die Sache!‹.*

RENÉ: *Hallo Roberto, wir wollen jetzt mal etwas fürs breitere Publikum machen, nicht nur für das Esoteriker-Ghetto.*
Ich hab' eine Liste von mehreren Hundert Prominenten aufgestellt, von denen wohl genügend noch nicht inkarniert sind, so daß zumindest ein paar Dutzend

davon bleiben sollten, mit denen wir reden können. Dein Job wäre es, die Promis einzuladen, sie irgendwie hinter den Kulissen zu betreuen und auf das Interview vorzubereiten.

Für heute hätten wir 'Marilyn Monroe' vorgesehen. Kannst Du versuchen, das heiße Girl aufzufinden und herbeizubitten, und sie fragen, ob sie bei dem Projekt mitmacht? Sag' ihr, sie brauchte nur einen klitzekleinen Fragebogen auszufüllen und könne uns dann alles, was sie sonst noch erzählen will, durch den Channel schicken.

MIRA: *Er möcht' wissen, ›ob die Stars alle auch in ein persönliches Gespräch mit uns treten sollen‹?*

RENÉ: *Ja, ja, wenn's geht, schon. Ein Interview mit direktem Dialog wär' am besten. Er kann auch selbst Persönlichkeiten vorschlagen, die wir nicht auf der Liste haben, wir sind da ganz flexibel.*
Wir haben übrigens schon eine Pariser Verlagsagentin, die Feuer und Flamme für diese Sache ist.

Es folgte eine kurze Funkpause, in der sich im astralen Hintergrund dennoch etwas zu tun schien.

MIRA: *Der Roberto sagt: ›Die 'Marilyn' wirkt auf ihn, daß er sich wie ein Vater fühlt. Von der Energie her ist sie wie ein Kind‹.*

RENÉ: *Dann soll er sie doch sanft in den Arm nehmen und mit ihr näher kommen.*

MIRA: *Das hat er längst getan. Sie sitzt jetzt auf seinem Schoß und wartet.*

RENÉ: *Dann könnten wir ja loslegen. - Hey, 'Marilyn', wie geht's denn so?*

MIRA: *Er sagt: ›Sie ist noch ein bißchen schüchtern‹.*

RENÉ: *Im letzten Leben war sie das aber gar nicht.*

MIRA: *Sie flüstert, ›**daß sie schüchtern ist, und sie besteht darauf.**‹*

RENÉ: *Sie darf es schon sein, aber sie soll bitte noch ein bißchen näher zum Mikrofon kommen.*

MIRA: *Sie sagt: ›**Sie ist noch immer ganz benommen von der Freiheit und der Fülle von Liebe, in all den feinen Nuancen, die sie jetzt erfahren**

17

kann. Sie ist fassungslos darüber, daß sie so bedingungslos geliebt wird und ihre Bedürfnisse so frei äußern kann.‹

'Marilyn' begann schließlich zaghaft und in Englisch direkt durch Mira zu sprechen.

'MONROE': *Das ist eine ganz neue Erfahrung für mich. Ich bin es nicht gewöhnt, so zu sprechen.*

RENÉ: *Hattest Du denn bislang gar keine paranormalen Kontakte durch andere Medien?*

'MONROE': *Ja, schon ein paarmal. Aber mit einem irdischen Mund direkt sprechen zu können, ist neu für mich.*

RENÉ: *Ich nehme an, daß es wahrscheinlich eine ganze Reihe von sogenannt sensitiven Leuten gibt, die behaupten, mit Dir Kontakt gefunden zu haben. Was denkst Du dazu?*

'MONROE': *In gewisser Weise sind wir doch alle Medien, mehr oder weniger. Ich selbst war immer ein guter Sensor für die Gefühle der Leute rund um mich.*

RENÉ: *Roberto hat Dir sicher schon erklärt, daß es um ein Interview geht. Wie hast Du denn Deine Abreise aus dem Diesseits in Erinnerung?*

'MONROE': *Hmm. Laß mich nachdenken, wie ich es beschreiben soll. Zuallererst möcht' ich sagen, daß ich frei von Angst war. Ich wußte ja gar nicht, daß ich sterben werde.*
Ich war sehr, sehr nervös und irgendwie hyper drauf, die Tage zuvor. Ich war frustriert, fühlte mich allein und verlassen, und kritisierte mich ständig selbst. Ich hatte das Gefühl, mein innerstes Selbst nicht richtig ausdrücken zu können und daß auch niemand wirklich daran interessiert war, mich in meiner Tiefe zu kennen. Ich war tatsächlich eine sehr sensible Person. Heute will ich aber den Unterschied nicht mehr machen, seit ich herausfand, daß es doch jedermann ist.
Ich war ein einsames Mädchen in diesen Zeiten, eigentlich mein ganzes Leben lang. Ich konnte bis zuletzt nicht bekommen, was ich wollte.

RENÉ: *Was wär' denn das gewesen?*

'MONROE': *Schwer zu sagen, was ich wirklich wollte. Was es auch immer war, die Erfahrung, daß ich es nicht bekam, war da. Wenn ich etwas bekam, dachte ich sogleich, ›oh, das kann ich wirklich brauchen‹. Aber nachher ließ ich es liegen, es stellte mich nicht zufrieden. Mein ganzes Leben lang suchte ich nach etwas und wußte letztlich gar nicht, wonach ich Ausschau hielt.*

Ich war nur kurze Zeit glücklich, meist wenn ich singen und tanzen konnte. Du mußt wissen, meine Hüften waren nicht ganz in Balance und ich auch nicht. Immer mehr bekam ich den Eindruck, daß für viele mein Körper viel interessanter war als mein Geist. Das tat mir nicht gut.

Ich konnte mich geistig nicht genügend entwickeln. Wenn ich zurückschaue, hat mein Geist im Gegensatz zu jetzt geschlafen. Ich kann Dir sagen, hier herrscht so viel Freiheit im Denken, Fühlen und Lieben, wie man sich das einfach nicht vorstellen kann, solange man im physischen Körper lebt. Gott allein weiß warum.

'Marilyn' begann via Mira leise schluchzend zu weinen. Sich solcherart mitteilen zu können, schien sie innerlich sehr zu bewegen.

'MONROE': *Vielleicht kann es niemand erfassen, weil die Leute so fixiert sind. Es kann aber auch sein, daß es mit dem Dienen in der materiellen Welt zu tun hat. Ich kann jetzt den Unterschied sehen, weil ich nun die Tiefe und die volle Vibration meines Seins erfühle.*

RENÉ: *'Marilyn', laß uns bitte jetzt zu meinen Fragen zurückkehren. Viele Leute möchten wissen, warum Du so früh gestorben bist und wie es wirklich passiert ist. Was ist in jener Nacht geschehen?*

'MONROE': *Ich nahm Drogen, zusammen mit Alkohol. Ich wollte schon sterben, aber ich hab's nicht geplant.*

RENÉ: *Kann man sagen, daß Du Deinen Tod sozusagen unbewußt arrangiert hast?*

'MONROE': *Nein, es ist einfach passiert.*

RENÉ: *Also war es ein Unfall?*

'MONROE': *Es war Schicksal! Ich glaube ans Schicksal, weil ich meine, daß Schicksal ein Resultat unseres persönlichen Seins ist.*

RENÉ: *Und hast Du Dein Aussteigen aus dem Körper bewußt mitbekommen?*

'MONROE': *Nur teilweise. Wie ich schon sagte, schlief mein Geist noch sehr oft. Als kleines Kind, im -*

19

Plötzliches Telefonklingeln unterbrach 'Marilyn'. Meine Schwiegermutter wollte irgend etwas wegen unserer Kinder, die bei ihr waren, besprechen. Ich sagte nur kurzangebunden, daß es im Moment nicht ginge und legte auf.

'MONROE': *Oh, mach' doch das nicht. Warum weist Du sie denn zurück? Vielleicht wollen Deine Kinder Dir etwas sagen.*

RENÉ: *Es klang nicht, als ob es wichtig sei. Wir können ja nachher reden.*

'MONROE': *Jetzt bin ich irritiert. Ich bin doch nicht wichtiger als Deine Kinder.*

RENÉ: *Also gut, warte bitte einen Moment.*

Ich rief zurück und klärte ein winziges Problem wegen einer Strumpfhose meiner Tochter. 'Marilyn' hatte sich inzwischen die Tränen getrocknet und etwas beruhigt.

RENÉ: *Okay, 'Marilyn', jetzt geht's wieder.*

'MONROE': *Also, im Alter von drei Jahren, als meine Eltern noch zusammen waren, da erlebte ich auch die Liebe zwischen uns. Da habe ich auch diese Einheit erfahren, diese Einheit und den Frieden zwischen Eltern und Kind. Aber kurz darauf, als meine Eltern auseinandergingen, kam das tiefe Leiden. Es war ihre Konfusion, die ich fühlte. Als Kind konnte ich nicht begreifen, was sie wollten, nachdem wir zuvor all unsere Gefühle geteilt hatten. Ich verstand nicht, daß sie brauchten, was sie zu bekommen schienen. Dieses kindliche Erlebnis hat mich gezeichnet. Soweit ich zurückdenken kann, begleitete mich diese verdrängte Erfahrung.*

RENÉ: *Und dann kamst Du im Jenseits an. Was war Dein erster Eindruck? Wie hat es dort vorerst ausgesehen?*

'MONROE': *Oh, ich weinte.* (Sie begann erneut zu weinen) *Es war hart, mit diesem neuen Gefühl zu sein. Ich hätte den Menschen jetzt erstmals sagen können, wie sehr ich sie liebe.*
Erst nach meinem Tod konnte ich auch sehen, wie sehr sie mich liebten. Das schmerzte. Es gab niemand, der mir wirklich weh tun wollte. Da war niemand, der mich töten wollte, wie ich dachte. Es war überaus schmerzvoll zu sehen, daß das alles meine Einbildung, meine eigenen verwirrten Gefühle waren. Und diese Gefühle hatten nichts mit der Realität zu tun. In Wirklichkeit wurde ich geliebt.

RENÉ: *Sind in diesen ersten Stunden drüben Freunde um Dich gewesen?*

'MONROE' (schluchzend): **Später, viele Stunden später. Zunächst kam ein Schlüsselerlebnis: Mein Körper fiel auseinander. Und während ich sah, daß ich körperlich zerfiel, konnte ich mich geistig immer mehr finden. Nach dem Tod zu zerfallen, hieß auch, Schritt für Schritt die Wahrnehmung von Einschränkungen aufzugeben.**

RENÉ: *Du hattest doch zuviel Schlafmittel genommen?*

'MONROE': **Über meine Drogen ist es nicht wert zu sprechen. Sie sind zwar ein Schlüssel, aber wie es so ist im Leben, sind sie nicht wichtiger als die Person selbst, die sie nimmt.**
Vielleicht sollte mir dieses Gespräch Grund genug sein, über Intimeres zu reden. Denn dies hier scheint mir eine Möglichkeit zu sein, zum göttlichen Selbst innerhalb der Menschen sprechen zu können, auch wenn sie nicht an das glauben, worüber ich spreche und daß es von mir kommt.

RENÉ: *Oh, die Leute spüren in letzter Zeit immer mehr, daß so eine Kommunikation möglich ist.*

'MONROE': **Es ist ja wirklich ganz einfach, mit einem guten Medium. - Also, ich war eine sehr nervöse, hektische und zeitweise sogar hysterische Person. Ich agierte und überreagierte meist viel zu schnell. Es entsprach der Kondition meiner Schilddrüse. Ich hatte zeitweise Bluthochdruck, und mein Herzrhythmus war auch nicht okay. Ich nahm sehr leicht an Gewicht zu, obwohl ich es mit meinem Charakter und meiner Körperkondition eher hätte verlieren sollen. Aber da war diese furchtbare Angst, in der Welt an Gewicht zu verlieren. Erst herüben wurde mir klar, daß ich mich nicht wert genug fühlte, geliebt zu werden.**
Deshalb möcht' ich Leuten mit Gewichtsproblemen und solcherlei Ängsten etwas sagen: Glaubt mir, das Gewicht, das Ihr wirklich habt, ist viel höher, als Ihr es jemals mit Eurem physischen Körper erreichen könnt.

Sie begann wieder zu weinen.

'MONROE': **Ich weine, weil ich so froh bin, das hier aussprechen zu können. Es tut meiner Seele gut. Ich bin Euch wirklich dankbar dafür.**

RENÉ: *Bist Du zu Lebzeiten wirklich mit Präsident Kennedy zusammengetroffen?*

'MONROE': *Natürlich, ich teile auch jetzt manche Zeit mit ihm.*

RENÉ: *Vor einigen Tagen ist Jackie Kennedy gestorben. Weißt Du etwas über Ihre Ankunft bei Euch drüben?*

'MONROE' (inniglich weinend): *Oh, sie kam zu mir und nahm mich in die Arme. Ich muß immer noch weinen, wenn ich daran denke.*

'Marilyn' begann via Mira so sehr zu schluchzen, daß ich fast nicht mehr verstand, was sie sagte.

'MONROE': *'Jackie' machte solch herzenstiefe Erfahrungen nach ihrem Tod. Sie verlor alle Ängste als Frau, und auch ihr inneres Kind erwachte wieder. Sie ging durch all die Herzensdinge, die sie bisher nicht abwerfen konnte mit ihrem verdrängenden Verhalten. Oh, sie hat mir so sehr vergeben, daß mein Herz in tausend Stücke brach. Liebe ist weit, weit mehr, als wir jemals glauben würden.*

RENÉ: *Wurde sie von 'John F.' erwartet?*

'MONROE' (herzzerreißend schluchzend): *Viele von uns haben sie getroffen und sind immer noch neben ihr. In Euren Worten ist es eine archetypische Vermählung von tausend Seelen, um zu vergeben und um tieferes Verständnis Gottes zu beten und um die Erfahrung, was Liebe wirklich ist.*

RENÉ: *Ist 'Jackie' bewußt hinübergegangen?*

'MONROE': *Zum Teil. Sie hatte ja Medikamente bekommen, die in der Wirkung anhielten.*

RENÉ: *Von wem wurde sie denn sonst noch erwartet? Das Publikum hat sicher ein starkes Interesse an Jackies Geschick.*

'MONROE': *Von ihrer Mutter und von vielen, vielen anderen. Jackie war eine jener Mondgöttinnen, die niemals Licht in ihre Nacht hineinließen. Wir haben dieses Bild von Ihrem Höheren Selbst gesehen, das sie hier erwartete. In einem stillen Moment ist sie von dem vielen Licht dann erwacht, und sie wurde zu solch einer Schönheit.*

'Marilyns' Tränenfluß brachte mich ziemlich aus dem Konzept. Ich reichte ihr ein Taschentuch.

'MONROE': *Ich dank' Dir. In solchen Situationen bekam ich auf Erden meist einen Drink. Wenn ich in meiner Trübsal versank, wollte ich das auch lieber als ein Taschentuch.*

RENÉ: *Du könntest schon auch von mir einen Drink haben, allerdings würde es fürs Medium nicht gut sein. Ich hab' aber nur Cognac, den wir zum Konservieren der Bachblüten verwenden.*

'MONROE': *Nein, ich brauch' davon schon lange nichts mehr. Ich bin nur ein bißchen sentimental. - Ich liebe das Mädchen hier, meinen Kanal. Ist sie nicht wunderschön?*

RENÉ: *Das ist sie. - 'Marilyn', Du hast drüben sicher neue Freunde gefunden? Gibt es irgendwelche, die wir möglicherweise auch kennen?*

'MONROE': *Natürlich. - Ich hab' 'Lehár'* kennengelernt, diesen alten Mann mit den wenigen Haaren. Er ist treu wie ein Hund. Und ich liebe seine Musik, sie ist so sentimental.*
Eines Tages sind wir ausgegangen, und ich fragte ihn: ›Hey Du, willst Du mit mir zusammen auf die Erde gehen? Wie wär's, wenn wir dann als Paar gemeinsam Musik machen, um die verschlossenen Herzen der Menschen zu öffnen‹? Er sagte nur: ›'Marilyn', Du bist so wunderschön, mit Dir geh' ich überall hin‹. Er ist ein total romantischer Mann. Er ist über siebzig, und ich bin jung und hübsch. Manchmal sind solche Unterschiede wichtig. In den Einfluß von erfahrenen Menschen zu kommen, gibt einem mehr Verständnis für die Jugend, die Ehe und andere Umstände.

'Marilyn' war wieder fröhlich geworden und verstreute ihr Lächeln. Diese Bekanntschaft mit 'Lehár' scheint sie sehr zu beglücken.

RENÉ: *Du denkst offenbar ernsthaft daran, bald wiederzukommen?*

'MONROE': *Ich weiß nicht, warum ich in sein Netz geraten bin. Er hat mich einfach bekommen. Ja, ich würde wirklich gern mit Lehár gehen. Wir werden auf günstige Umstände warten. Ich bin nur noch nicht sicher, ob wir als Bruder und Schwester oder als Liebespaar kommen sollen. Da bin ich unsicher.*

RENÉ: *Sind Dir andere Deiner Leben bekannt geworden?*

---
* Franz Lehár, ungar. Operettenkomponist, 1870-1948.

'MONROE': *Für mich ist es nicht mehr wichtig, wer oder was ich auch immer gewesen bin, und auch nicht all der Ruhm. Aber es bringt mich zum Weinen, weil die Menschen nicht wissen, wie tief die Liebe sein kann.*

'Marilyn' begann erneut leise zu schluchzen, fing sich aber dann bald wieder, nachdem sie sich schneuzte.

'MONROE': *Ich glaube, ich war auch einmal ein Musiker. Ich weiß jetzt hier auch nicht alles. Ich bin einfach hier in meinen Umständen. Vielleicht bin ich nicht genügend konzentriert und hinorientiert auf diese spirituellen und anderen außergewöhnlichen Sachen, die Euch interessieren.*

RENÉ: *Es ist okay. - Ich möchte Dich ganz etwas Aktuelles fragen: In Amerika schlagen gerade die Diskussionen über sexuelle Belästigung am Arbeitsplatz hohe Wellen. Was denkst Du dazu?*

'MONROE': *Es ist nichts falsch am Sex, nur an den Leuten.*

RENÉ: *Da ist was dran. Was glaubst Du, ist das große Geheimnis Deiner Attraktivität, Deines Charismas gewesen?*

'MONROE': *Es war sicher meine sexuelle Ausstrahlung.*

RENÉ: *Aber woher kam die? Hast Du irgend etwas dafür getan?*

'MONROE': *Es war wie bei Kennedy. Ich glaube, wir haben es mitgebracht.*

RENÉ: *Du bist ja in der dichten Welt fast zu einem Archetyp geworden.*

'MONROE': *Ja, vielleicht der blonde Engel. Heute könnte ich diese Rolle viel besser leben.*

RENÉ: *Wie findest Du das Bild, das Andy Warhol von Dir geschaffen hat?*

'MONROE': *Oh, ich liebe es. Und ich mag 'Andy' auch.*

RENÉ: *Hast Du ihn jemals kennengelernt?*

'MONROE': *Damals nicht, aber hier. Wir führten ernsthafte Gespräche. Er ist ein bißchen frustriert, weil es ihm nicht ganz gelungen ist, sich auf einer höheren Ebene auszudrücken, wie er es ehrlich und insgeheim wollte. 'Andy' findet, daß er etwas zuviel auf die Oberfläche fixiert war. Er meint, er war nicht gut genug im Miteinbeziehen des Göttlichen.*

RENÉ: *Könntest Du ihm bitte ausrichten, daß er auch auf unserer Gästewunschliste steht?*

'MONROE': **Ich glaube, über diese Möglichkeit flippt er aus. Hier herüben sind so viele, die darauf warten, ihre Herzen ausschütten zu können und all ihren Seelenmüll loszuwerden.**

RENÉ: *Okay, und wir machen dann Bücher daraus. Aber vorerst müssen wir uns auf Berühmtheiten konzentrieren, sonst kauft niemand die Bücher.*

'MONROE': **Du mußt wissen, die meisten Berühmtheiten wollen sich auch von hier aus mitteilen und ihre Sachen erzählen. Viele von ihnen leiden sogar nach dem Tode, wenn Sie ihre spezielle Botschaft nicht erzählen können. Auch Andy möchte noch immer weiterarbeiten, warum nicht auch durch Medien. Er könnte Dich inspirieren.**

RENÉ: *Ja, genau darüber möchte ich mit ihm sprechen, weil ich dieses Buch in seiner Manier illustrieren möchte, am optimalsten wäre natürlich seine direkte Hilfe. Ich möchte ihn als eine Art Berater für die optische Verpakkung der Interviews engagieren.*

'MONROE': **Ihr solltet wirklich darüber reden.**

'Marilyn' wischte mit dem schon nassen Taschentuch eine vergessene Träne unter Miras Kinn weg.

'MONROE': **Das hast Du wohl nicht erwartet, daß ich so sentimental bin, oder?**

RENÉ: *Jedenfalls nicht in dieser Intensität. 'Marilyn', hast Du so etwas wie eine Herzensbotschaft an die verkörperte Welt?*

'MONROE': **Oh ja. - Nehmt Euer Leiden nicht als das, was Ihr glaubt, daß es ist! Denkt immer daran, daß Euer Leiden auch etwas ganz anderes bedeuten könnte. Vergeßt nie, dahinter zu schauen. Was auch immer Ihr feststellt, es ist doch einen Versuch wert, nach etwas Höherem, Tieferem, Schönerem und Befreienderem Ausschau zu halten.**

RENÉ: *In meiner letzten Frage geht es darum, daß Du Deine jetzige Gotteserfahrung umschreiben solltest.*

'MONROE': **Oh. Dafür hab' ich nur ein Wort: Liebe!**

RENÉ: *Danke, das wär's gewesen. Jetzt kannst Du uns noch erzählen, was immer Du willst.*

'MONROE': **Da gibt es auch noch andere, die reden wollen.**

RENÉ: *Ist Lehár daran interessiert, sich kundzutun?*

'MONROE': **Nein, nein, er winkt ab, er möchte das nicht. Er ist nur mein Begleiter. Ich finde, ein bißchen mehr Frauen solltet Ihr dran nehmen.**

RENÉ: *Gibt es eine Frau, die Du zu Lebzeiten sehr verehrt hast?*

'MONROE': **Meine Mama! Ich hab' sie sehr vermißt, als ich sie verloren hab'. Ich war noch sehr jung damals. Ich konnte sie auch hier nicht finden, ich weiß nicht warum. Vielleicht ist sie wieder inkarniert.**

RENÉ: *Mit welchem Regisseur hast Du am liebten gearbeitet?*

'MONROE': **Oh, - ich seh', wie der Channel blockiert, wenn es um so konkrete Fragen geht. Ich weiß nicht, was ich tun soll, damit sie auch Namen und Fakten übermittelt?**

RENÉ: *Ich kenn' das Problem.* Dafür müßte sie in unbewußte Trance fallen, aber das mag sie nicht. Diese mentale Entscheidung erlaubt sie sich noch nicht. Aber wir werden noch einen Weg finden.*

'MONROE': **Vielleicht findest Du einen Trick? Sie müßte noch mehr Vertrauen haben. Aber es ist auch so okay.**

RENÉ: *Vielleicht klappt es schon beim nächsten Mal. Grüße mir bitte 'Andy Warhol' und -*

'MONROE' (unterbrechend): **Du hast charakterlich gewisse Ähnlichkeiten mit ihm.**

---

* Mira entzieht sich damit einer zu akuten Prüfungssituation, die ihr, da sie bewußt channelt, während der Trance Streß verursachen würde und ihre mediale Übermittlungsqualität dadurch ins Wanken bringen könnte. Wir arbeiten derzeit an Miras Fähigkeit, für bestimmte Zwecke auch unbewußt zu übermitteln.

RENÉ: *Das kann gut sein. Hast Du übrigens einen Herrn namens 'Carl Jung' drüben schon getroffen?*

'MONROE': **Nein, aber das würd' ich gerne.**

RENÉ: *Das könnten wir vielleicht arrangieren. Wir führen seit vielen Jahren Gespräche über die Psyche mit ihm. Du brauchtest eigentlich nur vorbei-zukommen, wenn er nächsten bei uns zu Gast ist.*

'MONROE': **Wissenschaftler leben doch auf einer anderen Ebene.**

RENÉ: *Wenn Du eine kleine Psychoanalyse haben möchtest, dann wird er schon auf Deine Ebene kommen.*

'MONROE': **Von meinem jetzigen oder vorherigen Leben?**

RENÉ: *Am besten von Deinem letzten und dem jetzigen Leben. Wär' doch interessant, den Unterschied zu sehen.*

'MONROE' (lächelnd): **Oh, er ist da. Er sagt: ›Nein, Du hast Deinen Schatten schon transformiert, honey!‹.**

RENÉ: *Siehst Du 'Jung' denn jetzt?*

'MONROE': **Es ist mehr ein Fühlen seiner Präsenz, aber ich kann ihm nicht näher kommen. Vielleicht spür ich ihn nur, weil seine Schwingung rund um das Medium ist? Er muß Mira wohl sehr, sehr lieben.**

RENÉ: *Das tut er. Kannst Du ihn fragen, wie er Dein jetziges Bewußtsein in-terpretiert?*

'MONROE': **Ich bin nicht sicher, ob ich selbst dafür genügend Medium bin? Es ist auch irgendwie nicht nützlich. Obwohl es verschiedene Ebe-nen gibt, macht das doch keinerlei Unterscheidungen in den Herzen. Wir sind ja alle ein Teil voneinander. Das ist es doch, was es so wunder-schön macht. Darf ich jetzt gehen?**

RENÉ: *Wenn Du möchtest. Ich danke Dir herzlich fürs Kommen.*

'MONROE': **Okay, dann kehr' ich Dir jetzt den Rücken zu.**

RENÉ: *Es wär' schön, wieder von Dir zu hören, falls ich noch Fragen hätte.*

'MONROE': *Vielleicht.*

RENÉ: *Ich hoffe es.*

'MONROE' (flüsternd): *Ich trag' noch immer gern diese hochhackigen Schuhe. Jetzt tun sie mir auch nicht mehr weh. Sie geben mir das Gefühl, größer zu sein. Du mußt wissen, hier herüben ist man mehr Gefühl, als daß man eines hat.*

RENÉ: *Was tust Du jetzt als nächstes, wenn Du von uns fortgehst?*

'MONROE': *Ach, ich geh' mit meinem Hündchen spazieren.*

RENÉ: *Was für eine Rasse ist es denn?*

'MONROE': *Ein putziger Pekinese.*

Sie schickte ihm laut vernehmlich ein paar Küßchen.

'MONROE': *Vielleicht treffe ich auch ein paar Leute an der Bar. Ja, ich glaube, das werd' ich tun.*

RENÉ: *Welchen Drink bestellst Du Dir denn?*

'MONROE': *Du wirst lachen, Kristallwasser.*

Natürlich mußte ich ausgiebig schmunzeln.

'MONROE': *Willst Du mir etwa nicht glauben? Ich mische es mit einer Art Fruchtsaft, den ich nie zuvor kannte. Er schmeckt ein bißchen orangig, aber viel süßer.*

RENÉ: *In welchem Alter fühlst Du Dich eigentlich?*

'MONROE': *Das kann man nicht mit dem Alter auf Erden vergleichen. Ich wirke etwa wie 26. In diesem Alter hab' ich mich gut gefühlt.*

RENÉ: *Welche Kleider hast Du denn gerade an?*

'MONROE': *Oh, ich trage ein weißes Kleid und schöne Sandaletten, auch in weiß und gold. So etwas hab' ich damals nicht sehr viel getragen, weil ich glaubte, daß mein blondes Haar nicht recht dazu paßt. Aber tatsächlich liebe ich diese Farben am allermeisten. Ich mag auch türkis.*

RENÉ: *Wir sollten einen Weg finden, Dich sichtbar zu machen, samt Deinem Environment.*

'MONROE': *Ich sag' Dir, es gibt hier Bäume, die sind eigentlich Blütenbäume, weil sie eine einzige immerwährende Blütenpracht sind. Diese Blüten sehen wie kleine Orchideen aus. Und der Duft, - oh Gott, Du würdest es nicht glauben. Es riecht ein bißchen nach Hawaii, aber noch frischer. All die Farben sind hier so hell und strahlend. Und es ist so wunderbar friedlich hier. Hier kann man sich wirklich voll der Natur übergeben.*
Ich bin dankbar, daß zumindest ein Teil meines Englisch durch den Chan-nel fließen konnte. Ich glaube, jetzt geh' ich wirklich.
René, laß mich Dir sagen, daß Du ein patenter Junge bist. Ich wünsche mir, daß auch Du, so wie ich jetzt hier, Deinen Selbstwert noch mehr sehen und fühlen kannst. Solange man seine Wunden versteckt, kann man nicht heil werden.
Ich wünsch' Dir alle Schönheit und all den Wohlstand, den Du benötigst und daß all Deine Wünsche wahr werden. Und ich dank' Euch von ganzem Herzen. Good bye.

RENÉ: *Tschüs und vielleicht bis bald.*

'MARILYN MONROE'
2. Kontaktversuch, Protokoll vom 18.6.94
Kommunikation deutsch

Nach dem Abtippen hatte ich mir eine Monroe-Biographie besorgt und war, nachdem ich kreuz und quer hineingelesen hatte, an etwas mehr Details interessiert. Da der Erstkontakt so gut verlief, benötigte Mira keinerlei Hilfsmittel zur nochmaligen Einstimmung. Es hing allein vom weiteren Wollen der astralen' Marilyn' ab.

'MONROE': *Hi René! Ich hab' mich extra für Dich schön gemacht.*

RENÉ: *Das finde ich toll. Sprechen wir denn heute Deutsch?*

'MONROE': *Wenn Du willst.*

RENÉ: *Okay, versuchen wir's auf deutsch. Was hast Du denn für ein Outfit heute? Ich möcht' es mir wenigstens vorstellen können. Hast Du noch immer Deine blonden Haare?*

'MONROE': **Meine Naturfarbe ist rotblond. Ich hab' ein rotes Haarband rein getan. Ansonsten viel Weiß und Gold, so wie immer. Es ist nicht der letzte Schrei, aber ich bin nicht mehr so eitel.**

RENÉ: *So ein Pech, daß es noch keine gut funktionierende Astralkamera gibt. Ich hätte Dich gerne optisch bewundert. Aber sobald die Technik reif ist, stehst Du mir dann Modell für ein paar Schnappschüsse, okay?*

'MONROE': **Im Jenseits dann.**

RENÉ: *Ich hoffe, daß es dieses Ding schon früher gibt, ansatzweise wird ja schon in der Richtung experimentiert . - Also 'Marilyn', ich hätt' gern noch ein paar Zusatzfragen gestellt, wenn ich darf. Es gibt da eine Passage, in der Du sagtest, wir könnten auch über Intimeres sprechen, aber dann kam es nicht recht dazu.*

'MONROE': **Ich hab' doch erzählt, daß wir uns alle verziehen haben. Das scheint Dir wohl nicht intim genug zu sein.**

RENÉ: *Ich meine, wir hatten über Deine Beziehung zu JFK zu sprechen begonnen. Erzähl' uns doch ein bißchen mehr darüber. Wie war Dein privates Verhältnis zum Präsident damals wirklich?*

'MONROE': **Hmm, sagen wir schwierig.**

RENÉ: *Kannst Du diese Schwierigkeit ein bißchen umschreiben?*

'MONROE': **Ich konnte nicht besonders gut auseinanderhalten, welche Schwierigkeiten nur durch die äußeren Umstände hervorgerufen worden waren und welche sich automatisch aus der Beziehung zwischen unseren Persönlichkeiten ergeben haben.**

RENÉ: *Kurz vor Deinem Tod, wie war da Euer Verhältnis gewesen?*

'MONROE': **Ambivalent.**

RENÉ: *Hat es zuletzt irgend etwas zwischen Euch gegeben, wodurch Du in eine Krise geraten bist?*

'MONROE': *Ja, er hat sich zurückgezogen. Und er hatte auch andere Beziehungen.*

RENÉ: *Gleichzeitig, neben Dir?*

'MONROE' (nickend): *Das hat sehr weh getan.*

RENÉ: *Es gab auch noch seinen Bruder Bobby. Wie stand er denn zu Dir?*

'MONROE': *Sie waren beide sehr charmante Männer.*

RENÉ: *Hattest Du mit beiden ein gleichzeitiges Verhältnis?*

'MONROE' (lachend): *Es hat mich gereizt.*

RENÉ: *Und die beiden auch?*

'Marilyn' nickte einige Male.

'MONROE': *Sie sind sich ein bißchen ähnlich. Bobby ist noch etwas gefühlvoller gewesen.*

RENÉ: *Ich habe in einer Buchhandlung durch ein paar Bücher über Dich geblättert. Darin finden sich die verschiedensten Theorien über Deinen Tod. Zum Beispiel, daß irgendwelche Studiobosse Deine Ermordung in Auftrag gegeben haben sollen und andere kuriose Geschichten.*

'MONROE': *Ich hab' schon gesagt, daß es nicht stimmt.*

RENÉ: *Auch soll wichtiges Beweismaterial verschwunden sein. Was kann das denn gewesen sein?*

'MONROE': *Das war mein Tagebuch.*

RENÉ: *Was ist damit geschehen?*

'MONROE': *Ich denke, sie haben es vernichtet.*

RENÉ: *Warum? Was ist da so Gefährliches drinnen gestanden?*

'MONROE': *Ich wußte, mit wem Jack* sonst noch zusammen war.*

---

* Präsident Kennedy wurde von seinen Freunden Jack genannt.

RENÉ: *Mit wem war er denn noch zusammen?*

Ich mußte bei meiner dreisten Frage unweigerlich grinsen. 'Marilyn' lächelte zurück, ohne zu antworten.

RENÉ: *Kann man das auch heute noch nicht sagen?*

Sie schien zu überlegen. Um keine zu lange Kunstpause aufkommen zu lassen, die das Gespräch eventuell hätte abbrechen lassen können, fragte ich schließlich weiter.

RENÉ: *Und es waren eine Menge Schlaftabletten, die Du zuletzt genommen hast?*

'MONROE': **Nein - ja, - doch zuerst hab' ich Drogen genommen.**

RENÉ: *Welche Art von Drogen?*

'MONROE': **LSD. Ich bekam es von einem Freund.**

RENÉ: *Das Zeug hat wahrscheinlich Deine Krise verstärkt, nehm' ich an?*

'MONROE': **Es hat mich vollends auseinandergenommen.**

RENÉ: *Hmm. - Und welches Verhältnis hast Du nun heute zu den 'Kennedy'-Brüdern?*

'MONROE': **Ein gereinigtes.**

RENÉ: *Du hattest ja eine sehr schwere Kindheit hinter Dich gebracht. Hast Du schon herausgefunden, wer Dein Vater ist?*

'MONROE': **Ich hab' nicht nachgeforscht. Ich habe ihn abgeschrieben. Ich sollte wohl keinen Vater haben.**

RENÉ: *In welchem Alter hast du denn deine Eltern verlassen müssen?*

'MONROE': **Mit zwölf. Meinen Vater hab' ich früher schon nicht mehr gesehen. Da war ich noch klein.**

RENÉ: *'Marilyn', ist Dir ein Mann namens Edgar Cayce ein Begriff?*

'MONROE' : *Ich hab' von ihm gehört. Der lebte doch zu meiner Zeit.*

RENÉ: *Dieser große Seher lebt jetzt auf Deiner Seite. Wir haben ihn vor einigen Tagen gebeten, in frühere Leben von Dir Einblick zu nehmen, nachdem Dir selbst nichts allzu Konkretes bekannt ist. Wir müßten Dich allerdings zuerst fragen, ob Du solch einem Jenseitsexperiment zustimmst? Du kannst vielleicht auch direkt dabei sein.*

'MONROE': *Darauf bin ich gar nicht vorbereitet.*

RENÉ: *Das könntest Du ja noch tun. Es wär' doch für Dich und auch für unsere Leser interessant, einen kurzen Blick in ein paar Leben von Dir zu tun, um größere Zusammenhänge zu erkennen.*

'MONROE' (lachend): *Vielleicht war ich ein bengalischer Tiger.*

RENÉ: *Das kann schon sein. Aber vielleicht möchtest Du auch wissen, wann und wo Du getigert hast? Überleg' es Dir inzwischen, während ich noch ein bißchen weiter frag'. - Übrigens, wie geht's dem Herrn 'Lehár'?*

'MONROE': *Gut, aber er beklagt sich, daß er zuwenig Haare hat. Für sein nächstes Leben möchte er ein Patentrezept, damit er nie wieder so eine Glatze bekommt.*

RENÉ: *Bis dahin wird schon ein gutes Mittel gefunden worden sein. Mira sagt immer, es ist eine Ernährungsfrage.*

'MONROE': *Ich werd's ihm ausrichten.*

RENÉ: *Da gab es auch noch Deinen früheren Ehemann Arthur Miller. Wie steht's denn jetzt um ihn?*

'MONROE': *Ganz gut, denk' ich.*

RENÉ: *Ist er nicht wieder näher mit Dir zusammen?*

'MONROE': *Das war eine echte Trennung, die hält auch im Himmel.*

RENÉ: *Was macht er jetzt so?*

'MONROE': *Er schreibt irgendwelche Stücke.*

33

RENÉ: 'C.G.Jung' hat uns übrigens ein Märchen über Dich übermittelt. Er hat ›Das Mädchen mit den Schwefelhölzern‹ auf Dich bezogen und John F. Kennedy darin als majestätischen Elch vorkommen lassen.

'MONROE': **Das paßt gut! Er trug sein Gehörn gern mit Würde. Er konnte einen aber auch ganz schön auf die Hörner nehmen.**

RENÉ: In dieser Hinsicht hast Du ja, wie man liest, auch Deinen Teil beigetragen. Doch 'Jung' sagte ja, Du hättest Deinen Schatten nun überwunden.

'MONROE' (verschmitzt lachend): **Wohl durch den Tod.**

RENÉ: Würde es Dir etwas ausmachen, wenn 'Jung' ein bißchen über Deinen damaligen Schatten spricht, aus rein psychoanalytischem Interesse?

'MONROE': **Wenn's nicht jeder erfährt.**

RENÉ: Also, jeder sicher nicht. Über Dich ist schon soviel geschrieben worden, da kommt es doch darauf auch nicht mehr an.

'MONROE': **Ach, ich weiß nicht.** (lächelnd:) **Vielleicht hab' ich ihn doch noch nicht überwunden.**

RENÉ: Wie würdest Du ihn denn selbst beschreiben, Deinen Schatten?

'MONROE': **Nun, ein Schatten ist mit dem Körperlichen verbunden, nur durch den Körper kann die Sonne doch einen Schatten werfen. Was man sonst noch unter Schatten verstehen kann, ist vielleicht alles, was einem peinlich ist. So hab' ich es auch immer empfunden. All das, was mit deinem Geheimnis zu tun hat, was du gerne verbergen möchtest, auch vor dir selbst, eben alles, was du schwer als zu dir gehörig erkennen kannst oder willst, vielleicht auch, weil es verzerrt ist. Ich glaube, daß man auch im Jenseits eine Intimsphäre bewahren sollte.**

RENÉ: Auch über die früheren Leben?

'MONROE': **Man trägt ja oft auch den Schatten von Generationen mit sich. Vielleicht ist darin all das gespeichert, womit wir uns - in dem Leben, in dem wir dann stehen - nicht bewußt auseinandersetzen können oder wollen.
Ich denke schon, daß wir ein Hologramm sind und daß sich auch die-**

ser Schatten daraus bildet. Weißt du, ich glaube, in diesen Schattenspielen ist mehr Zündstoff enthalten, als man vielleicht verdauen kann. Bobby war auch so ein Schatten, Jacks Schatten. Vielleicht liebte ich ihn auch deshalb.

RENÉ: *Aha. - Hast Du eigentlich täglich in Dein Tagebuch notiert?*

'MONROE': *Dazu war ich viel zu faul. Zeitenweise hab' ich viel geschrieben und dann wieder gar nichts.*

RENÉ: *Und in den Tagen vor Deinem Tod?*

'MONROE': *Keine Zeile. Da war ich zu fertig.*

RENÉ: *Was war es denn konkret, das Dich so fertig gemacht hat?*

'MONROE': *Ich bin mit meiner Einsamkeit und meiner Gefühlswelt nicht mehr zurechtgekommen. Auch hab' ich eine richtige Torschlußpanik gehabt. Das hatte vielleicht auch mit den Hormonen zu tun.*

RENÉ: *Hat die Geschichte mit den Kennedys denn keine Perspektive gehabt, nicht mal mit einem?*

'MONROE': *Nein, eben nicht. Sie sind nicht wirklich zu mir gestanden. Ich war ihnen auch zu kompliziert.*

RENÉ: *Erzähl' mir noch was. Was hast Du mit Ihnen in Deiner Freizeit getan?*

'MONROE' (lächelnd): *Ach, ich war gern in der unschuldigen, unberührten Natur. Sie erinnerte mich daran, was ich verloren hatte. Und ich liebte das Wasser. Mit Jack bin ich auch angeln gegangen.*

RENÉ: *Und hast Du auch etwas erwischt?*

'MONROE': *Manchmal ist mir ein kleiner Fisch an die Angel gegangen. Mein Leben war nicht so lang, daß man einen Roman daraus machen könnte.*

RENÉ: *Viele Leute haben das aber trotzdem geschafft.*

'MONROE': *Ja, leider.*

RENÉ: *Was war eigentlich mit Deinen Hüften los, warum warst Du da nicht in Balance?*

'MONROE': **Sie waren ungleich. Ich hatte eine unbehandelte, in der Kindheit nicht entdeckte Hüft-Luxation.**

RENÉ: *Das hat ja auch immer psychische Hintergründe.*

'MONROE': **Ich hatte auch keine Wiege, in der ich mich wohlgefühlt hätte.**

RENÉ: *Wie steht's nun mit der Inkarnationen-Rückschau? Sollen wir versuchen, 'Edgar Cayce' zu rufen?*

'MONROE': **Ich weiß nicht recht. Soll das eine Konsultation im Jenseits werden?**

RENÉ: *So in etwa. Zu uns sagte 'Cayce', daß er es nur tun wird, wenn Du es möchtest.*

'MONROE': **Well, okay. The show must go on.** *

RENÉ: *So ist es. Das bist Du doch ohnehin gewöhnt.*

'MONROE': **Ich dachte, hier herüben hab' ich jetzt endlich Ruhe.**

RENÉ: *Es müßte doch auch für Dich interessant sein.*

'MONROE': **Deshalb sag' ich doch ja. Irgend jemand hat kürzlich zu mir gesagt, ›Es ist ein Drama, selbst im Jenseits hat man keine absolute Erkenntnis‹.**

RENÉ: *Also, ich schlag' vor, wir versuchen es gleich mal.*

'MONROE': **Sieht er wie ein Pfarrer aus?**

RENÉ: *Ja, das kommt nahe.*

'MONROE': **Ich seh' ihn schon. Nun gut, wenn es unbedingt sein muß. Damit Deine Neugierde gestillt wird.**

---

* Hollywood-Spruch: Die Schau muß weitergehen.

RENÉ: *Mir geht es mehr um unsere Leser und um den Versuch selbst.*

'MONROE': **Eine schöne Ausrede hast Du da. Aber meine Freunde hier sagen, wir sollten es probieren. Wir setzen uns also hier auf den Stühlen nieder.**

RENÉ: *Gut. Und ich bitte inzwischen Herrn 'Cayce', seines Amtes zu walten. - Herr 'Cayce', bitte treten Sie näher. Wir hätten ein vages Einverständnis von 'Marilyn', Sie ein paar Blicke in ihre früheren Leben machen zu lassen. Bitte erzählen Sie uns darüber.*

'CAYCE' ÜBER 'MONROE'

Die Gesichtszüge meiner Frau veränderten sich ein wenig, und ich konnte erstmals die ungewöhnliche Situation miterleben, daß ein Jenseitiger im Jenseits hellseherisch für Diesseitige aktiv wird und seine Visionen simultan durch ein irdisches Trancemedium channelt. Es verlief erstaunlich gut. Die meisten Antworten kamen nach zehn bis zwanzig Sekunden Suchzeit, die 'Cayce' brauchte, um im Akasha, dem kosmischen Datenspeicher, zu den gefragten Informationen vorzudringen.

'CAYCE': **Ich sehe das Jahr 1710, in Yorkshire, England. Sie lebte dort als Fräulein Camilla, Tochter eines Bäckers, und war eine heimliche Prostituierte. Ihre Eltern waren sehr kirchengläubig. Sie hatte damals ein ähnliches Schicksal: Sie verliebte sich in einen prominenten Politiker, der ihr später das Gesicht nicht mehr zuwandte. Sie starb zeitig und hatte eine Tochter, die bis ans Lebensende die Bäckerei weiterführte. Camillas Vater war mit heimlichen Schriftsteller-Qualitäten gesegnet, ein Poet. Die Mutter fiel durch Schwindsucht aus, Camilla wollte Tänzerin werden, doch das war ihr von den Eltern verboten, weil es einen schlechten Ruf in der Gesellschaft hatte.**

RENÉ: *In welcher Weise ist dieses Leben relevant mit dem Monroe-Leben verbunden?*

'CAYCE': **Der Drang nach etwas Künstlerischem war da, doch er konnte nicht gelebt werden. Sie ist mit diesem intensiven Wunsch gestorben.**

RENÉ: *Können Sie auch sehen, welche nunmehrigen unerfüllten Wünsche akut drängen, eine bestimmte Art von künftiger Inkarnation anzustreben?*

37

'CAYCE': *Die unerfüllte Kindheit wird sich irgendwann lösen, indem sie gute Eltern bekommt. Das wird dann ein anderes Potential in ihr erwekken.*

RENÉ: *Dürfen wir noch ein anderes Leben einsehen?*

'CAYCE': *Sie lebte als Zigeunerin und Fahrende und trat auf einer kleineren Schaubühne auf, in einer Art Wanderzirkus.*

RENÉ: *Und in welcher Zeit war das und wo?*

'CAYCE': *Noch früher als das Leben in England. Sie zog zusammen mit einem Partner durch das Land und ernährte so ihre Familie. Es war ein hartes Leben.*

RENÉ: *Hat 'Marilyn' auch männliche Inkarnationen hinter sich gebracht?*

'CAYCE': *Ich sehe ein Ritterleben. Sie war Knappe auf einer Burg.*

RENÉ: *Es gibt dieses Einteilungsmuster in junge und ältere Seelen. In welchem Entwicklungsstadium befindet sich 'Marilyn' nun?*

'CAYCE': *Sie ist eine sehr junge Seele.*

RENÉ: *Was zeichnet eine ältere Seele aus?*

'CAYCE': *Eine alte Seele ist durch so viele Inkarnationen gegangen, daß sie ihre eigene Persönlichkeit nicht mehr so wichtig zu nehmen braucht. Man ist schon mehr an die hingebungsvolle Seite des Lebens getreten. Dieser Typus beinhaltet verschiedenste Erfahrungen der Menschheitsgeschichte.*

RENÉ: *Wieviele Inkarnationen sind durchschnittlich zu durchleben?*

'CAYCE': *An die Hundert bis Hundertfünfzig. Es sind nicht so viele, wie manchmal angenommen wird, zumeist jedoch über Hundert.*

RENÉ: *Wieviele Leben haben Sie selbst hinter sich gebracht, wenn ich fragen darf?*

'CAYCE': *An die Hundertzwanzig.*

RENÉ: *Wann hört man auf, physisch zu inkarnieren?*

'CAYCE': **Wenn man dieses große Rad* durchschritten hat.**

RENÉ: *Und was passiert dann?*

'CAYCE': **Dann geschieht es freiwillig und sieht anders aus.**

RENÉ: *Was ist das wesentlichste ungetilgte Karma** von Marilyn?*

'CAYCE': **Daß sie selbst in sehr frühen Inkarnationen nicht so mütterlich war, wie sie hätte sein sollen. Dadurch hatte sie, vor allem auch im letzten Leben, oft keine gute Kindheit - um zu erkennen, wie es ist, wenn ein Kind nicht hingebungsvoll geliebt wird. Aus diesem Leiden wird sich irgendwann ein mütterlicher Charakter entwickeln.**

RENÉ: *Kann man sagen, in welchen kosmischen Räumen sie zuhause war, bevor sie erstmals auf Erden inkarnierte?*

'CAYCE': **Ja, auf der Venus. Viele Künstler kommen von der Venus und vom Jupiter.**

RENÉ: *Zu welcher Zeit geschah ihre erste Inkarnation auf unserem Planeten?*

'CAYCE': **Sie kam mit den ersten Vorchristen. Noch bevor die Zeitrechnung begonnen hatte, vor unserer Geschichtsschreibung.**

RENÉ: *Hallo 'Marilyn'! Ist es Dir schon genug, oder soll ich noch mehr Fragen stellen?*

Im Astralen wechselte, stimmlich auch irdisch bemerkbar, der Benutzer des Channels.

'MONROE': **Wenn die Fragen von meiner Person ablenken?**

RENÉ: *Okay. Aber ich sollte vielleicht noch fragen, was die karmische Ursache Deines mangelnden Selbstwertgefühls war?*

---

* Auch verschiedene irdische Religionen sprechen vom Rad der Wiedergeburt.

** Karma ist, vereinfacht gesagt, das Ursache-Wirkung-Prinzip der Physik auf der spirituell-psychischen Ebene.

'CAYCE': *Dies ist 'Cayce'. Sie hatte kaum an die Erfüllung ihrer Wünsche geglaubt. Auch nicht an deren Berechtigung. Das hatte sie oft an den Rand ihrer Existenz gebracht. Dadurch fühlte sie sich ungeliebt und sie dachte auch immer: ›Ach, was ich mir wünsche, ist es ohnehin nicht wert, und ich bin auch nicht wert, es zu bekommen‹. Aus diesem Gefühl des Verlassen-Seins und der unerfüllten Bedürfnisse, aus dieser Frustration heraus, hatte sie dann nicht die Kraft, an ihre echten Wünsche zu glauben. Sie hat diese auch immer als irgendwie luxuriös empfunden, weil ihre tiefsten Bedürfnisse nicht erfüllt waren. Vom menschlichen Standpunkt aus gesehen hatte sie auch recht. Wenn ein Kind nicht die Geborgenheit und die Liebe empfängt, die es braucht, um ein stabiles seelisches Gleichgewicht zu entwickeln, wird es auch durch die Befriedigung seiner Wünsche nicht glücklich gemacht oder in seiner Substanz genährt.*

RENÉ: *Und was begründet diesen positiven karmischen Faktor, der sie in diesem Leben zum Idol der Massen machte?*

'CAYCE': **Es war ein erster Schritt hin zu mehr Selbstbewußtsein. Sie hat sich dadurch diese Liebe, die ihr als Kind so gefehlt hat, in gewisser Weise doch noch erworben. Die Zuwendung und das ihr geltende Interesse war aber nicht die gesuchte persönliche Liebe, deshalb konnte sie dies auch nicht zufriedenzustellen.**

RENÉ: *Können sie das Geheimnis um den heutigen Mythos Marilyn lichten? Was macht ihren Mythos denn aus?*

'CAYCE': **Sie ist von den Menschen zu dem gemacht worden. Das Göttliche entschied, daß sie dieses Erlebnis haben sollte. Es ist auch eine Form von Heilung. Dem Universum ist es allerdings nicht mehr wert, ob man in der Öffentlichkeit steht oder ein stilles, großes Leben führt. Öffentlichkeit erscheint zwar dem einzelnen sehr wichtig, ist aber nur Teil einer übergeordneten Erfahrung.**

RENÉ: *Warum hatte sie in diesem berühmten Leben Hüftprobleme und konnte nicht schwanger werden?*

'CAYCE': **Wie jemand erscheint, so ist er, und es war eine Entsprechung zu ihrer psychischen Labilität. Sie hätte als Kind eine Behandlung gebraucht, aber ihre Eltern haben nicht darauf geachtet. Deshalb konnte sie auch keine Kinder austragen.**

Man konnte den körperlichen Fehler nur erkennen, wenn man ein geschultes Auge hatte. So konnte sie ihren Makel dann für ihre sexuelle Ausstrahlung nützen.

RENÉ: *Gab es sonst irgendwelche karmischen Hintergründe, warum sie keine Kinder bekam?*

'CAYCE': **Was hätte sie denn damit gemacht? Man sagt ihr nach, sie hätte ein Kind, aber das stimmt nicht. Sie hatte ihr Kind verloren. Dieses Kind war von John Kennedy, und es wäre katastrophal gewesen, wenn das bekannt geworden wäre.**

RENÉ: *Herr Cayce, ich bedanke mich für Ihre Mühen. Ich hoffe demnächst auf Ihre weitere Unterstützung und verabschiede mich.*
'Marilyn', von Dir hätte ich gerne noch gewußt, wie Kennedy reagierte, falls er es erfahren hat, daß Du von ihm schwanger warst?

'MONROE': **Es sollte natürlich weg. Es war ein großer innerer Kampf, denn ich wollte das Kind. Es ist dann aber im vierten Monat gestorben. Ich habe daraufhin ein Mädchen adoptiert. Ich habe nicht so viel für sie getan, es gab da noch eine andere Frau, die sie ernährt hat, und ich habe dafür bezahlt. Aber ich liebe meine Tochter, als wäre es meine eigene.**

RENÉ: *Wie wirken die Informationen von 'Cayce' auf Dich?*

'MONROE': **Die werden mich noch beschäftigen.**

RENÉ: *Nun hab' ich keine Fragen mehr. 'Marilyn', ich bedanke mich für Deine freimütigen Antworten. Und sobald ich eine Jenseitskamera besitze, würd' es mich freuen, wenn Du Dich für uns nochmals zurecht machst.*

'MONROE': **Ich mache mich immer zurecht. Das ist man seinem Image ja schuldig. Aber man kümmert sich nicht mehr so sehr darum, was den Leuten gefällt.**

RENÉ: *Alles klar und nochmals danke.*

'MONROE': **Ich dank' Euch auch.**

RENÉ: *Und schöne Grüße an Herrn 'Lehár'.*

'MONROE': *Ich werd' es ausrichten. Auf Wiedersehen.*

Nach der Sitzung wollte Mira unbedingt das Horoskop Marilyns auf meinem Astrocomputer sehen. Da mir nur die Tageskonstellation ohne exakte Geburtszeit bekannt war, hielten sich die Aussagemöglichkeiten in Grenzen. Einer Zeitschrift entnahm ich später einen Löwe-Aszendenten.
Zwei Wochen nach dem Gespräch besorgte ich eine bebilderte Biographie Marilyns, in der mich besonders der Kommentar zum Foto ihres aufgedunsenen Leichnams stutzig machte: ›..., daß ihr Gesicht so zerfiel, ist auf die Tätigkeit des Pathologen zurückzuführen‹. 'Marilyn' verwandte in der Durchgabe interessanterweise die gleichen Worte: ›... während ich sah, daß ich körperlich zerfiel, ...‹. Diese seltsame Art von Aufgedunsenheit ihres vom Geist verlassenen Hauptes hatte ich schon mal gesehen, nämlich auf dem Foto der Leiche eines Drogenschmugglers, dessen in Plastik verpacktes, geschlucktes LSD sich in seinem Magen aufgelöst hatte.
Die Sache mit 'Lehar' verunsicherte Mira ein wenig. 'Monroe' und 'Lehar' ist ja auch eine etwas ungewöhnliche Kombination. Und vielleicht hatte der gar keine Haarprobleme? Die Buchhändlerin ums Eck schlug für uns sein Portrait in einem Musiklexikon nach und kommentierte: ›Geht's Ihnen um den Glatzkopf da?'‹

PS: Nach Redaktionsschluß führten wir noch ein kurzes Gespräch mit 'Marilyn' und 'Bhagwan' zum Thema ›Sex im Jenseits‹. Näheres dazu im Anhang.

vormals
›möglicherweise‹
JOHN F. KENNEDY
amerikanischer Politiker
29.5.1917 - 22.11.1963

Kontaktversuchs-Protokoll vom 3.6.94
Kommunikation deutsch

Wenn wir mit 'Marilyn Monroe' sprachen, dann sollten wir es auch mit 'John F. Kennedy' tun, das drängte sich irgendwie auf. Ich durchforstete mein Archiv nach einem geeigneten Foto und fand ein gutes Illustrierten-Cover anläßlich der dreißigsten Wiederkehr der Ermordung JFKs. Außerdem war seine Frau Jackie ja auch gerade hinübergegangen. Ich mußte nur noch meine Frau von der Sinnhaftigkeit eines solchen Versuchs überzeugen. Nachdem Mira, seit wir in Amerika lebten, sowohl die spirituell-medialen Dinge als auch die massenmedialen Notwendigkeiten etwas lockerer nimmt, war es keine allzu große Hürde, sie zur nachfolgenden Trance zu bewegen. Das Gespräch fand spät abends statt.

MIRA: *Ich habe nur gehört, wie jemand gesagt hat: ›Meine Damen und Herren, ich kann das nicht spielen‹.*

RENÉ: *Wer kann was nicht spielen?*

MIRA: *Da war eine Bühne, und jetzt seh' ich eine Szene mit einer Frau, die über einem Klavier liegt und wie wild mit den Händen herumfuchtelt. Irgendwie hält ihr ein Mann die Füße, und eine andere Frau schlägt auf sie ein. Es ist eine total wilde Szene, intensiv und durcheinander. Da ist jetzt noch etwas anderes. Ich seh' immer mehr Leute, die wie kleine Männchen an einem Wall, ich glaub', vor einer Burg oder einer Stadt oder ähnlichem, stehen. Jetzt hantiert eine Person an einer Art Drehschraube, die sieht aus wie ein Lenkrad. Er dreht auf, und überall aus der Mauer kommt viel Wasser heraus. Ich weiß nicht, was das bedeutet.*

RENÉ: *Vielleicht hat es etwas mit Kennedy zu tun. Ich rufe ihn mal. - Hallo Mister 'John Kennedy', wir möchten Sie zu einem kleinen Interview einladen.*

Er war überraschenderweise augenblicklich da.

'KENNEDY': *Hallo Leute.*

RENÉ: *Hallo Mister President, wenn ich noch so sagen darf.*

'KENNEDY': *Wie es beliebt.*

RENÉ: *Danke. Herr 'Kennedy', wir haben bereits ein Dutzend Ihrer Zeitgenossen gebeten, uns ein paar Fragen zu beantworten. Es geht hauptsächlich darum, unserem Leserpublikum zu zeigen, wie individuell unterschiedlich sich das menschliche Bewußtsein beim Übergang ins Jenseits wandelt. Deshalb möchte ich Sie bitten, die Erfahrung Ihres so übereilten Todes damals in Dallas und das Danach zu schildern. Was ist da innerlich bei Ihnen abgelaufen?*

Die längste Zeit, zumindest etwa zehn Minuten lang, kam überhaupt nichts mehr durch. Erst als ich nahe daran war, den Kontaktversuch abzubrechen, ging es los.

'KENNEDY': *Ich habe mir immer Zeit gelassen, um den nötigen Spielraum für Antworten zu finden. Ich habe es gehaßt, durch Fragen eingeengt zu sein.*
Dieser letzte Schuß war auch ein Befreiungsschuß. Es sollte ja eine neue Strategie eingeführt werden in Amerikas Außenpolitik. Und wie so oft, hat sich der unbequeme Patient seiner Republik Zeit gelassen. An jenem Morgen war ich sehr nervös. Ich habe mich beim Rasieren geschnitten, was ja nie ein gutes Omen für die geistige Verfassung eines Mannes ist. Meine Hände haben gezittert. Ich hatte auch ziemlich schlecht geschlafen, denn einiges hatte sich zugespitzt.
Gleichzeitig fing ich an, mich bei diesem Rätselraten um die Außenpolitik zu langweilen. Da waren auch noch die ungelösten Probleme meines Landes und die sogenannten faschistischen Tendenzen.
Inzwischen hat sich ja einiges geändert. Vieles, was es damals noch nicht gegeben hätte, ist möglich geworden. Leute wechseln ihre Stellung, und das Blatt wendet sich.
Durch meinen Tod ist für Amerika vieles leichter geworden, in vieler Hinsicht war ich ja auch das Sorgenkind. Ich war zwar berühmt und intelligent, aber irgendwie auch zu unbequem. Das alles anders würde, darauf haben sie wohl nur noch gewartet.

RENÉ: *Was ist für Sie nach dem Tod anders geworden, ganz konkret, in Ihrem Bewußtsein?*

'KENNEDY': *Hmmm. Dieser Schuß, dieser gewaltsame Tod, hat mich so schnell aus dem Leben gerissen, ja, aus dem Leben gefetzt, daß ich gar nicht mit dem Denken nachkam. Eigentlich hat mich das alles wenig erstaunt. Ich glaube, das Entsetzen der Leute war viel größer als mein eigenes.*
Ich habe dann meinen zerstörten Körper vor mir gesehen Es war mehr ein schockierendes Erlebnis, plötzlich so hüllenlos zu sein. Mit einem Schuß hatte man die Rolle, die man spielte, verloren.

RENÉ: *War es ein Einzelner, der geschossen hat, oder waren es mehrere?*

'KENNEDY': *Einer hat gut getroffen. Es waren zwei.*

RENÉ: *Haben sie den Mörder nachher von drüben noch wahrgenommen?*

'KENNEDY': *Ja vage, denn meine Seele kannte ihn irgendwie. Es war ein Kranker.*

RENÉ: *War es eine Auftragsarbeit? Was ist der eigentliche Hintergrund?*

'KENNEDY': *Er ist ihnen zuvorgekommen und wollte mich aus seinem eigenem Motiv heraus killen. Obwohl es eigentlich im Namen der Republik hälle geschehcn sollen.*

RENÉ: *War es dieser Lee Oswald?*

'KENNEDY' (nickend): *Ja, vordergründig.*

RENÉ: *Der ist ja auch erschossen worden. Haben Sie ihn drüben angetroffen?*

'KENNEDY': *Nein. Das hätten wir beide nicht ertragen.*

RENÉ: *Wie ist es dann mit Ihnen weitergegangen?*

'KENNEDY': *Traumatisch. Zum ersten Mal habe ich erkannt, wie sehr mich meine Frau geliebt hatte. Ich sah, wie blind ich dafür gewesen bin und wie verlogen. Das tat weh. Mein Frauenheldentum hatte sicher damit zu tun, daß ich den Ruhm der Herzen suchte, den Ruhm der Welt hatte ich schon. Ich wollte noch etwas anderes.*
Irgendwie fühlte ich mich in eine Rolle gezwängt. Der Schuh drückte, und es war mir, als wäre es nicht mein eigener. Der Tod war in dieser

Hinsicht eine Erlösung. Gleichzeitig erkannte ich durch den Tod auch mehr von meiner inneren Wahrheit. Und es bestürzte mich zu sehen, wie wenig ich vorher davon wahrgenommen hatte. Die Werte meines Lebens waren zu stark von der Gesellschaft bestimmt, viel zuwenig von mir selbst, von meiner eigenen Seele. Es war bestürzend, mich derartig als Spielball der Kräfte zu erleben, wo ich doch glaubte, durch mein ausfallendes Benehmen aus dieser Ecke zu entkommen.

RENÉ: *Welche Kräfte waren es insbesondere, die mit Ihnen da gespielt haben?*

'KENNEDY': **Schwer zu sagen, welche es besonders waren. Es war mehr das Zusammenspiel all dieser Kräfte und Mächte.**

RENÉ: *Dieser Mythos, der um Sie damals schon war und später noch mehr entstanden ist, wie können Sie sich den erklären?*

'KENNEDY': **Ich glaube, es ist der verwöhnte Junge, der sich nicht geniert hat, ein Rebell zu bleiben.**

RENÉ: *Und trotzdem Präsident zu werden?*

'KENNEDY': **Ja, ich glaube, das hat viel Faszination ausgeübt.**

RENÉ: *Bill Clinton scheint so ein ähnlicher Fall zu sein. Was denken Sie denn zu seiner Rolle?*

'KENNEDY': **Die Jahreszeit hat sich gewandelt. Er hat auch eine etwas bessere Einstellung zur Ehe, als ich sie hatte. Man hat ja auch eine Beziehung zum Volk, als sei es seine Mutter oder seine Frau. Und dieselbe Einstellung, die man zu seiner Mutter und zu seiner Frau hat, die hat man auch zum Volk.**

RENÉ: *Sind Sie drüben von Freunden oder Bekannten begrüßt worden? Wie hat sich das Jenseits anfangs für Sie dargestellt?*

'KENNEDY': **Ich bin ja nie diese Heiligkeit gewesen. Und allzuviel Zärtlichkeit hat mir eher Angst gemacht. Aber in Zeiten der Not frißt der Teufel auch Fliegen und Zärtlichkeiten.**

RENÉ: *Welcher Beschäftigung gehen Sie nun nach, wenn man so fragen kann?*

'KENNEDY': *Ich beschäftige mich mit der Lüge. Was sie ist und wodurch sie entsteht.*

RENÉ: *Dann beschäftigen Sie sich folgerichtig auch mit der Wahrheit. Zu welchen Schlüssen sind Sie bislang gekommen?*

'KENNEDY': *Die Lüge ist wie ein Geschwür an einem gesunden Körper. Sie holt alles Giftige heraus, das sich im Laufe der Zeit angesammelt hat. Meist ist die Lüge wahrhaftiger als die Wahrheit, die man ausspricht.*

RENÉ: *Ich nehme fast an, daß man sich als Präsident eines so großen Landes schon in früheren Leben irgendwie darauf vorbereitet hat. Ist das so?*

'KENNEDY': *Ja, doch. Man übt sich als Führungspersönlichkeit in verschiedensten politischen Gruppierungen.*

RENÉ: *Haben Sie zu Lebzeiten an die Wiedergeburt geglaubt?*

'KENNEDY': *Nun, ich habe sie erhofft.*

RENÉ: *Haben Sie vor, wieder mal zurückzukommen?*

'KENNEDY': *Vielleicht.*

RENÉ: *Glauben Sie, das selbst frei entscheiden zu können?*

'KENNEDY': *Ich weiß es nicht. Hier ist kein Richter zu finden.*

RENÉ: *Es könnten ja latent im Hintergrund irgendwelche Ursache-Wirkung-Prinzipien lauern, die zur rechten Zeit dies und jenes in Bewegung setzen.*

'KENNEDY': *Das ist einerseits klar erkenntlich und andererseits nicht.*

RENÉ: *Obwohl Sie die Heiligkeit nicht gerade suchen, wie Sie sagten, hatten Sie aber sicherlich auch so etwas wie eine Gotteserfahrung.*

'KENNEDY': *Wer hat denn die nicht?*

RENÉ: *Könnten Sie uns diese umschreiben? Ich meine, das Spezielle an der Art von Erfahrung, wie Sie sie erlebten.*

'KENNEDY': *Als Kind fühlte ich mich sehr einsam, und in dieser Einsamkeit betete ich zu Gott um Erleuchtung. Eines Tages sah ich dann den Mond über mir und die Stille, in die er leuchtete. Das hat mir geholfen, mich trotz meiner Kleinheit nicht verloren zu fühlen.*

RENÉ: *Hat es jetzt neue Akzente zur persönlichen Gotteserfahrung gegeben?*

'KENNEDY': *Neu vielleicht nicht, nur weiter vertieft.*

RENÉ: *Möchten Sie eine Botschaft an alle, die Sie nicht vergessen können, heruberschicken?*

'KENNEDY': *Wir müssen nichts vergessen, aber wir dürfen verzeihen. Ich möchte dann gehen.*

RENÉ: *Darf ich noch eine letzte Frage stellen: Wie steht es mit 'Chruschtschow', ist er Ihnen inzwischen wieder begegnet?*

'KENNEDY': *Ja, es war eine freudvolle Begegnung.*

RENÉ: *Wie ist er jetzt in Stimmung?*

'KENNEDY': *Wir waren diesmal nicht Russe und Amerikaner, wir trafen uns als Menschen. Das hat vieles leichter gemacht. Er legte seinen Arm auf meine Schulter und sagte: ›Siehst du, das wollten wir doch schon damals. Und jetzt, wo wir es tun, haben wir keine Zuschauer‹.*

RENÉ: *Wollen Sie noch kurz etwas über die Ankunft Ihrer Frau sagen?*

'KENNEDY': *Nein. Es geht ihr gut.*

RENÉ: *Hat Sie Ihre Übergangsphase schon hinter sich gebracht?*

'KENNEDY': *Sie arbeitet daran.*

RENÉ: *Dürfen wir in einigen Wochen vielleicht auch mit 'Jackie' ein Gespräch führen?*

'KENNEDY': *Ich glaube ja. Gute Nacht.*

RENÉ: *Ich bedanke mich herzlichst.*

'KENNEDY': *Auf ein anderes Mal.*

'JOHN F. KENNEDY'

2. Kontaktversuch, Protokoll vom 20.6.94
Kommunikation deutsch

Auch obiges Gespräch verlangte nach Zusatzfragen. Ich studierte ein paar mir zur Sache greifbare Unterlagen, um mit neuen Fragen gerüstet zu sein. Nachdem ich in einer Biographie gelesen hatte, daß Kennedy ein halbes Jahr vor seiner Ermordung an der Universität Yale zum Thema Wahrheit und Lüge gesprochen hatte und dies also mit 'JFKs' Aussagen in unserem Erst-kontakt konform geht, war Mira gern bereit, einen weiteren Dialog zu versuchen. Das Reading fand spät abends statt.

MIRA: *Ich hör': ›Nur mit der Ruhe. Laß' Dich nicht stressen, wenn es nicht gleich gut anläuft‹.*

RENÉ: *Laß Dir Zeit. Wir haben's nicht eilig.*

Ich nehme an, daß es unser Astralfreund Roberto war, der Mira beschwichtigte. Um die offenbar noch nicht richtig angedockte Schwingung 'Kennedys' näher heranholen zu helfen, das heißt, um es Mira zu erleichtern, sich darauf zu fokussieren, begann ich einfach in den Raum hinein - vorerst auf englisch direkt zu 'John F.' zu sprechen.

RENÉ: *Sehr geehrter Herr Präsident 'Kennedy', es wäre uns beiden eine Freude, Sie nochmals zu begrüßen und einige Zusatzfragen stellen zu dürfen.*

'KENNEDY': **Wir sehen einige Schwierigkeiten in der Übermittlung, da dem Medium übersensitive psychische Bereiche anhaften, welche von meiner Story zu sehr bewegt werden könnten. Ich bemerke einige Traumen, die sie noch nicht überwunden hat.**

RENÉ: *Guten Abend, Mister 'Kennedy'. Ich versuche, das Problem zu managen. - Haben Sie Ihre Traumen schon überwunden, insbesondere das letzte?*

'KENNEDY': **Soweit es hierorts möglich war.**

RENÉ: *Sie sagten in unserem ersten Gespräch sinngemäß, daß Sie kein Freund allzu vieler Zärtlichkeiten seien und, - ach, ich kann es im Moment englisch nicht so gut ausdrücken. Könnten wir vielleicht Deutsch sprechen?*

'KENNEDY': **Wir können es versuchen.**

Er sprach anfangs etwas gebrochenes Deutsch, das wir hier ein wenig korrigierten, fand sich aber bald in die neue Übermittlungsform ein.

RENÉ: *Meinten Sie damit, daß Sie mit Zärtlichkeiten überhäuft wurden, als Sie drüben ankamen?*

'KENNEDY': **Nein, auf vielen meiner Wege waren die Lügen, und ich hasse Lügen in Taten. Wenn jemand Zärtlichkeit spielt und in Wahrheit andere Gefühle hegt, lügt er. Ich denke, das hat mit meinem Kindsein zu tun. War es Vorspiegelung falscher Tatsachen, dann habe ich lieber auf Zärtliches verzichtet oder war abweisend. Ich glaube, durch diesen Zärtlichkeitsmangel wird viel Unheil angerichtet, weil die Menschen Ersatzbefriedigungen annehmen.**

RENÉ: *Es klang mir, als ob Sie im Jenseits zu zärtlich begrüßt worden seien. War sie denn nicht echt, diese Zärtlichkeit?*

'KENNEDY': **Doch, ich war sie nur nicht gewohnt. Ich bin ja ein Skeptiker geblieben. Es war mir in meiner Kindheit natürlich ein Muster entstanden.**

RENÉ: *Ich verstehe. - Könnten wir kurz zum Attentat zurückkehren? Sie sag-ten, der vordergründige Mörder hat einen Komplizen gehabt.*

'KENNEDY': **Nicht nur einen.**

RENÉ: *Und sind diese gefaßt worden?*

'KENNEDY': **Nein, nur einer.**

RENÉ: *In welchem Kontext standen die Mittäter zu diesem Oswald?*

'KENNEDY': **Sie haben seine Krankheit benützt.**

RENÉ: *Der Täter war sozusagen nur vorgeschoben?*

'KENNEDY': **Sie haben seine psychische Krankheit als willkommene Möglichkeit gesehen.**

RENÉ: *Und was war das Motiv der im Hintergrund Tätigen?*

'KENNEDY': **Ich glaube, das wissen sie selbst nicht. Es waren gegen Autorität gerichtete Aggressionen, ein verwirrter Versuch der Bewältigung von Kindheitstraumen.**

RENÉ: *Sie schienen auch anzudeuten, daß Sie innerstaatliche Angriffe erwarteten.*

'KENNEDY': **Nein, ich sehe in diesen Leuten keine Vertreter meines Landes, das waren eher Möchtegern-Machthaber. Ich denke wohl, die mich liebten, waren auch diejenigen, die mich vertreten und nicht getreten haben.**

RENÉ: *Hatte die Mafia ihre Hand im Spiel?*

'KENNEDY': **Wo hatte sie das nicht! Allerdings wurde in diesem Fall sogar die Mafia benutzt. Sehr selten gelingt das auch.**

RENÉ: *Wer war nun der oder die Drahtzieher hinter Ihrer Ermordung?*

'KENNEDY': **Ein Meisterverbrecher der billigsten Sorte. Er handelte aus eigenem Antrieb.**

'JFK' schien mir nicht sonderlich erbaut darüber zu sein, daß ich sein Mordkomplott aufrollen wollte, also wechselte ich das Thema.

RENÉ: *Ich möchte zu Ihrer Bekanntschaft mit Frau Monroe noch eine Frage stellen. Waren Sie zum Zeitpunkt ihres Todes mit ihr zusammen?*

'KENNEDY': **Ich war nicht einmal in der Gegend.**

RENÉ: *Und Ihr Bruder, war der vielleicht anwesend?*

'KENNEDY': **Das weiß ich nicht, vielleicht. Ich kann es nicht sagen.**

RENÉ: *Sind Sie mit ihm drüben nicht zusammengetroffen?*

'KENNEDY': **Wir sind ein bißchen sehr auseinander - wir stehen uns nicht sehr nahe.**

RENÉ: *Darf ich wissen, warum?*

'KENNEDY': **Da ist ein noch ungelöster Konflikt.**

RENÉ: *Wollen Sie den nicht beim Namen nennen?*

'KENNEDY': **Ich glaube nicht, daß ich das tun soll.**

RENÉ: *Warum nicht? Wir versuchen hier ein Art spirituelle -*

'KENNEDY' (unterbrechend): **- Jenseitsspionage.**

RENÉ: *- Historienschreibung, wollte ich sagen. Sie könnten, zumindest bei offenen Leuten, die offizielle Geschichtsschreibung ein bißchen ins Lot rükken.*

'KENNEDY': **Da müßte ich meinen Bruder zuerst fragen. Ich weiß nicht -**

RENÉ (unterbrechend): *Okay. 'Marilyn' machte die mysteriöse Andeutung, daß er der Schatten von Ihnen war.*

'KENNEDY': **Ja, ja, wir waren unser gegenseitiger Schatten!**

RENÉ: *Bruder Bobby hatte einiges gegen die Mafia unternommen, wie ich nachgelesen habe, und dieser Mafia-Boß Giancana ist inzwischen auch drüben eingetroffen, höchstwahrscheinlich auf einer der unteren Etagen. Hat es da irgendeine Kommunikation gegeben?*

'KENNEDY': **Nein. Aber wir wußten alle, daß er ankommt und jetzt auch den Himmel versaut.**

RENÉ: *Hat dieser Ruby, der den Oswald umgebracht hat, auch eine mehr als zufällige Rolle gespielt?*

'KENNEDY': **Aber natürlich. Ein Verrückter ist ja nicht berechenbar, und Oswald wußte auch viel zuviel. Zuerst war der Drang, die Tat auszuführen stärker als zu schwätzen, aber für die Zukunft mußte man auf Nummer sicher gehen, daß das Werk auch vollendet ist und er in seinem Delirium nichts darüber ausplaudert.**

RENÉ: *Also, dieser Ruby war von vornherein in das Komplott verwickelt?*

'KENNEDY': **Ja, er war ein Aufseher der Aktion. Sie sind erst durch die unglaublichsten Geschichten auf diesen Oswald aufmerksam geworden und haben ihn dann durch Propaganda aufgehetzt. Sie unterstützten ihn derart, bis er es als Realität sah, daß er es wirklich tun sollte.
Er hatte diese Eingebung, er müsse einen Mord vollbringen. Und diese Stimme, die war echt, das war schon eine Einflüsterung von wirklichen Leuten, die sich in ihm dann aber als innere Stimmen manifestierten.**

Natürlich hat das alles zusammen gehört. Er ist ein Wahnsinniger, der aber auch selbst suggestiv mißbraucht worden ist. Er hat dadurch sein Realbewußtsein verloren und ist nicht mehr gesundet. Er ist auch sexuell mißhandelt worden in der Kindheit.

RENÉ: *Und dieser Ruby, der den Oswald erschossen hat?*

'KENNEDY': **Nun, der war so ein schmales, rauschgiftsüchtiges Bürschchen, das sich hervortun und wichtig fühlen mußte. Er hat diese Rolle auch ganz gut gespielt.**

RENÉ: *Tat er es aus eigenem Antrieb heraus?*

'KENNEDY': **Aus purer Machtgier.**

RENÉ: *Warum ist nach dem Attentat soviel verschleiert worden?*

'KENNEDY': **Weil auch die Mafia hereingelegt worden ist.**

RENÉ: *In welcher Weise?*

'KENNEDY': **Die Mafia wollte mich eigentlich in anderer Weise stürzen. Sie wollten mich in der Öffentlichkeit ruinieren und -**

Ich hatte 'John F.' leider spontan unterbrochen.

RENÉ: *Womit? Mit Ihren Frauengeschichten?*

'KENNEDY': **Ja. - Als das nicht so ging, weil auch ich meine Spione hatte, die wiederum deren Geschichten kannten, - ach, ich kann nur sagen, es ist eine langweilige Geschichte. Es ist wie ein Schachspiel mit Schwarz gegen Weiß. Es ist immer dieselbe Hinterhältigkeit, die benutzt wird, um einen Menschen in seine Ohnmacht drängen zu können, es ist immer das gleiche Lied.
Die Vernebelung hängt damit zusammen, daß sich die Mafia in dieser Sache nicht wohlgefühlt hat. Einerseits hatte sie ihr Ziel erreicht, und andererseits hatte sie dennoch verloren.**

RENÉ: *Warum und was hat sie verloren?*

'KENNEDY': **Weil mich das Volk erst recht als Held gefeiert hat und somit viele verschiedene Möglichkeiten für sie verloren gingen, um auf** *anderen Ebenen konkret Fuß zu fassen. Sowohl in der Wirtschaft wie in der Politik.*

RENÉ: *Edgar Hoover dürfte auch irgendeine seltsame Rolle gespielt haben. Ist er Ihnen drüben begegnet?*

'KENNEDY': *Lieber nicht.*

RENÉ: *Hat er Sie zu Lebzeiten irgendwie in der Hand gehabt?*

'KENNEDY': *Ich war mir darüber nie sicher, obwohl er einen mächtigen Eindruck hinterlassen hat. Er hatte etwas Magisches und war natürlich einflußreich. Mit seinen Büchern und Geschäften hatte er eine spezielle Winkelstellung. Dadurch war er für mich so undurchsichtig und zeitlebens ein Mysterium. Er hatte etwas, ja wie soll ich sagen, Satanisch-menschliches an sich. In dieser Hinsicht hat er mich auch gereizt und fasziniert, obwohl er mir bis zuletzt unheimlich geblieben ist.*

RENÉ: *Und wer hat damals, gleich nach dem Ableben von Marilyn, die Vertuschungsaktionen verordnet?*

Ein schwerer Seufzer, als ob ihm die Sache immer noch im Magen läge, entglitt Herrn 'Kennedy'.

'KENNEDY': *Ja, das war schon teilweise auch meine Familie. Das Ganze war deswegen solch ein komplexes Komplott, da der anständige Staat sozusagen gegen die Verruchtheit meinerseits gekämpft hat. Es war auch ein Schattenboxen innerhalb der Regierung im Gange und schlimm mitanzusehen, wie Menschenleben mißbraucht wurden.*

RENÉ: *Zu Beginn der Trance hatte das Medium eine innere Stimmvision. Sie hörte etwa die Worte: ›Das kann ich nicht spielen, meine Herren.‹ Ich vermute, daß es Ihre Stimme war. Könnten Sie die Bedeutung dieses Satzes erläutern?*

'KENNEDY': *Ja, es waren meine Gedanken. Ich hatte damals einen Vortrag vorbereitet, es ging auch um Schauspiel und um - wie soll ich das erklären? Man spielt seine Rolle, doch diese hat ihre Grenzen. Gewisse Dinge kann man einfach nicht spielen. Die sind entweder echt oder die Rolle stürzt ab.*

RENÉ: *Ich nehme an, Sie wollten damit sagen, Sie möchten authentisch bleiben?*

55

'KENNEDY': *Ja. Ich war das bitte auch in meinem ganzen Leben, wenn es auch mißglückt ist.*

RENÉ: *Das Medium hat dann noch eine verwirrende Bildfolge gesehen, von einem Mann, der eine Frau auf einem Klavier festhält, und eine andere Frau schlägt auf diese ein und so weiter. Könnten Sie das auch entschlüsseln?*

'KENNEDY': *Nun, das war Marilyn. Ihr Problem war, daß sie die Liebe aller wollte. Sie wollte von Männern und Frauen geliebt werden, vor allem von allen! Daraus entstand der Konflikt, daß sie ständig und überall die Konkurrenz sah. Das hat auch letztlich ihre innere Einsamkeit hervorgerufen. Das Klavier ist ihre künstlerische Begabung. Dieses Bild ist schwer zu beschreiben, aber -*

RENÉ (unterbrechend): *Und wer ist der Mann? Sind Sie das?*

'KENNEDY': *Das ist der Mann an sich. Ihre Tragödie habe ich erst im Jenseits begriffen. Wissen Sie, solche Fragen habe ich zu Lebzeiten in ihrer Tiefgründigkeit nicht erfaßt. Ich bin vor lauter Trubel auch gar nicht zum Nachdenken gekommen.*

RENÉ: *Noch etwas verwirrte mich im ersten Gespräch. Sie sagten zu den von mir erwähnten, im Hintergrund vielleicht wirksamen Ursache-Wirkungs-Prinzipien: ›Diese sind einerseits klar erkenntlich, aber andererseits auch wieder nicht‹. Das versteh' ich nicht.*

'KENNEDY': *Wenn man hier herüben ist, dann sieht man alles klar. Man erkennt zwar, was ist, sieht aber genauso wenig in die Zukunft wie zuvor. Die Erkenntnis über Gewesenes ist klar, aber man weiß dennoch nicht, wie sich die Dinge letztendlich entwickeln.*

RENÉ: *Die Klarheit hat sozusagen ihre Grenzen?*

'KENNEDY': *Nein, die Klarheit begleitet Dich, aber sie schreitet nicht voraus. Vielleicht für einen Edgar Cayce, aber nicht für mich.*

RENÉ: *Apropos, weil Sie Herrn 'Cayce' erwähnen, möcht' ich Ihnen sagen, daß er sich bereit erklärt hat, -*

'KENNEDY' (schmunzelnd unterbrechend): *- ein Popstar zu werden?*

RENÉ: *Nein, das nicht gerade. Er würde für unsere Interviewpartner - sofern* diese wollen, einen Blick in deren frühere Lebensexistenzen machen. Wollen Sie diese Chance ergreifen?

'KENNEDY': *Soll das jetzt ein Lotteriespiel werden?*

RENÉ: *Nein, nein, das wäre eine ernsthafte Betrachtung größerer Zusammenhänge, um Ihr Wesen nicht zu sehr -*

'KENNEDY': *- auf die Palme zu bringen?*

RENÉ: *Ganz und gar nicht. Nein, um Ihr Wesen nicht zu sehr auf Ihr Kennedy-Dasein zu fixieren und reduzieren. Marilyn zum Beispiel hat eingewilligt.*

'KENNEDY': *Das hätte sie früher auch gemacht.*

RENÉ: *Haben Sie eigentlich zu Lebzeiten in irgendeiner Weise mit Esoterik zu tun gehabt?*

'KENNEDY': *Ich war dazu zu -*

'JFK' führte den Satz nicht zu Ende, wiewohl ich ihm genug Zeit dazu ließ. Er konnte scheinbar nicht ganz klar kommen, wie er antworten sollte.

RENÉ: *Sie waren zu was? Zu geschäftig? Zu beschäftigt mit der Politik und den Frauen - wenn ich so frech sein darf?*

'KENNEDY': *Degradieren Sie mich nicht. Also, ich war leider zu - zu zu - zu sehr zu!*

Er unterstrich seine Feststellung mit einer Handbewegung und amüsierte sich über sein Wortspiel.

RENÉ: *Womit waren Sie denn maßgeblichst beschäftigt, wenn ich Ihnen das noch entlocken darf?*

'KENNEDY': *Womit? Ich glaube damit, identisch zu sein. Es war schwer, da hat es oft großen Kampf in mir gegeben.*

RENÉ: *Eine Frage noch, die unter New-Age-Leuten immer wieder diskutiert wird. Es wird gesagt, daß die Präsidenten der Vereinigten Staaten über UFOs stets mehr wußten, als allgemein publik wurde. In welcher Weise sind Sie in Ihrer Amtszeit mit UFO-Geheimnissen bekannt gemacht worden?*

'KENNEDY': *Diese Unfälle, diese Abstürze damals, sind ja vor meiner Amtszeit passiert.*

RENÉ: *Meinen Sie vielleicht den Roswell-Absturz?*

'KENNEDY': *Ja, auch. Also, in meinen Augen waren das tatsächlich ETs.*

RENÉ: *Haben Sie welche gesehen?*

'KENNEDY' (beinahe ehrfürchtig): *Ja, mumifiziert. Zuerst sollten sie so belassen werden, aber das ging nicht, da sie sich zersetzten. Das hat mein Weltbild schon erschüttert, in einer durchaus positiven Weise. Ich hatte nicht das Gefühl von Feindlichkeit, es waren gute Wesen, obwohl sie natürlich merkwürdig ausgesehen haben. Es war irgendwie auch tragisch. Ich bekam dadurch noch mehr das Gefühl, daß wir stupide, engstirnige Personen sind und diese Geschichten deshalb nicht offenkundiger und natürlicher vor sich gehen.*

RENÉ: *Wer hatte die Geheimhaltung eigentlich verordnet?*

'KENNEDY': *Es war so: In einem Gefährt, es war ein relativ sehr kleines UFO - viel winziger als es sich der Mensch normalerweise vorstellen mag - mit nicht viel mehr als einige Meter Durchmesser, befand sich etwas, eine Art verschiedener Schriftbilder, die man versuchte zu dekodieren. Da war auch etwas Bedrohliches, zumindest haben es die Wissenschaftler nicht bestritten. Diese ETs waren offensichtlich auf einem Erkundungsflug, und es wurde nicht klar, was sie vorhatten. Da war auch noch so ein radarartiges Gerät, irgend etwas mit Fern-Winkel-Geschichten, mit einer Reichweite von scheinbar Tausenden von Lichtjahren, was für uns ja eine kaum mehr vorstellbare Sache ist. Angesichts dieser überdimensional strukturierten Technik, die unsere untersuchenden Techniker vor unlösbare Rätsel gestellt hat, sind dann auch noch ein paar merkwürdige Dinge passiert. Obwohl diese Insassen anscheinend tot waren, leuchteten sie irgendwie auf. Da bekam man schon Angst, da diese offenbar von anderen Wesen weiter zu kontaktieren versucht wurden. Man war natürlich schwer verunsichert, wieweit man das Volk damit belasten konnte. Da waren auch Kircheneinflüsse, die einen Strich durch die Rechnung machen wollten.*
Auch die Pharmazie hatte extreme Schwierigkeiten. Sie meinten, ein fremder Virus sei möglicherweise übertragen worden. Man weiß ja bis heute nicht, welche Hypothesen tatsächlich stimmen. Man versuchte natürlich extrem reinlich zu arbeiten. Es waren Hunderte, ja Tausende Leute unter Stillschweigen mit dieser Geschichte beschäftigt.

Dann passierte es, daß sich plötzlich ein Stück dematerialisierte und ähnliche Dinge, das hat dann die Wissenschaftler in Panik versetzt. Mancher bekam auch seltsame Zustände, einer von ihnen ist an einem rätselhaften Fieber verstorben. Es dürfte sich höchst radioaktives Material oder ähnliches in diesem UFO befunden haben, und offensichtlich sind diese Wesen immun dagegen gewesen. Auch das hat viele erschreckt. Niemand wußte, wie gehandelt werden sollte. Aus diesen Sicherheitsgründen heraus ist natürlich ein Stillschweigen verordnet worden.

RENÉ: *Wurden die Russen darüber informiert?*

'KENNEDY': *Ja, aber nicht im Detail. Ich denke, die halten auch einiges zurück. Ich kümmere mich eigentlich im Moment nicht um solche Dinge, auch nicht um Außerirdische.*

RENÉ: *Ich wollte nur die Chance nutzen, Informationen zu bekommen, an die man sonst nicht herankommt, zumindest nicht mit irdischen Mitteln. Es wäre noch interessant zu wissen, ob es zwischen den ETs und der Regierung so etwas wie direkte Kommunikation gegeben hat?*

'KENNEDY': *Indirekt. Außerirdische versuchten offensichtlich, mit uns Kontakt aufzunehmen, aber unsere Leute waren außerstande, damit umzugehen. Da waren Morsezeichen, die wir nicht entschlüsseln konnten. Es gab schon eine Art verzweifelten Versuch einer Kommunikation auch von uns, der aber letztlich mißglückt ist.*

RENÉ: *Es gibt immer wieder Bücher, in denen erwähnt wird, daß Abraham Lincoln Kontakt mit Geistwesen hatte.*

'KENNEDY': *Ja, das ist eine andere Geschichte. Das waren keine materialisierten Menschen oder Wesen. In dem erwähnten Fall ging es ja um Wesen, die massiv in der Dichtheit Einfluß nahmen.*

RENÉ: *Sind Sie eventuell mit 'Lincoln' zusammengetroffen?*

'KENNEDY': *Ja. Er ist ein Eingeweihter, für mich ist er mehr ein Einstein der Politik als alles andere, ein wirklich verehrungswürdiges Wesen. Er war sehr liebevoll. Er hatte im Gegensatz zu mir keine Angst vor Zärtlichkeit, war aber dennoch sehr streng zu sich selbst, auch gegenteilig zu mir. Also, ich bewundere ihn, das möchte ich schon sagen.*

RENÉ: *Wie geht es 'Jackie' inzwischen?*

'KENNEDY': *Sie hat noch viel mit sich zu tun.*

RENÉ: *Wäre es möglich, schon in den nächsten Tagen mal mit ihr zu sprechen?*

'KENNEDY': **Ich denke, nein. Das ist noch zu früh. - Sie winkt nur herüber und sagt Hallo und schickt ihre Grüße. Sie sagt, ›später, wenn sie nicht mehr so voll von Kummer ist‹. Aber es geht ihr gut.**

RENÉ: *Wäre Ihr Bruder 'Robert' vielleicht zu sprechen? Vielleicht haben Sie einen direkten Draht zu ihm?*

'KENNEDY': **Ah, ich - wir sind uns noch böse, da ist noch einiges nicht geklärt. Das kam nicht so in die Öffentlichkeit, daß wir einen Krieg hatten.**

RENÉ: *Worum ging es denn in dem Krieg?*

'KENNEDY' (tief seufzend): **Ach, -**

Man merkte richtig, wie unwohl sich 'JFK' bei dieser Frage fühlte, die ich so unbedarft stellte.

RENÉ: *Deuten Sie es vielleicht nur ein bißchen an?*

'KENNEDY': **Nun, es ging um Frauengeschichten.**

RENÉ: *Hatte 'Marilyn' eine Rolle in diesem Krieg?*

'KENNEDY': **Ich schweige mich tot. - Ich will es anders machen als früher. Ich will nicht Wäsche waschen und Politik machen, sondern ich möchte menschlich handeln. Was mir ein unerlöstes Thema ist, möchte ich nicht zum Streitpunkt nehmen, sondern es erst lösen und dann darüber reden. Ich denke, das wäre auch in der Politik allgemein vernünftig. Nicht mehr diese kranke Politik zu fördern, sondern zuerst über die Medizin zu sprechen und dann, wenn eine Heilung geschehen ist, auch über den Prozeß. Aber dafür, nun ja -**

RENÉ: *Wenn Sie Berater von Bill Clinton wären, welchen gewichtigen Tip würden Sie ihm geben?*

'KENNEDY': **Dem Billy einen Rat? Ich glaube, - nein, das darf ich nicht. Ich kann über den aktiven Präsidenten hier keine Aussagen machen.**

RENÉ: *Warum nicht?*

'KENNEDY': **Weil er der Präsident ist.**

RENÉ: *Auch nicht aus jovialer Sicht? Das tun doch viele.*

'KENNEDY': **Aber ich nicht. Nein.**

RENÉ: *Zum Beispiel ist da jetzt diese schwierige Lage mit Nordkorea, das sich weigert, die Atomkontrolle zuzulassen oder sich an diesen Sperrvertrag zu halten, den sie unterschrieben haben.*

'KENNEDY': **Soviel ich weiß, haben sie sich etwas offen gehalten. Sie haben meines Wissens nicht sämtliche Details unterzeichnet, wie es ja üblich ist.**

RENÉ: *Wie würden Sie solch eine schwierige Lage handhaben?*

'KENNEDY': **Nun, in diesem konkreten Fall muß man doch wissen, warum dieses Korea so handelt.**

RENÉ: *Ja, lassen Sie es uns wissen.*

'KENNEDY': **Es herrscht Angst vor einer Lebensmittelknappheit, vor Überbevölkerung, vor politischen Übergriffen und es wehrt sich ganz einfach gegen Veränderung. Ich glaube, das ist das Hauptmotiv. Das ist ein sehr stures Volk, es ist hartnäckig, konservativ und langsam. Das Problem liegt darin, daß sie sich lieber selbst vernichten als verändern. Ich denke, damit muß man leben und die anderen müssen sich damit auseinandersetzen.**

RENÉ: *Jimmy Carter ist ja, scheint's, in seiner Mission gescheitert.*

'KENNEDY': **Nicht nur Jimmy Carter. Korea hat doch etwas sehr Saturnales an sich.**

RENÉ: *Ja, aber er ist offenbar vorzeitig von irgendwelchen eigenen Regierungsleuten zurückgepfiffen worden, soweit ich in den Nachrichten hörte.*

'John F.' lacht lauthals über meine sichtliche Naivität in diesen Dingen.

'KENNEDY': **Nein, er wurde erst zurückbeordert, als er schon am Scheitern war. Das war ja eine Hilfsaktion seiner Leute, um sein Gesicht zu wahren*.**

---

* In dieser Nordkoreakrise kam es dannin den Wochen darauf doch noch zu versöhnlichen Gesten. Welche wirtschaftlichen Gegenleistungen im Hintergrund eine Rolle spielten, wurde im Detail nicht publik gemacht.

Aber das ist nicht mehr meine Geschichte. Ich möchte nicht weiter in diese Politik eintauchen.

RENÉ: *Das kann ich verstehen. Nun, dann bedanke ich mich. Es war sehr aufschlußreich, bis auf das, was Sie nicht beantworten wollten. Ich hätte doch gerne von den vielen Märchen, die um den Tod Marilyns kursieren, noch die wahrhaftigste Version herausgefunden. Dazu hätte ich eben gerne 'Bobby' gesprochen, ich vermute, er könnte zur Wahrheitsfindung etwas beitragen.*

'KENNEDY': **Ja, also dazu - wie gesagt, wir sind distanziert.**

RENÉ: *Wir werden ihn erst zu rufen versuchen, wenn Sie schon gegangen sind, damit Sie sich nicht begegnen.*

'KENNEDY' (lächelnd): **Ja. Also, ich mag ihn, aber wir haben den altbewährten Bruderkonflikt.**

RENÉ: *Den kenn' ich auch. Aber irgendwann wird sich das Problem drüben ja lösen lassen. Nun, ich bedanke mich. Einen schönen Abend noch und unsere besten Wünsche an Jackie.*

'KENNEDY': **Also dann, auf Wiedersehen.**

Von mir unbemerkt war Mira, nachdem' John F.' gegangen war, aus der Trance gekommen.

RENÉ: *Dann bitte ich nun unseren Roberto, nach dem ehemaligen Senator 'Robert Kennedy', genannt Bobby, Ausschau zu halten.*

MIRA: *Keine Chance. Nicht mit mir, jetzt ist es genug. Außerdem wär' es mit dem 'Bobby' schwierig, solange die Aura von 'John' noch nicht verweht ist. - Der Roberto flüstert mir gerade zu, wir sollten einen Horoskopvergleich zwischen den beiden Brüdern machen.*

RENÉ: *Das ist eine gute Idee.*

Das Partnerhoroskop der beiden Brüder haben wir einige Tage später in den Computer eingegeben und deren intensives Anziehungs- und Abstoßungspotential voll bestätigt gefunden. Zu einer Inkarnationsrückschau via 'Cayce' ist es mangels einer Zusage 'JFKs' bislang nicht gekommen.

vormals
›möglicherweise‹
ROBERT KENNEDY
amerikanischer Politiker
20.11.1925 - 6.6.1968

Kontaktversuchs-Protokoll vom 22.6.94
Kommuniktion deutsch

Die gelungenen Gespräche mit 'Marilyn' und 'JFK' forderten es geradezu heraus, auch mit dem Präsidentenbruder zu konferieren. Wir wußten kaum mehr über ihn, als wir von unseren jenseitigen Informanten erfuhren, und hatten nur ein sehr kleines Foto zur Verfügung. Wir hatten den Versuch auch einige Male verschoben, vielleicht weil wir intuitiv schon ahnten, daß es heikler werden würde, als uns lieb ist. An einem Vormittag waren dann unsere Kinder bei der Oma und unsere Stimmung reif für einen Versuch.

'KENNEDY': *Sie wollen mich sprechen?*

RENÉ: *Ja, wenn ich mit Mister 'Robert Kennedy' die Ehre habe.*

Ein leichtes Nicken sollte mir als Bestätigung gelten.

RENÉ: *Wahrscheinlich haben Sie schon gehört, daß wir mit Ihrem Bruder gesprochen haben, und mit 'Marilyn'. Da bringt es die Sache mit sich, daß wir auch mit Ihnen sprechen wollen, im Sinne einer spirituellen Geschichtsschreibung.*

'KENNEDY': *Nun, ich war unschlüssig, ob ich mitmachen sollte. Aber ich wollte mir dann doch dieses Phänomen anschauen, und ich sorge mich auch um das Medium. Ich bin immer offen gewesen für spirituelle Erscheinungen, auch verstehe ich das Prinzip der Transkommunikation im Ansatz. Ich bin trotzdem ein sehr skeptischer Mensch. Ich spreche Deutsch, denn ich habe auch zu Lebzeiten ein bißchen davon gesprochen.*

RENÉ: *Das freut mich. Könnten auch Sie uns schildern, wie Sie Ihr Nach-Drüben-Gehen erlebt haben? Sie sind ja ebenfalls plötzlich erschossen worden.*

'KENNEDY': *Es ist schwer zu beschreiben, weil viele verschiedene Dinge gleichzeitig geschehen sind. Bei mir stand diese Verlorenheit im Vordergrund , die damit einher ging, daß man sich von seinem physischen Körper getrennt fühlte und es auch war. Dieses Gefühl war anfangs unerträglich.*

RENÉ: *Wodurch ist es schließlich erträglicher geworden?*

'KENNEDY': *Durch eine tiefe Bewußtlosigkeit, durch einfachen, tiefen Schlaf. So habe ich es erlebt.*
In meiner Kindheit, glaube ich, war einiges davon gegenwärtig. Man fühlt als Kind viel mehr. Man ist mehr oder weniger hellsichtig und sieht die Dinge unvoreingenommen. Und wie Sie vielleicht wissen, ist man in diesem Alter Ängsten und unbewußten Inhalten schutzlos ausgeliefert. Ich glaube, John und ich, wir wußten es irgendwie beide, daß wir ein ähnliches Schicksal erleiden würden.

RENÉ: *Woran war dieses wissende Gefühl festzumachen?*

'KENNEDY': *Wir sprachen nie darüber, aber ich glaube, ja, wir wußten es. Es war eine innere Gewißheit, daß wir ein solcherart vorbestimmtes Schicksal hätten.*

RENÉ: *Haben Sie kurz vor Ihrer Ermordung auch solche Gefühle gehabt?*

'KENNEDY': *Man verdrängt vieles.*

RENÉ: *Wie war das. als Sie dann nach dieser Bewußtlosigkeit drüben aufgewacht sind?*

'KENNEDY': *Nun, es war kein Drüben da. Ich meine, ich habe das nicht so erlebt. Es war mehr ein Draußen, ein Zustand bewußten Draußen-Seins. Vorerst war ich erstaunt darüber, daß man das Bewußtsein doch behält oder, besser gesagt, eines wiederfindet, mit dem man sich identifizieren kann. Es ist schwer zu beschreiben.*

RENÉ: *In welcher Umgebung haben Sie sich vorgefunden?*

'KENNEDY': *Auf einem Platz, einem Spielplatz. Es war ein Platz, wo ich oft und gerne gewesen bin. Ich habe ja viel Sport getrieben. Ich glaube, es hat mich an Orte gezogen, die mich getröstet haben. Ich war doch ein sehr trauriger Mensch. Ich denke, innerlich war ich sogar gebrochen.*

RENÉ: *Wodurch das?*

'KENNEDY': **Durch den frühenVerlust meines Vaters.* Ich hab das nie ganz verkraftet.**

RENÉ: *Ist Ihnen Ihr Bruder begegnet?*

'KENNEDY' (seufzend): **Ach, 'Johnny'. - Wir haben oftmals Schwierigkeiten miteinander gehabt. Wir waren uns ein gegenseitiger Spiegel. Wir wuß-ten auch zuviel voneinander, vor allem kannten wir unsere wunden Punkte. Vielleicht auch, weil wir gemeinsam Zeuge dieser Kindheit waren, die nicht leicht gewesen ist. Es war ein Spielchen zwischen uns im Gange, das zwischen Schonung und Ablehnung pendelte. Einerseits suchten wir Gemeinsamkeit und Nähe, aber gleichzeitig hatten wir Schwierigkeiten, uns abzugrenzen. Vielleicht liebten wir uns auch zu sehr. Das hat uns tief verunsichert. Als Mann hat man eben seine Abgrenzungstendenzen.**

RENÉ: *Und jetzt, wie ist Ihr Verhältnis zu ihm heute?*

'KENNEDY': **Ich glaube, er ist noch immer nicht bereit, dieses Leid an-zusehen. Er findet mich zu schwatzhaft und traurig, auch wenn er das anders definiert. Er hat mich als sentimental bezeichnet. Aber vielleicht sollte man besser sagen, daß ich mit meinen Gefühlen anders umgegangen bin. Ich habe die erlebten Verluste stets tiefer als er empfunden.**

RENÉ: *Und da war ja auch Marilyn.*

'KENNEDY' (nachdenklich nickend): **Ja, da war Marilyn.**

RENÉ: *Was war denn zwischen Euch Dreien im Gange? Ist das wirklich im Raum gewesen, was so kolportiert wird?*

'KENNEDY': **Ich hatte Angst, ja, die hatte ich. Ich meine, John hatte keine Angst, aber er schützte sich vor ihr.**

RENÉ: *Welche Angst meinen Sie jetzt?*

'KENNEDY': **Sie war ein sehr zwielichtiges Wesen. Ich weiß nicht, wie ich es sonst sagen soll, aber sie war abgründig. Man wußte nie, wie sie reagieren würde, wie sie mit Trennung oder psychischer Abhängigkeit**

---

* Sein Vater Joseph P. Kennedy überlebte ihn zwar physisch, aber Biographen berichten überein-stimmend, daß er kaum zuhause war, und wenn doch, ein Klima emotionaler Wüste herrschte.

von Partnern vom einen zum anderen Mal umging. Ich glaube, sie hat ihre Abhängigkeitstendenzen mit ihrer Drogengeschichte sublimiert. Ich habe mich schließlich distanziert, es war mir auf die Dauer zu schmerzvoll. Ja, letztlich habe ich mich weggewendet.

RENÉ: *Erst kurz vor ihrem Tod oder schon früher?*

'KENNEDY': **Das war ein langsamer Prozeß, ein sehr schmerzlicher. Ich glaube, ich muß es sagen. Ich meine, es hört sich vielleicht brutal an, aber sie war nicht so lieb, wie sie tat. Ihre Rolle aber hat sie ganz gut gespielt. Das ist jetzt vielleicht nicht sehr lieb von mir, so über sie zu sprechen, aber es war nun mal so, sie konnte auch sehr massiv böse sein und gewaltsam werden. Und dann konnte sie das wieder jovial in sich verstecken.**
Ich bin ein gläubiger Mensch, und das hat mich schwer verunsichert. Ich konnte mit dieser Zwielichtigkeit nicht richtig umgehen. Ich will sagen, sie hat das verdient, was sie provoziert hat. Sie hat das Spiel gespielt und hätte wissen müssen, worauf es hinausläuft. Sie war dann auch wieder sehr lieb, aber sie war sich selbst nicht treu.

RENÉ: *Wissen Sie, was am Abend ihres Todes vorgegangen ist? Waren Sie an diesem Abend bei ihr?*

'KENNEDY': **Nein. Soviel ich weiß, war sie alleine.**

RENÉ: *Was hat sie genau getan, und warum hat sie es getan?*

'KENNEDY': **Sie hat sich oft betrunken und dann auch eingesperrt. Da wollte sie oft alleine sein. Sie hat sich immer wieder periodisch zurückgezogen. Ich glaube, sie wollte damit auch herausfinden, wie sehr sie uns gefehlt hat. Man wird auch sehr leicht ungeduldig mit dieser Form von Katz- und Mausspiel. Sie aber mochte das. Ich glaube, es hat ihr ein Gefühl von Abenteuer vermittelt. Mir hat das allerdings nicht gefallen. Ich habe sie als sehr attraktiv empfunden, aber ich mochte mehr das Mädchen in ihr. Ich denke, ich wollte ihre wahre Natur erleben. Ja, das war eines der Motive, warum ich solange mit ihr befreundet war. Ich war an der Realität Marilyn interessiert und nicht an dem Trauma, das sie so wundervoll mit Leben erfüllt hat. Sie hat auch keine wirkliche Therapie gemacht.**

RENÉ: *Hat es zwischen Ihnen und John ihretwegen Konflikte gegeben?*

'KENNEDY': *Nein, weil wir beide wußten, wie es um sie stand. Wir haben sie nicht ernst genommen und wußten das wohl auch beide. Das hat uns vor diesem Drama letztlich bewahrt. Ich meine, sie war nicht der Grund, warum wir Brüder voreinander auf Distanz gingen. Wir wollten auch einfach unsere Ruhe.*

RENÉ: *Sind Sie 'Marilyn' inzwischen wieder begegnet?*

'KENNEDY': *Sehr entfernt. Ich habe mich ja zurückgezogen.*

RENÉ: *Es ist nach ihrem Tode doch einiges vertuscht worden. Wie es scheint, im Auftrag des Justizministers?*

'KENNEDY': *Eigentlich will ich mich damit nicht mehr auseinandersetzen, weil es so schlimm gewesen ist. Denn letztlich konnte man nicht mehr unterscheiden, was wahr und was unecht ist. Es war alles sehr verwirrend, die Motive kamen nicht mehr klar durch.*
Man hatte ja schon früher versucht, Johnny und auch mich zu vernichten. Also, meine Mutter hatte ja auch eine nicht ganz unbeteiligte Rolle in dieser ganzen Geschichte gespielt. Sie haßte viele Menschen, und viele Menschen liebten auch sie nicht.

RENÉ: *Gaben Sie selbst den Auftrag, daß diese Angelegenheit verheimlicht werden sollte?*

'KENNEDY': *Nein, das konnte ich nicht. Ich mußte und wollte ja auch für die Wahrheit sein. Möglicherweise bin ich eben deshalb ermordet worden, weil ich es nicht getan habe. Letztlich habe ich doch auch damit mein Leben aufs Spiel gesetzt. Es war eine Art Selbsterfahrungs- und auch Selbstzerstörungstrip, daß ich mich für diese Rolle geopfert habe, denn ich wußte ja, was vorging.*
Ich versuchte auch immer, die Augen offen zu halten. Ich war ein Wahrheitssucher, und so war es schwer für mich, dieses Leben zu führen.

RENÉ: *Wie sehen sie nun die Todesumstände von Marilyn? Woran ist ihr Leben letztlich zu Ende gegangen?*

'KENNEDY': *Also, ich glaube, es kam zu einer Zuspitzung ihres dramatischen Lebens.*

Die Antworten kamen teils langsam und zögernd. Es war offensichtlich, daß Mister 'Kennedy' sich schwer tat, auf den Punkt zu kommen. Ich selbst war nahe daran, nicht mehr weiter in diese überaus delikate Materie vordringen zu wollen.

RENÉ: *Ich meinte es vorhin mehr körperlich. Welche Körperfunktionen haben bei ihr ausgesetzt und warum kam das so?*

'KENNEDY': **Soviel ich weiß, war es das Gehirn.**

RENÉ: *Ja, und warum hatte ihr Gehirn ausgesetzt?*

'KENNEDY': **Durch die Drogen. Was meinen Sie denn?**

RENÉ: *Ich hätte gern gewußt, was konkret vorgefallen ist? Hat sie alleine Drogen genommen und ist dann aus dem Körper gegangen, oder wie war das?*

'KENNEDY': **Nein, ja, also es war so: Sie konnte damit nicht umgehen. Das Spielchen ging so, daß derjenige, der ihr die Drogen gab, wußte, daß sie damit nicht umgehen konnte, und dennoch ließ er sie damit allein. Er war praktisch, psychologisch gesprochen, der verantwortungslose Vater, der sie in den sogenannten Selbstmord trieb. Aber ich glaube fast, es war auch etwas Berechnung dahinter. Auf diese Weise hat man es ihr scheinbar selbst überlassen, schlußendlich ihr eigenes Schicksal zu besiegeln.**

RENÉ: *Und wer war dieser Freund?*

Es folgte eine Kunstpause, die 'Bobby' dann mit offenbar noch immer aktueller Bestürzung füllte. Ein Versprechen, daß ich ihm einige Minuten später gab, bindet mich allerdings an die diesbezügliche Schweigepflicht.

'KENNEDY': **Es war ....**

RENÉ: *Hatte denn .... auch mit diesen Drogen zu tun?*

'KENNEDY': **Ja, aber er konnte sie besser balancieren!**

RENÉ: *Also ist der Vertuschungsauftrag auch von dort gekommen. Und es ist primär um das Tagebuch gegangen, oder?*

'KENNEDY': **Ja. Darin stand, wer sie beliefert hat. Sie war ja dumm ge-nug, es aufzuschreiben. -** (zur Seite blickend) **Sie lächelt jetzt darüber.**

RENÉ: *Ist sie denn in Ihrer Nähe?*

'KENNEDY': **Ja, sie ist hier.**

RENÉ: *Nun, ich will nicht weiter auf diesem Thema bestehen.*

'KENNEDY': **Ich hoffe, Sie wissen, was Sie nicht veröffentlichen dürfen!**

RENÉ: *Ich werde versuchen, es seriös zu umschreiben.*

'KENNEDY': **Ich möchte .... nicht verraten. Ich meine, ich bin kein Judas und möchte auch keiner werden.**

RENÉ: *Ich werde anstelle der brisanten Passagen Pünktchen stehen lassen. Ist das okay?*

'KENNEDY': **Dafür danke ich.**

RENÉ: *Da ist noch eine andere interessante Sache, von der ich gelesen habe. Sie hatten mal in einer schwierigen Situation und auf Umwegen Martin Luther King aus dem Gefängnis befreit.*

'KENNEDY': **Oh, ich liebe ihn.**

RENÉ: *Erzählen Sie bitte ein bißchen davon.*

'KENNEDY': **Ich sehe diese Begegnung und Handlung noch vor mir. Ich glaube, sie galt Milliarden von Menschen, obwohl sie im Stillen vor sich ging. Es tat mir leid, was den Schwarzen da zugefügt worden war, und ich liebte ihn für seine ehrliche, aufrichtige Art und seinen Mut. Auch war er insofern ein starker Mann, als er sich nicht als Schwarzer fühlte, sondern als Mensch. Das war es, was ihn ausgezeichnet hat und mich so berührte.**
Er hatte auch nicht diesen Haß und diese Aggression gegen die Weißen und war sehr selbstsicher. Da er ein wahrhafter Mensch war und sich nicht mit einer Rolle identifizierte, war es meine Schuldigkeit, dies zu würdigen und ihm meine Ehre zu erweisen. Er ist für mich der erste Schwarze gewesen, der mir die Menschlichkeit so nahe gebracht hat. Ich wußte, daß er in erster Linie Mensch gewesen ist und nicht ein Politiker, der die Macht benützt. Das hat mir imponiert.

RENÉ: *Wenn Sie ihn nächstens mal treffen, sagen Sie ihm bitte, daß wir auch* gern mit ihm ein Interview machen würden. Das würde unsere Arbeit schön abrunden.

'KENNEDY' (nickend): *Ja.*

RENÉ: *Danke. Damals hat es auch einen gewissen Richard Nixon gegeben. Ist Ihnen der Herr inzwischen wieder untergekommen?*

'KENNEDY': *Der ist mir zu oberflächlich. Er interessiert mich auch nicht. Das ist eine Schaufensterpuppe.*

RENÉ: *Ich bin ganz Ihrer Meinung. Da gab es noch einen, mit dem Sie zu tun hatten, einen Mister McCarthy.*

Ich hatte wohl den Namen nicht ganz richtig ausgesprochen.

'KENNEDY': *Meinen Sie den Sänger oder den Politiker?*

RENÉ: *Ich meine diesen unrühmlichen Politiker, der die schwarzen Listen gegen die Künstler anfertigte.*

'KENNEDY': *Den hab' ich aus meiner Liste gestrichen. Ich dachte zuerst an Paul McCartney.*

RENÉ: *Ich frage, wenn es erlaubt ist, um noch ein paar unangenehme Herren nach. Der Mafiaboß Giancana beispielsweise war doch damals schwer auf Ihrer Liste.*

'KENNEDY': *Der ist ohnehin umgekommen.*

RENÉ: *Wie steht's mit Edgar Hoover?*

'KENNEDY': *Weißt Du, ich glaube, alle gehen sie in ihre eigene Erfüllung. Das ist ein durchaus tröstlicher Aspekt. Ich bin ja auch abgeknallt worden, nachdem man mich des Justizbetrugs beschuldigte. Verschiedene dieser Argumente sind auch vorerst heimlich und in der Gosse ausgestreut worden.*

RENÉ: *Sind Sie 'Jackie' inzwischen näher begegnet?*

'KENNEDY': *Wir haben auch heute noch ein distanziertes Verhältnis. Ich glaube, wir sind uns zu wesensfern. Nicht, daß wir uns nicht sympathisch sind, aber wir waren uns nie besonders nahe.*

71

RENÉ: *Mit welchen uns eventuell Bekannten oder Verwandten sind Sie denn heutzutage zusammen? Was machen Sie denn so drüben?*

'KENNEDY': **Ich bin gerne alleine und arbeite viel an mir selbst.**

RENÉ: *Wir fragen all unsere Interviewgäste, ob sie eine Botschaft an irgend jemand hätten?*

'KENNEDY': **Nein, hab' ich nicht.**

RENÉ: *Und Ihre persönliche Gotteserfahrung, wenn das keine zu intime Frage ist, würden Sie uns diese bitte mit ein paar Worten umschreiben?*

'KENNEDY': **Ich glaube, es ist die Kraft des Verzeihens.**

RENÉ: *Ist dieses heutige Gespräch mit uns einer Ihrer ersten medialen Kontakte, die Sie nach herüben hatten?*

'KENNEDY': **Es ist der erste.**

RENÉ: *Und wie macht sich diese Erfahrung?*

'KENNEDY': **Also, das Thema ist zweischneidig. Ich fühle mich berührt von dieser Möglichkeit einer Transkommunikation. Es beschäftigt mich auch die Labilität der Psyche eines Mediums, die damit einhergehen muß und die verschiedenen anderen psychologischen Strukturen. Ich habe mich schon immer sehr für Tiefenpsychologie interessiert.**

RENÉ: *Haben Sie sich auch für C.G.Jung interessiert?*

'KENNEDY': **Am Rande. Ich finde ihn interessant.**

RENÉ: *Und diesen zweiweltlichen Funk? Meinen Sie, daß man den öfter machen könnte?*

'KENNEDY': **Das weiß ich noch nicht.**

RENÉ: *Was denken Sie zur heutigen Amerikapolitik?*

'KENNEDY': **Sie ist sehr verschlagen.**

RENÉ: *Hätten Sie einen heißen Tip für Bill Clinton parat?*

'KENNEDY': *Er trinkt zuviel!*

RENÉ: *Oh, tut er das?*

'Kennedy' bzw. Mira nickte.

RENÉ: *Jetzt weiß ich Sie nichts mehr zu fragen. Wollen Sie noch irgend etwas erzählen?*

'KENNEDY': **Nein. Die Leute haben genug mit sich selbst zu tun.**

RENÉ: *Dann bedanke ich mich ganz außerordentlich für Ihre Offenheit.*

'KENNEDY': **Auf Wiedersehen. Ich hoffe, Sie wissen mein Vertrauen zu schätzen.**

RENÉ: *Ich werde Sie nicht enttäuschen.*

Das Gespräch brachte mich ganz schön ins Schwitzen. Doch nun kam endlich etwas Klarheit in die verworrene Gechichte um Marilyns Tod. Eine Kurzrecherche mittels der akribisch genauen Biographie MMs von Anthony Summers* brachte noch einen positiven Hinweis bezüglich der möglichen Einnahme von LSD zutage. Zitat: ›...Am späten Samstagabend, wahrscheinlich gegen 10 Uhr, rief Marilyn zum letztenmal im Hause Lawford an. Sie sprach unzusammenhängend, wirr; irgendwann wurde klar, daß sie allmählich das Bewußt-sein verlor...‹.

Meine persönliche Vermutung aus all den Informationsfragmenten geht dahin, daß Marilyn wohl ihre Depression wegen des Verlassenseins von den Kennedys mit Alkohol zuschüttete und dann schließlich auf die Idee kam, das geschenkte LSD auszuprobieren. Unerfahren wie sie offensichtlich in der Dosierung von Lysergsäurediäthylamid war, wurde ihr der Trip rasch zu stark und so versuchte sie verzweifelt mittels herumliegender Schlafmittel ihre psychedelische Höllenfahrt zu stoppen. Alle Chemikalien zusammen sind schließlich dem Körper zuviel geworden. Ihr Geistkörper ist wahrscheinlich regelrecht aus der Physis geworfen worden und fand in der Verwirrung nicht mehr den Weg zurück, bis schlußendlich die energetische Verbindung zum Körper völlig abriß.

Ein interessanter Aspekt ergab sich noch durch ein Gespräch mit dem bekannten Wiener Pathologen Univ.Prof.Dr. Bankl. Er hatte in einem seiner Bücher

---

* ›Marilyn Monroe, Die Wahrheit über ihr Leben und Sterben‹, Frankfurt/Main 1988.

erwähnt, daß bei der Obduktion von Marilyn überraschend kein Alkohol fest-
gestellt wurde, weshalb ich mit ihm diskutierte, ob nicht LSD den Alkohol
früher als sonst zum Verschwinden gebracht haben könnte? Er meinte, daß
damals, einen Tag nach dem Todeseintritt, mit Sicherheit nur der Blutalkohol
untersucht worden war und daß er es bei einer kleineren eingenommenen
Alkoholmenge nicht gänzlich ausschließen könne, daß die zellausdehnende
Lysergsäure einen Einfluß auf die fehlende Nachweisbarkeit gehabt habe.
LSD wäre zudem mit den damaligen Obduktionsmethoden nicht leicht fest-
stellbar gewesen und auch gar nicht danach gesucht worden.
Ein amüsanter Zwischenfall ereignete sich, als ich meiner Frau den fertig
abgetippten Text meines Dialogs mit 'Präsident Kennedy' vorlas: Während
der Passage, in der' John F.' erklärt, daß er und sein Bruder ein distanziertes
Verhältnis hätten, flüsterte der offensichtlich mithörende 'Bobby' Mira plötzlich
ins innere Ohr:› *Das ist nicht wahr, 'John' schiebt mich immer weg!*‹
Zu dem angestrebten Gespräch mit 'Martin Luther King' ist es bislang noch
nicht gekommen. Wir haben uns aber für den zweiten Band fest vorgenommen,
einen Versuch mit ihm zu wagen.

◆

vormals
›möglicherweise‹

JACQUELINE ONASSIS
amerikanische Publizistin
28.7.1929 - 19.5.1994

Kontaktversuchs-Protokoll vom 29.7.94
Kommunikation englisch

'Jackie' sollte im Reigen der Gespräche natürlich nicht fehlen. Zu unseren Anfragen um einen Gesprächstermin hieß es allerdings immer wieder, ein Kontakt sei noch nicht möglich, wir müßten uns gedulden und ihre Akklimatisation in der ihr neuen Dimension abwarten. Da unser Redaktionsschluß aber immer näher kam und nur dieses Interview mit der ehemaligen Präsidentengattin noch fehlte, wollten wir nach einem kurzen Zusatzgespräch mit Herrn 'Warhol' erneut wissen, wie es denn nun um unsere Chancen stünde. Zudem war unser Verlag sehr daran interessiert, die allerletzte Trance für diesen Band professionell mittels Video aufzuzeichnen. Da dies eines beträchtlichen Aufwands bedarf, wollten wir auf Nummer Sicher gehen, daß die First Lady der Regenbogenpresse dabei auch mitmacht und unsere Einladung wirklich annimmt.

Da die nachfolgenden Gespräche mit 'Jackie' in den Kontext zu den vorangestellten Dialogen mit 'Marilyn' und den 'Kennedy'-Brüdern gehören, haben wir sie in der Reihung, obwohl es die vorletzten Kontakte für diesen Band waren, nach vorne gezogen.

Wir Autoren waren übrigens bezüglich dieses Kontaktvorhabens ziemlich unsicher, da wir uns mit der vielbewunderten Grande Dame nie näher beschäftigt hatten. Die Trance fand erst gegen ein Uhr nachts statt. Ich rief vorerst unseren Hilfsgeist Roberto, ob er uns kurz beistehen könnte, mit 'Jacqueline Kennedy-Onassis' zu sprechen. Der kam diesmal überraschenderweise gar nicht, aber dafür war 'Jackie' - nachdem sie uns wochenlang hat vertrösten lassen - sofort da, um mich auf englisch anzusprechen.

'ONASSIS': *Well, es ist eine nette Gelegenheit, heute miteinander zu reden.*

RENÉ: *Hallo und guten Abend!*

'ONASSIS': *Wie geht's?*

RENÉ: *Oh, mir geht's ganz gut. Ich hoffe, Ihnen auch?*

'ONASSIS': *Oh ja. Dankeschön.*

RENÉ: *Es freut mich, zum Abschluß auch mit Ihnen sprechen zu dürfen. Im Moment möchte ich Sie aber nur in aller Kürze informieren, daß es unsere spezielle Bitte wäre, wenn Sie morgen abend wiederkommen würden, weil -*

'ONASSIS' (unterbrechend): *Es ist wohl insbesondere Ihr Wunsch!*

RENÉ: *Ja, stimmt genau. Morgen hätten wir nämlich ein Filmteam zur Verfügung und könnten unseren Dialog optisch aufzeichnen lassen. Deshalb möchte ich jetzt eigentlich nur vorfühlen, ob Sie kommen würden?*

'ONASSIS': *Möglicherweise, - wenn Mirabelle nicht wieder ein wehes Auge hat.**

RENÉ: *Okay, ich werde darauf achten. - Dann machen wir besser Schluß und Sie notieren bitte dick in Ihrem Terminkalender: Freitag 19 Uhr, Trancekontakt im Studio.*

'ONASSIS': *Das brauche ich nicht zu tun.*

RENÉ: *Sie wissen ja in etwa, welche Art von Fragen ich zu stellen pflege?*

'ONASSIS': *Was möchten Sie mich denn morgen fragen?*

RENÉ: *Über Ihren Übergang nach Drüben zum Beispiel, und all die Fragen, die ich den anderen Gästen stellte. Sie sind ja als Letzte an der Reihe.*

'ONASSIS': *Welche Blumen ich am meisten liebe und solches Zeug? Was noch?*

RENÉ: *Nicht nur das, vielleicht auch -*

‚ONASSIS‘ (unterbrechend): *- ein bißchen intimen Stoff?*

---

* Zum Ende des einige Minuten zuvor gelaufenen Nachtrags-Gesprächs mit 'Andy Warhol' ist Mira während der Trance eine Wimper ins Auge gefallen, weswegen sich zuerst 'Warhol' und dann auch Mira selbst einige Zeit die Augen reiben mußte.

RENÉ: *Nur ein kleines bißchen. Wenn Sie beispielsweise über die zurückgehaltenen Informationen, die Sie Herrn Tempelmann übergaben, ein wenig sprechen wollten, wäre das toll. Vielleicht haben Sie ja nun vom Jenseits aus eine andere Sichtweise zum Verschluß dieses Materials?*

'ONASSIS': **Sie meinen das Buch, das hätte erscheinen sollen?**

RENÉ: *Ich wußte nicht, daß es sich um ein Buch handelt. Ich meinte Ihr Hintergrundwissen über den Tod Präsident Kennedys und solche Sachen.*

'ONASSIS': **Ich war doch daran, ein Buch über all das zu schreiben.**

RENÉ: *Aha.*

'ONASSIS': **Die Diskussion ging darum, wie und ob man dieses Material in die Welt setzen sollte. Das Manuskript wurde nicht mehr vollendet, ich bin zuvor gestorben.**

RENÉ: *Ich erinnere mich vage, darüber gelesen zu haben. Da war doch ein Journalist, der mit Ihnen daran arbeitete, aber die Anwälte des Kennedyclans sind gegen eine Veröffentlichung gewesen.*

'ONASSIS' (irgendwie frustriert nickend): **Ja.**

RENÉ: *Vielleicht möchten Sie morgen ein paar Details lüften?*

'ONASSIS': **Das weiß ich noch nicht.**

RENÉ: *Okay, wir lassen uns überraschen.*

'ONASSIS': **Ich werde sehr vorsichtig sein.**

RENÉ: *Dafür hab' ich Verständnis.*

'ONASSIS': **Ich weiß, daß die Publizisten eine hungrige Meute sind, daß die Masse immer ihren Spaß will und interessante Dinge sucht, die sie zerreden kann. Wieviel Raum bleibt da noch, um ernsthaft zu sein?**

RENÉ: *Wir wollen Ihnen auf einer durchaus seriösen Ebene begegnen, obwohl wir natürlich gegen etwas Spaß auch nichts einzuwenden haben.*

'ONASSIS': **Ja, ich kann sehen, daß Ihr Leute an der Spiritualität und den damit verbundenen Dingen interessiert seid.**

RENÉ: *Das sind wir wirklich.*

'ONASSIS': **Vielleicht bin ich dafür noch nicht entwickelt genug? Ich habe schon meine speziellen Ansichten, aber die sind womöglich nicht zufriedenstellend für Euch.**

RENÉ: *Es muß keineswegs primär zufriedenstellend sein. Am besten, Sie präsentieren sich so, wie Sie es möchten. Es geht nicht um uns, mehr um unser hoffentlich breiteres Publikum.*

'ONASSIS': **Wußten Sie, daß ich eigentlich eine sehr scheue Person bin? Ich war nie sehr daran interessiert, die Welt mit meiner Intimität zu füttern.**

RENÉ: *Das wußte ich nicht. Sie sind mir, ehrlich gesagt, leider kaum bekannt.*

'ONASSIS': **Auch die Spiritualität eines Menschen ist letztlich eine sehr intime Sache. Nicht jeder, ich meine im speziellen mich selbst, will gerne viel darüber erzählen.**

RENÉ: *Seien Sie so intim, wie Sie möchten und kein Quentchen mehr.*

'ONASSIS': **Ich war auch nicht immer sehr nett zu den Reportern!**

RENÉ: *Oh! Also, ich werde versuchen, mir morgen dessen bewußt zu sein.*

'ONASSIS': **Sie müssen wissen, daß ich sehr aggressiv werden kann.**

RENÉ: *Herzlichen Dank für die Vorwarnung.*

'ONASSIS': **Manche Journalisten vergessen einfach meine wilde Seite! Zumeist sehen mich die Leute deshalb in diesem süßlich rosafarbenen Licht, in dem sie mich eben sehen wollen. Wie könnte ich jemals die Frau von John gewesen sein, wenn ich immer dieses brave Lamm gewesen wäre.**

RENÉ: *Sie sind jedenfalls eine äußerst wichtige Persönlichkeit der Regenbogenpresse gewesen, ja eigentlich sind Sie es immer noch.*

'ONASSIS': **Was soll man da machen?**

RENÉ: *Nun, Sie könnten Ihre Geschichte ins rechte Licht rücken.*

'ONASSIS': *Oh, ich weiß nicht, ob ich das tun will.*

RENÉ: *Warum denn nicht?*

'ONASSIS': *Warum sollte ich?*

Ich war kurz sprachlos über ihre restriktive Art, die mich ein schwieriges Gespräch vorausahnen ließ.

'ONASSIS': *Die Menschen wollten mich auf ihre Weise sehen und reflektierten damit nur ihre eigenen Sehnsüchte.*

RENÉ: *Aber die Evolution geht doch weiter.*

'ONASSIS': *Das werden sie Ihnen nicht glauben.*

RENÉ: *Einige schon.*

'ONASSIS': *Wen möchten Sie damit beeindrucken?*

RENÉ: *Hmm. Eigentlich möchte ich nur unser Projekt gerundet abschließen, nachdem wir mit 'Marilyn', 'John' und 'Robert' gesprochen haben. Irgendwie ist es eine Notwendigkeit, Sie in diesen Reigen miteinzubeziehen.*

'ONASSIS': *Allright, es ist schon in Ordnung. Nun wissen Sie, daß ich ein sehr kritischer Mensch bin. Ich meine, das Bild, welches die Welt von mir hat, ist nur halb korrekt.*

RENÉ: *Sie könnten das ja morgen ein bißchen korrigieren.*

'ONASSIS': *Ich weiß nicht, ob ich daran interessiert sein werde. Wir werden sehen.*

RENÉ: *Deswegen bitte ich Sie, sich ein wenig vorauszuüberlegen, worüber Sie sprechen wollen und worüber nicht.*

'ONASSIS': *Ich bin ein spontaner Mensch. Ich werde sehen, wie ich mich fühle.*

RENÉ: *Ich bin allerdings mit Ihrer Historie nicht sehr vertraut.*

'ONASSIS': *Well, aber das sollten Sie!*

RENÉ: *Okay, ich tue mein Bestes. Ich bedanke mich jedenfalls, daß Sie kommen wollen. Wir sehen uns dann morgen abend, also das ist eigentlich schon heute, wieder.*

'ONASSIS': ***Allright. Lassen Sie es sich gut gehen. - Bye.***

RENÉ: *Bye, Bye.*

Kurze Pause. Mira entließ Jackie, beziehungsweise umgekehrt.

RENÉ (zu Mira): *Ist der Roberto noch im Hintergrund da?*

MIRA: *Ja, ja. ›Einen angenehmen Schlaf wünscht er Dir‹, sagt er.*

Mira tippte das Gespräch ab und schrieb folgende Anmerkung dazu:
'Jackie' war die erste Wesenheit, bei der ich das Phänomen der Absorption meiner Persönlichkeit in solch einer Direktheit erlebte. Nicht ich, sondern ihr Wille bestimmte, wann ich mich wieder mit meinem Körper verbinden durfte. Obwohl sie mir wohlgesonnen schien und mich auch in der Rückkehr-Phase nach der Session äußerst liebevoll behandelte, blieb doch ein bleibender Eindruck ihrer Herrschaftlichkeit in mir zurück. Es erstaunte mich, da ich mich nie um Jackies Leben und Charakter gekümmert hatte und sie weder im Film sah noch jemals sprechen hörte. Auch hatte ich diese Art von Autorität bei einer Frau nicht erwartet. Es war nicht wirklich beängstigend, ich fühlte mich auch durchaus von ihr beschützt, aber die Tatsache, daß sie genügend Gewalt besaß, mich in meinem Zustand festzuhalten, stimmte mich nachdenklich und ließ mich zum ersten Mal erahnen, wie es sich anfühlen mußte, von einem geistigen Wesen fremdbestimmt zu werden. Allerdings war diese Erfahrung trotz allem mit meinem Einverständnis geschehen. Wenn es mir ernstlich unangenehm geworden wäre, hätten meine Schutzwesen sicherlich die Trance beendet oder ich wäre aus der Trance gefallen. Ich merkte jedenfalls, welche neuen Konsequenzen und Lernschritte mir diese Arbeit wiederum abverlangt.

'JACQUELINE ONASSIS'
2. Kontaktversuch, Protokoll vom 29.7.94
Kommunikation englisch / deutsch

Als wir im Filmstudio eintrafen, herrschte dort schon geschäftiges Treiben. Ein halbes Dutzend Leute kümmerten sich um die Technik und drapierten den Hintergrund. Niemand aus dieser Crew hatte je mit solch intensiven medialen Dingen zu tun, aber unsere jahrelange Freundschaft mit einem der ihrigen hatte genügend beiderseitiges Vertrauen aufgebaut, es auf einen Versuch ankommen zu lassen. Nachdem uns in den Jahren zuvor ein halbes Dutzend TV-Teams aus ganz Europa heimgesucht hatten, war uns der ganze Spektakel auch nicht mehr so fremd.* Anzumerken ist noch, daß es an diesem Tag besonders schwül war und wir wegen der grellen Studiobeleuchtung doppelt schwitzten.

Ich legte mir zur Einstimmung auf meinen unsichtbaren Gesprächspartner einige Zeitschriftenfotos von Jackie auf den außerhalb des Kamerabildes liegenden Boden. Mira ging nach einigen tiefen Atemzügen, trotz der widrigen Umstände, ziemlich schnell in Trance und ich bekam, nachdem ich dem Kameramann ein Zeichen zum Drehbeginn gab, durch ein breites Lächeln von 'Jackie' meinen Sprecheinsatz.

RENÉ: *Ich begrüße Sie, 'Frau Bouvier-Kennedy-Onassis'. Ich weiß von Ihren vielen Namen leider nicht, welcher Ihnen am nächsten steht. Wie darf ich Sie denn ansprechen?*

'ONASSIS': **Wie Sie möchten.**

'Jackie' hatte auf Englisch geantwortet, was aber für das deutsch sprechende Videopublikum nicht sehr günstig wäre, weswegen ich versuchte, Sie auf eine in Deutsch geführte Kommunikation hinzubewegen.

RENÉ: *Ziehen Sie es vor, wieder englisch zu sprechen oder sehen Sie eine Möglichkeit, auf deutsch umzusteigen?*

'ONASSIS': **Wir können es versuchen.**

RENÉ: *Ich schlage vor, daß wir nur, wenn es auf deutsch nicht klappt, englisch fortfahren.*

'ONASSIS': **Das ist in Ordnung.**

RENÉ: *Wie darf ich Sie also ansprechen? Was ist Ihnen am liebsten?*

'ONASSIS': **Jedenfalls nicht als Frau Kennedy!**

---

* Mit der Mehrheit der TV-Anstalten hatten wir ziemlich schlechte Erfahrungen gemacht. Die meisten der Mitarbeiter sind entweder nicht sensibel genug für solche Aufgaben oder im nachhinein, wenn sie alles im Kasten haben, verblüffend unverschämt. Kaum ein Sender wollte nachher gegebene Versprechen einlösen. Wir kämpfen teils schon seit Jahren darum, wenigstens Kopien diverser Mitschnitte zu bekommen. Seitdem läuft zwischen uns und TV-Sendern nichts mehr ohne vorherigen schriftlichen Vertrag.

RENÉ: *Darf ich einfach 'Jackie' sagen?*

Sie nickte mittels Mira.

RENÉ: *Also 'Jackie', es freut mich, daß Sie sich unserem Interviewkreis anschließen. Wie Sie wissen, geht es uns darum, dem breiteren Publikum einen kleinen Einblick in die Kommunikation mit feineren Dimensionen zu geben. Deswegen würde uns unter anderem interessieren, wie Sie Ihren Übergang in diese andere Welt erlebt haben. Möchten Sie uns den ein wenig schildern?*

Erst jetzt, nachdem ich schon einige Sätze lang deutsch kommunizierte, begann Jackie sich des deutschen Wortschatzes des Mediums zu bedienen. Es klappte auf Anhieb ganz gut.

'ONASSIS': **Das ist eine nicht so kurze Geschichte.**

RENÉ: *Sie dürfen auch ausführlich werden.*

'ONASSIS': **Ich weiß nicht, wie weit ich ausholen soll, aber -**

RENÉ (unterbrechend): *Ist Ihnen etwa bekannt, warum sie Krebs entwickelt haben?*

'ONASSIS': **Bekannt wäre zuviel gesagt.**

RENÉ: *Aber Sie haben eine Idee?*

'ONASSIS': **Ich verstehe es jetzt besser.**

RENÉ: *Könnten Sie uns Ihr Verständnis dessen etwas näher bringen?*

'ONASSIS': **Vielleicht. Ich komme ja auch, weil ich glaube, daß es eventuell anderen Menschen, die diese Krankheit entwickeln, hilft. Wie Sie vielleicht wissen, habe ich mich sehr darum bemüht, dieses Thema zu erlösen - etwas zu tun, um zu helfen. Aber dabei habe ich ja versagt, nicht wahr? Es war eine ziemlich traurige Geschichte meinerseits, weil ich nicht Ja sagen konnte.**

RENÉ: *Wozu konnten Sie denn nicht Ja sagen?*

'ONASSIS': **Nun, vieles, was ich in meinem Leben wollte, war geschehen,** *aber ich hatte nicht den Mut, auch alles andere zu akzeptieren, das ohne mein Wollen in meinem Leben geschah. Ich konnte nicht akzeptieren, daß ich selbst war wie ich war. Ich glaube, das hat mich sehr erschöpft. Da hat es auch nicht geholfen, daß ich gebetet habe. Denn es gab nichts außerhalb von mir, das mich von dem Gefühl, nicht richtig zu sein, erlösen konnte.*

Die Wahrheit ist sehr einfach: Wir wollen sie nicht sehen, weil es diese ›weil‹ gibt. Weil wir immer glauben, etwas noch anders machen zu müssen, als wir es tun. Immer möchten wir noch anders handeln oder fühlen. Auch mit unseren Schmerzen ehrlich umzugehen fällt uns manchmal sehr schwer. Für viele Menschen ist es eine schwierige Frage, wie sie sich den Anforderungen Ihres eigenen Lebens und, ja ich möchte sagen, der Verdrängung ihrer Wünsche gegenüber anpassen und verhalten sollen. Es geht darum, wie sie mit der Wahrheit zurecht kommen, ich glaube, es ist diese Geschichte, worum sich eigentlich alles dreht.

RENÉ: *Sie geben mir den Eindruck, daß die Entwicklung von Krebs etwas mit der Egostruktur zu tun hat?*

'ONASSIS': **Ich weiß nicht, wie ich antworten soll. Es ist niemand hier, der mir etwas erklärt.**

RENÉ: *Wir brauchen auch nicht so ins Detail zu gehen.*

'ONASSIS': **Verstehen sie doch, ich meine, es ist keine Instanz hier, die sagt, was gut und richtig ist. Das sind wir selbst.**

RENÉ: *Es ist kein äußerer Richter vorhanden.*

'ONASSIS': **Kein innerer und kein äußerer.**

RENÉ: *In den Todeserfahrungen der Leute, die wieder ins physische Leben zurückkommen, gibt es diesen Tunneleffekt, diese Lichttunnelerfahrung. Haben Sie während Ihres Übergangs diese Erfahrung gemacht?*

'ONASSIS': **Ich würde sagen, ja, teilweise, aber nicht so exzessiv wie man das in Büchern lesen kann. Ich war ja voller Medikamente. Aber ich hatte einen tiefen Frieden gefunden, ich habe mich ausgesöhnt. Ich habe versucht, den Sterbeprozeß als Fortführung meines alten Lebens zu durchlaufen.**

RENÉ: *Wie ist er im Detail vor sich gegangen, dieser Sterbeprozeß?*

'ONASSIS': *Zuerst wollte ich ja nicht sterben. Das war ein langsamer Prozeß, ich glaube, er hat mit meiner Krankheit begonnen. Es war ein schwerer Kampf, den ich gegen mich selbst geführt hatte. Ja, es war ein Kampf auf Leben und Tod und ich habe ihn verloren.*

RENÉ: *Könnte es sein, daß die Schockerfahrung der Ermordung ihres Gatten auch schon einen Beginn dargestellt hat?*

'ONASSIS': *Nun, ich habe ja alles als Strafe gegen mich empfunden. Aber das muß man nicht. Ich meine, es ist eine freie Entscheidung, wie man das Leben empfindet, wie man es erfährt und wie man damit umgeht. Nicht wahr?*

RENÉ: *Sie sind also zu rigid zu sich selbst gewesen? Kann man es so sehen?*

'ONASSIS': *Nein, ich glaube, ich war schon glücklich, aber ich war unzufrieden, doch - ich finde hier nicht das Wort - also, ich war nicht richtig. Ich habe immer gedacht, ich sollte anders sein.*

RENÉ: *Als der eigentliche Augenblick des Verlassens des physischen Körpers kam, was passierte da? Möchten Sie uns das ein bißchen schildern?*

'ONASSIS': *Das war eine sehr merkwürdige Erfahrung. Es war, als drehte ich mich um, als läge ich plötzlich mit dem Bauch nach unten und tauchte von oben in meinen Körper ein. Es war, als liebte ich mich. Das erste Mal habe ich mich von oben gesehen und es war, als konnte ich mich zum ersten Mal annehmen, mich und meinen Körper. So häßlich und entstellt mein Körper auch war, ich konnte ihn plötzlich lieben.
Das konnte ich mein Leben lang nicht. Ich dachte immer, ich müßte etwas vorspielen, um geliebt zu werden. Das war auch mir selbst gegenüber so. Ich hatte das Gefühl, mir ständig etwas beweisen zu müssen, um mich selbst lieben zu können.*

RENÉ: *Hmm. Und wie ist es dann weitergegangen? Wollten Sie Ihren Körper gerne verlassen? Welche Emotionen haben sie dort gehalten und welche haben sie eher wegbewegen wollen? Wie war das?*

'ONASSIS': *Es war wichtig, in dieses Gefühl der Liebe getaucht zu sein, dieses Gefühl zu lieben und mitzunehmen. Es war wie eine Frucht, die reif von einem Baum gefallen war, nachdem ich so lange Jahre meines Lebens darum gekämpft hatte. Aber ich wußte damals nicht, worum ich kämpfte, und als ich diese Liebe mir selbst gegenüber entdeckte, dann wußte ich es plötzlich und konnte mein Weggehen annehmen.*

RENÉ: *Wie geschah dann dieses Weggehen?*

'ONASSIS': **Ich tauchte nochmals kurz in meinen Körper zurück, empfand ihn aber wie einen Fremdkörper. Diese Trennung war schon auch ein häßliches Gefühl - die Erkenntnis, dieser Körper ist nicht mehr ich, nur noch ein Stück Materie. Ich wollte es meinen Liebsten sagen, aber sie konnten mich nicht mehr verstehen. Ich redete und redete, aber ich konnte mich nicht mehr mitteilen.**

RENÉ: *Wenn ich es richtig verstehe, war die Silberschnur schon abgerissen, als Sie nochmals in Ihren physischen Körper zurückgingen.*

'ONASSIS': **Das habe ich nicht verfolgt. Ich habe auch nichts von einer Silberschnur gesehen.**

RENÉ: *Ich meinte, die energetische Verbindung mit der Physis war schon abgerissen.*

'ONASSIS': **Ja, wenn man dieses Gefühl der Fremdheit so deuten kann, dann vielleicht.**

RENÉ: *Und nachdem Sie feststellten, daß Sie niemand mehr hören konnte, was war dann geschehen?*

'ONASSIS': **Ich wollte, daß sie mich fühlen. Ich bin zu ihnen hingegangen und habe sie umarmt, ich glaube, sie haben es auch gespürt. Es war tröstlich, sich zu spüren und da war auch kein Tod.**

Im letzten Halbsatz war 'Jackie' wieder ins Englische gefallen, wohl weil in ihr intensive Gefühle hochkamen, die sie das Sprachenproblem vergessen ließen.

'ONASSIS': **Die Liebe war da, sie ging nicht verloren. Ich hoffe, es stört nicht, wenn ich Emotionen auslöse?**

RENÉ: *Nein, nein, ganz und gar nicht. Lassen Sie Ihren Gefühlen ruhig freien Lauf.*

'ONASSIS' (erheitert): **Ja, und dann habe ich mich gefreut, daß ich noch immer lebe.**

RENÉ: *Dieses sogenannte Jenseits, wie hat sich das sodann dargestellt?*

'ONASSIS': *Ich begann, mich ganz zu vergessen. Es war wie ein Traum, ja, wie im Traum. Man vergißt diese physische Realität und man lernt sorgenfrei zu sein. Es ist schön.*

RENÉ: *Sind Ihnen zu diesem Zeitpunkt schon verstorbene Freunde begegnet?*

'ONASSIS': *Ja, ja, ja.*

Jackie wischte sich eine kleine Träne von Miras Gesicht.

RENÉ: *Wer ist Ihnen zuerst begegnet?*

'ONASSIS': *Meine Pferde, zwei meiner Lieblingspferde. Ich war da in dieser wunderschönen Landschaft. Ich traf meinen Vater und ich hatte diese Berührung mit diesem Mann. Es war nicht wichtig, wer er ist, aber ich habe ihn gesucht.*

RENÉ: *Diesen Mann?*

'ONASSIS': *Ja, ich traf einen besonderen Mann. Es war eine wichtige Begegnung.*

RENÉ: *Hatte das mit früheren Leben zu tun?*

'ONASSIS': *Das weiß ich nicht.*

RENÉ: *War es vielleicht eine Art Archetypus?*

'ONASSIS': *Nein, er ist eine Person. Ich empfinde es jedenfalls so.*

RENÉ: *Läßt sich diese Person irgendwie näher beschreiben?*

'ONASSIS' (gestikulierend): *Oh ja. Er hat ein Bärtchen, halblange gewellte Haare, vorne wenig schütteres Haar. Viele weiße Haare, dazwischen auch dunklere. Und er hat ein wundervolles Lächeln. Er ist ein Gentleman und ich liebe ihn.*

RENÉ: *Was ist dann abgelaufen zwischen ihnen beiden? Warum, glauben Sie, haben Sie den Herrn getroffen?*

'ONASSIS': *Ich glaube, ich wollte beschützt sein, ohne mich eingeschränkt zu fühlen. Er vermittelte mir diese Weite des Herzens, die ich immer suchte.*

RENÉ: *Ist Ihnen der ehemalige Präsident auch untergekommen?*

'ONASSIS': **Ja, wir sind uns begegnet.**

RENÉ: *Und wie war diese Begegnung?*

'ONASSIS': **Sagen wir, erlöst. Es war sehr schön.**

RENÉ: *'Marilyn' hat uns erzählt, daß Sie ihr in die Arme gefallen sind.*

'ONASSIS': **Ja, ja.**

RENÉ: *Sind Sie auch 'Maria Callas' begegnet?*

'ONASSIS': **Nein, bis heute noch nicht. Sie ist scheu und zurückgezogen. Ich glaube, sie will ihre Ruhe haben.**

RENÉ: *Ist dieser heutige Versuch der erste mediale Kontakt, auf den Sie von drüben aus eingehen, abgesehen von unserem gestrigen Vorgespräch?*

'ONASSIS': **Es ist eine Chance, wieder wahrgenommen zu werden. Ich habe ja schon gesagt, daß ich es gleich versucht hatte, aber da ging es über die Liebe. Doch ich wurde nicht gehört, aber das spielt keine Rolle.**

RENÉ: *Ich stelle mir vor, daß aufgrund Ihrer Popularität weltweit allerlei Sensitive oder auch pseudomediale Leute versuchten und versuchen werden, Sie zu kontaktieren. Sind Sie schon auf solche Versuche eingegangen?*

'ONASSIS': **Für mich zählt es nicht, wieviele Versuche gestartet werden.**

RENÉ: *Ich meinte, ob Sie davon welche beantwortet haben.*

'ONASSIS': **Nein, ich habe es schon gesagt.**

RENÉ: *Aha. Sie haben es gestern angedeutet und ich habe es in den Zeitschriften kurz nachgelesen, daß Sie an einem Manuskript gearbeitet haben, zusammen mit diesem Reporter namens William Manchester. Ancheinend hat die Kennedy-Familie dieses Projekt juristisch aus dem Verkehr gezogen und irgendwie durchgesetzt, daß Ihre schriftlichen Hinterlassenschaften bis zum Jahr 2067 in einem Safe liegen. Ich könnte mir vorstellen, daß Sie jetzt Verschiedenstes etwas anders sehen?*

'ONASSIS': *Dann leben viele Leute nicht mehr.*

RENÉ: *Vielleicht wollen Sie ein wenig davon preisgeben? Jetzt können Sie selbst ja nicht mehr juristisch eingeengt werden, höchstens wir Autoren.*

'ONASSIS': *Ach, haben Sie eine Ahnung!*

RENÉ: *Wieso? Ist Ihnen denn drüben auch schon ein Jurist begegnet?`*

'ONASSIS': *Die haben ihre Hände doch überall im Spiel. Die haben doch nichts anderes zu tun.*

RENÉ: *Ja, ich kann mir gut vorstellen, daß es welche gibt, die es nicht lassen können. Sind in diesem Informationspaket relevante Informationen, die den Mord an John F. Kennedy in einem neuen Licht erscheinen lassen?*

'ONASSIS': *Nein, diese Einzelheiten wußte niemand.*

RENÉ: *Wußten Sie über die Gründe des Ablebens von Marilyn Bescheid?*

'ONASSIS': *Nicht so wie ich es jetzt weiß.*

RENÉ: *Wir haben ja von 'Bobby Kennedy' die Hintergründe ein bißchen beleuchtet bekommen. Wollen Sie auch einen Kommentar dazu abgeben?*

'ONASSIS': *Nein.*

RENÉ: *Wollen Sie über irgendwelche dieser unter Verschluß gehaltenen Informationen sprechen?*

'ONASSIS': *Nein.*

RENÉ: *Eine andere Frage ist, ob es irgend etwas gäbe, das die Echtheit unseres Kontaktes autorisieren könnte? Fällt Ihnen dazu irgend etwas ein, das nicht allgemein bekannt ist? Es sollte etwas sein, das recherchierbar wäre, zumindest für intime Kenner Ihres Lebens.*

'ONASSIS': *Da gibt es vieles, aber es würde nichts beweisen.*

RENÉ: *Aber es könnte die Sache in Richtung Beweis unterstreichen. Nennen Sie irgend etwas, das vielleicht intime Kenner von Ihnen aufhorchen ließe.*

'ONASSIS': *Nun, ich liebte die Farbe Rot.*

RENÉ: *Das Medium ist dann heute für Sie sehr passend gekleidet.*

'ONASSIS': *Und ich liebte Kirschkuchen.*

RENÉ: *Kirschkuchen lieb' ich auch!*

Jemand aus der Aufnahmecrew tippte mir von hinten auf die Schulter. Dies war das vereinbarte Zeichen für eine Unterbrechung.

RENÉ: *Wir müssen leider unser Gespräch nun kurz unterbrechen, weil die Technik eine neue Filmkassette einlegen muß.*

Kurze Pause. 'Jackie' beobachtete anscheinend die Vorgänge und spitzte Miras Mund dabei in verschiedener Weise.

RENÉ: *Jetzt können wir weitersprechen. Wie weit hat sich also Ihr Bewußtsein gegenüber Ihrem physischen Daseinsgeist verändert? Läßt sich das auch ein bißchen erläutern?*

'ONASSIS': *Ich bin nach wie vor an den Menschen interessiert. Ich glaube, ich fühle mich ihnen noch tiefer als zuvor verbunden. Es ist ein Gefühl des später gerne Weiterhelfens.*

RENÉ: *An geeigneter Stelle fragen wir unsere Gäste auch immer, ob es etwas Spezifisches gibt, das Sie an die Leute, die an Ihnen interessiert waren - also die in Ihrem Fall die Regenbogenpresse gelesen haben - ob Sie denen in aller Kürze etwas Bestimmtes sagen wollen.*

'ONASSIS': *Da müßte ich nachdenken. - Nun, ich glaube, daß auch Menschen, die böse sind, wichtig für die Entwicklung sind.*

RENÉ: *Haben Sie während Ihres Ablebens eine Art Film über ihr vergangenes Leben ablaufen gesehen oder auch Einblicke in frühere Leben gehabt?*

'ONASSIS': *Mir sind schmerzliche Dinge, die ich vergessen hatte und an denen ich vorbeigelebt hatte, in Erinnerung gekommen. Dinge, die ich nicht wahrnehmen wollte, weil ich nicht sehen wollte, daß sie nicht so gelaufen sind, wie ich es gerne wollte, oder wie ich geglaubt habe, daß ich es wollte. Zwischendurch waren da allerdings auch die schönen Dinge in meinem Leben, und das Bedürfnis zu verzeihen ist hochge-*

kommen. Und an meine Geburt habe ich mich erinnert, ja, die habe ich klar wiedererlebt.

RENÉ: *Welche schmerzlichen Dinge waren das konkret, die Sie verdrängt hatten und die wieder hochkamen?*

'ONASSIS': *Als Kind bin ich mal vom Pony gefallen. Ich fühlte mich oft sehr traurig, denn es gab viele Verbote für mich, die mich einsam gemacht haben. Ich sah Szenen mit meinem Vater, auch viele Momente mit meinen Liebhabern. Es hat ja nicht viele gegeben, aber doch einige.*

RENÉ: *Ist ihnen 'Aristoteles Onassis' schon begegnet?*

'Jackie' überlegte mit Stirnrunzeln eine Weile.

'ONASSIS': *Darüber möchte ich nicht sprechen.*

RENÉ: *Möchten Sie an ihren letzten Freund, Herrn Tempelmann, eine Botschaft übermitteln?*

'ONASSIS': *Ja. Er soll es ernst nehmen und das glauben, was er fühlt.*

RENÉ: *Etwas Spezielles möchten Sie ihm nicht mitteilen?*

'ONASSIS': *Nicht hier.*

RENÉ: *Vielleicht aber später unter uns?*

'ONASSIS': *Vielleicht. Ich weiß es jetzt noch nicht.*

RENÉ: *Wenn Sie an karmischen Zusammenhängen interessiert sind, zum Beispiel, warum sie diese VIP-Position im letzten Leben einnehmen konnten, dann wäre 'Edgar Cayce', dieser berühmte Seher, bereit, einen Rückblick in Ihre älteren Leben zu tun. Er hat das auch schon bei 'Marilyn' getan.*

'ONASSIS': *Das könnten wir auch ohne Zuschauer machen.*

RENÉ: *Ja klar, ich wollte es nur ansprechen.*

'ONASSIS': *Ich meinte, auch ohne Sie als Zuschauer.*

RENÉ: *Hmm. - Sie wissen ja, wie Reporter sind. Die müssen doch -*

'ONASSIS' (unterbrechend): *- alles wissen.*

91

RENÉ: - *zwanghaft neugierig sein, wollte ich sagen.*

'ONASSIS': **Es ist ekelhaft!**

RENÉ: *Sie haben mich ja vor Ihrer wilden Seite Reportern gegenüber gewarnt.*

'ONASSIS' (belustigt): **Es ist zu heiß heute hier. Aber Sie schwitzen ohnehin zur Strafe.**

RENÉ: *Bei den meisten Gästen stellten wir fest, daß die Gotteserfahrung durch das Ableben eine grundlegende Transformation erfährt. Wie war das bei Ihnen?*

'ONASSIS': **Sie hat sich vertieft.**

RENÉ: *Wenn Sie gebeten würden, Ihre derzeitige Gotteserfahrung mit ein paar Sätzen zu umschreiben, wie würden Sie dies tun?*

'ONASSIS': **Das fällt mir nicht so leicht. Darüber kann ich nicht sprechen.**

RENÉ: *Hmm. Haben Sie das Bedürfnis, über etwas Bestimmtes zu sprechen?*

'ONASSIS': **Nein, das habe ich schon getan. Ich glaube, es gibt jetzt nicht mehr so viel zu besprechen.**

RENÉ: *Ich schau' noch mal auf meinen Fragenzettel. - Wie haben Sie es zu Lebzeiten mit der Astrologie gehalten? Es gibt ja Präsidentengattinnen wie Nancy Reagan, die damit angeblich das Weiße Haus fast regiert hat.*

'ONASSIS': **Ich habe daran geglaubt, daß es eine gute Wissenschaft ist. Aber ich habe an den Astrologen selbst gezweifelt.**

RENÉ: *Und wie sehen Sie es jetzt?*

'ONASSIS': **Wenn man das Ablaufen kosmischer Gesetze betrachtet, ist es unwichtig, ob der Mensch sie erkennt. Die funktionieren auch ohne ihn.**

RENÉ: *Die Frage ist zwar vielleicht etwas verfrüht, aber spielen Sie mit dem Gedanken, sich wieder zu inkarnieren? Und wenn, eher später, oder in Bälde und mit welchen Intentionen?*

'ONASSIS': **Ja, aber das weiß ich noch nicht genau. Ich möchte helfen.**

RENÉ: *Und in welcher Funktion?*

'ONASSIS': **Ich möchte mit Kranken arbeiten.**

Ich überlegte kurz, wie ich weiterfragen sollte.

'ONASSIS': **Gibt es noch etwas Wichtiges oder kann ich mich jetzt zurückziehen?**

RENÉ: *Schon, aber ich trau' mich fast nicht, weil ich dann mit Ihrer Wildheit rechnen muß. Wollen Sie uns vielleicht doch vom Interview, das unterm Teppich liegt, noch ein paar Kirschen aus dem Kuchen holen?*

'ONASSIS': **Sie können es ja versuchen, mich darüber zu interviewen.**

RENÉ: *Gut. Es hat da eine Reihe von Feinden von John F. Kennedy gegeben, Feinde, die nicht sehr offen aufgetreten sind. Sie wissen offensichtlich mehr darüber. Wollen Sie das ein wenig erläutern?*

'ONASSIS': **Das kann ich nicht in Kürze.**

RENÉ: *Sie dürfen auch weiter ausholen.*

'ONASSIS': **Also, er selbst war sich sein größter Feind.**

RENÉ: *Inwiefern?*

'ONASSIS': **Ich glaube, weil er sich nicht klar darüber war, in welcher Funktion er sich befunden hat. Er hatte sich mit dieser Rolle als Präsident nicht abgefunden und diese Geschichte, daß er sich selbst sein größter Feind war, hat zu Unsicherheiten seinerseits geführt, die er gegenüber der Mafia und anderen kapitalistischen Herrschaften auch gezeigt hat. Diese Schwäche wurde dann ausgenutzt.**

RENÉ: *Von wem?*

'ONASSIS': **Ach ja, von der Security* und anderen. Wenn man dieses politische Gefüge psychologisch betrachtet, kann ein Präsident, der sich seiner selbst nicht sicher ist, einfach nicht überleben.**

RENÉ: *Wo liegt nun des Pudels Kern?*

---

* Sie meinte offenbar die Sicherheitsabteilung des Präsidenten.

'ONASSIS': *Der liegt in ihm!*

RENÉ: *Ja, aber ich meinte die äußere Repräsentanz dieser Problematik. Von wem ist der Ermordungsplan ausgegangen? Und welche Motivation steckt dahinter?*

Frau 'Bouvier-Kennedy-Onassis' überlegte einige Zeit.

'ONASSIS': **Die Mafia sollte hinters Licht geführt werden, um verschiedene Machenschaften, beziehungsweise Ungereimtheiten der Familie vertuschen zu helfen. Und das ist auch passiert. Letztlich ist die Mafia benützt worden, um das eigene Haus reinzuwaschen. Alles Menschen, wir sind alle nur Menschen.**

RENÉ: *Und dieser Oswald war nur eine Marionette?*

'ONASSIS': **Ja, ein Köder.**

RENÉ: *Wahrscheinlich auch der Ruby?*

'ONASSIS': **Auch nur ein Köder.**

RENÉ: *Und die Männer im Hintergrund wurden in der Öffentlichkeit nie bekannt?*

'ONASSIS': **Nein.**

RENÉ: *Werden Sie in Ihrem Interview mit Herrn Manchester in dieser Hinsicht konkreter?*

'ONASSIS': **Teilweise.**

RENÉ: *Und die Verstrickungen der beiden -*

'ONASSIS' (unterbrechend): **- Brüder? Die kennen Sie ja schon! Die muß ich ja nicht wiederholen.**

RENÉ: *Nein. Kommen die auch in Ihrem Manuskript vor?*

'ONASSIS': **Ich wußte längst nicht alles darüber. Ich hatte auch keinen Kontakt zu Marilyn.**

RENÉ: *Und wie haben Sie nun die volle Wahrheit erfahren?*

'ONASSIS': *Ich wußte es sofort.*

RENÉ: *Wie? Strömt von drüben solche Information automatisch in den hinübergehenden Geist ein?*

'ONASSIS': *Es ist plötzlich, als hätte man es immer gewußt. Man lügt einfach nicht mehr.*

RENÉ: *Also, der Reim, den ich mir aus den Fragmenten gemacht habe, ist der, daß Marilyn auf Grund der Zurückweisung durch einen oder beide Brüder in eine Depression verfallen ist und dann dem Alkohol zugeneigt war.*

'ONASSIS': *Dazu fand sie doch jeden Anlaß.*

RENÉ: *Ich nehme an, korrigieren Sie mich bitte, wenn es nicht so ist, daß -*

'ONASSIS' (unterbrechend): *Ich langweile mich schon hier, ich meine, das Thema langweilt mich.*

RENÉ: *Ich bin damit noch nicht ganz klar gekommen.*

'ONASSIS': *Eben deshalb langweilen Sie mich ja.*

RENÉ: *Ich mach' es kurz. Hat Marilyn also unter Alkohol nach LSD gegriffen und konnte sich dann nicht mehr kontrollieren und hat dann zum Abbremsen noch zusätzlich Schlafmittel genommen?*

'ONASSIS': *Ich weiß es nicht genau, ich war ja nicht dabei. Ich möchte lieber gehen.*

RENÉ: *So sollten wir uns aber nicht verabschieden. - Was haben Sie denn in nächster Zeit vor?*

'ONASSIS': *Nun, ich möchte gehen.*

RENÉ: *Darf ich fragen, wohin Sie jetzt gehen werden?*

'ONASSIS': *Dorthin, wo ich zuhause bin.*

RENÉ: *Geben Sie unserem Publikum doch noch einen kleinen Eindruck, wie das Environment aussieht, wo Sie jetzt leben.*

'ONASSIS': *Da ist viel Natur, sehr schöne Bäume, Wiesen und Sträucher. Und viel Stille und Frieden, keinerlei Autoabgase.*

RENÉ: *Sind andere Wesenheiten in der Nähe?*

'ONASSIS': ***Das muß nicht sein. Wenn man will, trifft man sich.***

RENÉ: *Zu welchem Wesen haben Sie denn am meisten Bezug?*

'ONASSIS': ***Zu mir selbst. - Ach, ich möchte jetzt gehen. Auf Wiedersehen.***

RENÉ: *Dann bedanke ich mich herzlich. Ich hoffe, wir sprechen uns wieder mal. Herzlichen Dank, und auf Wiedersehen.*

Mira blieb noch eine Weile in Trance und ein ihr übers Antlitz huschendes sanftes Lächeln deutete an, daß noch etwas vorging. Nachher erzählte Mira, daß ihr 'Jackie' nach einem Küßchen ein paar persönliche Worte ins Ohr flüsterte und ihr einen Strauch mit erst grün knospenden Rosen überreichte. Währenddessen habe ich, nachdem mich die Dame und auch die Filmkamera etwas nervös gemacht hatten, den blauen Filzstift, den ich für kurze Notizen benutzte, offen in meine Hemdtasche gesteckt. Der dadurch auf einem meiner Lieblingshemden entstandene Fleck ist nun eine bleibende Erinnerung an 'Jackie' geworden.
Daß Frau 'Bouvier-Kennedy-Onassis' die von ihr erwähnte Farbe Rot liebt, wird vielleicht dadurch unterstrichen, daß sie auf dem Cover einer gerade noch vor Drucklegung dieses Buches erschienen Biographie in einem roten Kleid zu sehen ist. Darin ist auch erwähnt, daß sie am Tag der Ermordung ihres Mannes ebenfalls ein (erdbeer)rotes Kleid trug. Bemerkenswerterweise hat Mira - intuitiv entscheidend - diesmal auch ein rotes Kleid zur Session angezogen. Video-Kopien dieser Trance-Aufzeichnung sind übrigens vom Verlag erhältlich. Näheres dazu im Anhang.

vormals
›möglicherweise‹
NIKITA CHRUSCHTSCHOW
sowjetischer Politiker
17.4.1894 - 11.9.1971

Kontaktversuchs-Protokoll vom 7.6.94
Kommunikation deutsch

Wieder war es das Cover einer Rowohlt-Taschenbuchbiographie, die ich meiner Frau vor der Trance zur Bekanntmachung mit dem von mir vorgesehenen Gesprächspartner in die Hand drückte. Ihr gefiel das Foto nicht sonderlich, und sie zierte und wehrte sich gegen einen solchen Kontakt. Erst als ich ihren Ansichten den inzwischen offensichtlich viel zahmer gewordenen 'Chruschtschow' aus unserem 'Kennedy'-Kontakt entgegenhielt, erklärte sie sich zu einem Versuch bereit. In Relation dazu ging es schließlich erstaunlich schnell in medias res.

MIRA: *Whuuuaaah, das is' ja schaurig. Ich seh' überall Blut, ein Fell mit lauter Wunden, und ein Feuer weiter hinten. Ich halt' des gar nicht aus.*

RENÉ: *Tu' Dich nicht emotionell hineinverwickeln. Das wird sich nachher schon aufklären. Laß ihn sprechen.*

Ich sah einen Anflug von 'Nikitas' breitem Grinsen über Miras Gesicht huschen. Das verging so schnell wieder, daß es offensichtlich war, daß sie sich gegen ihn wehrte.

MIRA: *Er ist ja gar nicht da.*

RENÉ: *Dann bitte ihn doch herbei. Er ist heute harmlos. Die Gruselpropaganda von damals braucht Dich nicht mehr schrecken.*

Mira begann langsam, sich positiv umzustimmen. Einige Minuten später ging es weiter.

MIRA: *Jetzt hab' ich etwas von einer goldenen Brücke gehört. Aber von ihm keine Spur.*

RENÉ: *Frag' den Roberto, wo der 'Nikita' steckt.*

Mira machte einen tiefen Seufzer, und Herr 'Chruschtschow' war da.

'CHRUSCHTSCHOW': **Wenn man mit dem Finger auf jemanden weist, ob im guten oder im schlechten Sinn, steckt Neid dahinter, weil man die eigene Stärke, die man nicht lebt, gespiegelt sieht.**

RENÉ: *Sie haben doch auch ehemals viel mit dem Zeigefinger gezeigt! Sie haben sogar fest auf den Tisch gehauen, mit Ihren Schuhen und allem möglichen.*

'CHRUSCHTSCHOW': **Ja, aber was ich mir dabei dachte, hab' ich nicht immer gesagt.**

RENÉ: *Wie war denn das für Sie, als Sie hinübergegangen sind?*

'CHRUSCHTSCHOW': **Ich war sehr, sehr müde. Ich wollte gleich wieder einschlafen.**

RENÉ: *Und wie haben Sie sich gefühlt, als sich der Dialektische Materialismus in Luft auflöste?*

'CHRUSCHTSCHOW': **Nicht anders als vorher.**

RENÉ: *Wollen Sie damit sagen, er war auch vorher nur heiße Luft?*

'CHRUSCHTSCHOW': **Ja, tur bestimmte Gebiete schon. - Manchmal muß man Brücken bauen, auch wenn man weiß, daß sie nachher zusammenstürzen. Manche Strategien sind nur Strategien für eine gewisse Zeit. Aber es wäre dumm gewesen, den Leuten zu erzählen, daß die Brücke möglicherweise abstürzen wird. Dann würden sie doch gar nicht hinüberlaufen. Doch selbst rechnet man damit, daß die Brücke zumindest hält, solange man sie braucht.**

RENÉ: *Sie meinen wohl die goldene Brücke, die Sie damals zum Westen gebaut haben. Wußten Sie, daß die nicht standhalten würde?*

'CHRUSCHTSCHOW': *Ja.*

RENÉ: *Was sagen Sie denn zu dem späteren Nachfolger, der Ihr Werk dann eine Nummer weitergetrieben hat, zum Herrn Gorbatschow?*

'CHRUSCHTSCHOW': **Ja, was soll ich sagen? Es ist phantastisch, was er gemacht hat.**

RENÉ: *Möchten Sie vielleicht Herrn Jelzin einen heißen Tip von drüben geben, von wo Sie doch jetzt mehr Übersicht haben? Der ist ja ein bißchen in der Zwickmühle.*

'CHRUSCHTSCHOW': **Nun ja, allzu heißes Fett kann ja bekanntlich Feuer fangen. Da hat sich ja schon manch einer die Zunge verbrannt, mit zuviel heißer Suppe.**

RENÉ: *Wie wird es denn mit der GUS-Staatengemeinschaft weitergehen?*

'CHRUSCHTSCHOW': **Schwer zu sagen. Im Moment sind sie ja im Dilemma gefangen. Aber ich glaube, das Gerüst, auch das psychologische Gerüst, das Gorbatschow aufgestellt hat, hat sich tief in die Herzen der Menschen gegraben. Ich denke, es ist eine gewisse Veränderung eingetreten. Was man natürlich berücksichtigen muß, ist die Gefangenschaft Rußlands in und von seinen Grenzen. Die Mentalität der Leute ist nicht nur kulturell, sondern auch immer sehr stark politisch gefärbt worden, auch von ihrer wirtschaftlichen Situation. Diese ständigen Veränderungen und der Kampf, der sich in meinem Land ereignet hat, wird auch ein Wegbegleiter in der weiteren Geschichte sein.**

RENÉ: *Glauben Sie, daß dieser Schirinowski noch mehr an Land gewinnt?*

'CHRUSCHTSCHOW': **Durchaus möglich. Es gibt doch immer irgendwelche Haie, die Fische fangen wollen. Viele Leute kennen den Unterschied zwischen einem Hai und einem Delphin nicht. Dafür ist diese Wirklichkeit auch zu rauh, in der meine Leute leben. Vieles hat sie in eine harte Schale schlüpfen lassen. Und manchmal denken sie selbst, sie müßten es sich schwerer machen, als es ist. Sie haben auch teilweise den Glauben an so etwas wie eine wirkliche Friedenspolitik verloren.** (er seufzte tief) **Es sind zu viele Mißgeschicke passiert und das Vertrauen der Leute ist untergraben.**

RENÉ: *Sind Sie 'Lenin' begegnet?*

'CHRUSCHTSCHOW' (schmunzelnd): **Ja. ich hatte den Eindruck, daß er die Nase von all der Politik voll hat.**

RENÉ: *Und 'Stalin'? Wie ist der jetzt so?*

'CHRUSCHTSCHOW': **Er löchert einen immer noch mit seiner öden Propaganda.**

RENÉ: *Jetzt muß ich auch nach 'Mao Tse Tung' fragen. Was tut denn der Grosse Vorsitzende heute?*

'CHRUSCHTSCHOW': **Ich bin ihm nicht sehr nahe gewesen.**

RENÉ: *Aber mit 'Kennedy' haben Sie sich getroffen, hat mir John erzählt.*

'CHRUSCHTSCHOW': **Ja. - Obwohl China an die Grenze meines Landes stößt, ist mir Kennedy auch damals schon näher gewesen.**

RENÉ: *Ich muß mal eine astrologische Partneranalyse zwischen Ihnen und Kennedy machen. Das wär' vielleicht interessant. - Was tun Sie denn jetzt so drüben? Wie sollten wir uns das vorstellen?*

'CHRUSCHTSCHOW': **Ich geistere schon noch herum in meinen Landen, es ist mir immer noch ein Herzensbedürfnis. Wenn man sich solch eine Aufgabe einmal gewählt hat, dann kann man doch auch nach dem Tode nicht ruhen.**

RENÉ: *Dieses rätselhafte Ding, genannt Russische Seele, können Sie mir das erklären?*

'CHRUSCHTSCHOW': **Die ist aus Wodka und Schnee!**

Schallendes Gelächter beiderseits.

RENÉ: *Sind Ihnen eigene Lebensgeschichten vor der des Herrn Chruschtschow geläufig?*

'CHRUSCHTSCHOW': **Ich weiß nichts Genaues. Vielleicht war ich Jesus?**

RENÉ: *Im Sinne des Hologramms wird schon auch ein kleines Partikelchen von Ihnen diese hohe Schwingung haben.*

'CHRUSCHTSCHOW': ***Nein, ich will hier kein Ketzer sein. - Dem Mädchen hier geht's nicht recht gut.***

RENÉ: *Ja, ich weiß. Sie hat sich vorhin etwas in der Nahrung vertan. Sie ist eben ein Sensibelchen.*

Meine Frau hatte kurz vor der Sitzung irgend etwas zu sich genommen, das ihr dann im Magen lag. Obwohl Mira sehr auf ausgewogene Ernährung achtet, kam es leider des öfteren vor, daß wir deswegen Sessions ausfallen lassen mußten.

RENÉ: *Herr Genosse 'Chruschtschow', eine Frage an unsere Gäste lautet auch immer, ob Sie eine spezielle Botschaft haben. Wollen Sie irgendeine essentielle Mitteilung machen, die man sich auf der Zunge zergehen lassen könnte?*

'CHRUSCHTSCHOW': ***Ja, ich überlege. - Also, was nicht mit Ruhe und Bequemlichkeit geht, das muß in Rußland mit Gewalt gehen, auch wenn man es nicht gerne sieht. Veränderung ist wichtiger als alles andere, denn, wie man schon bemerkt hat, läuft es, wenn man gar nichts tut, darauf hinaus, daß die Natur das Ruder übernimmt. Aber die Menschen sind ja nicht dazu bereit, mit dieser natürlichen Ordnung zu leben. Also hat man sich ein selbstgebasteltes Universum zuzutrauen, das wiederum anderen als den natürlichen Gesetzen unterworfen ist. Die Ruhe und Gemütlichkeit, die der Mensch im sogenannten Paradies genießen konnte, hat er ja verloren.***
Die Verantwortung hat für mich darin bestanden, in dieser künstlich geschaffenen Welt ein System zu schützen, welches in all seiner Gefährlichkeit noch am ehesten die Natur und die Natürlichkeit des Menschen unterstützt.
Weltphilosophische Fragen haben mich immer zutiefst bewegt, und so habe ich mich auch mit vielen Konstrukten beschäftigt, die mich dieser unglaublichen Wirklichkeit, dieser künstlich geschaffenen Welt, näher gebracht haben. Aber nicht nur das. Wenn man Politikwissenschaften studiert, weiß man, wieviel sich in den krassen Wirrköpfen von uneingeweihten Idioten abspielt. Viele von ihnen wollen immer noch einer schändlichen Tatsache ins Auge blicken, die es gar nicht mehr gibt. Man

kann die Dinge nicht einmal beim Namen nennen, weil diese Leute gar nicht wissen, wovon man spricht. Die Schwierigkeit hat auch darin bestanden, daß die Leute das selbst nicht wissen und erkennen. Und um die Leute nicht zu betrügen und ihnen nicht falsche Hoffnungen zu machen, bedarf es eines starken Mutes. Manchmal auch eines doppelten Schnäpschens.

Er ächzte, scheint's, der Schwere seiner Gedanken wegen.

'CHRUSCHTSCHOW': *Um diese Verlogenheit dieses Systems in der Tatsächlichkeit des Systems selbst zu erkennen, - ich glaube, das würde jetzt zu weit führen, wenn ich mich weiter darin verirrte, aber, wie gesagt, das hat mich belastet.*
Allerdings gab es doch so etwas wie Hoffnung und Trost, auf denen ich auch meine Politik aufgebaut hatte, unabhängig von der Reaktion der Dummen. Das Geheimnis und die Weisheit hinter all meinem Handeln steckt in sehr ehrlichen Schuhen. Aber nicht nur das, die Weisheit entsprang dem Bedürfnis, die Wahrheit zu erkennen und aus dieser Wahrheit heraus zu handeln. Das habe ich immer versucht. Daß sie, obwohl sie nicht immer nachvollziehbar war, dennoch gute Resultate zeitigte, das hat mir die Bestätigung gegeben, daß ich mich auf dem richtigen Weg befunden habe.

RENÉ: *Ich mach' jetzt ein bißchen einen Sprung. Wie steht es um die russische Parapsychologieforschung? Wie weit ist sie heute wirklich gediehen?*

'CHRUSCHTSCHOW': *Man kann sie nicht als eine spirituelle Geschichte bezeichnen, es ist mehr eine instinkthafte. Wir haben damals über die Tierforschung, in diesem ganz elementaren Feld, dieser sogenannten Natürlichkeit, versucht, die Grenzen zu sprengen. Aus dieser, sagen wir, instinkthaften Naturverbundenheit haben wir auch an diese Dinge geglaubt, weil sie sich ja bestätigt haben.*

RENÉ: *Und wie steht es mit Sowjet-Kontakten zu Extraterrestriern? Ist Ihnen damals als Chef der Nation geheime Information darüber zugekommen?*

'CHRUSCHTSCHOW': *Ich war mir, ja, ich bin mir bis heute nicht sicher, denn von Funden in dem Sinne, wie es sie in Amerika gegeben hat, kann ich nicht sprechen. Es gab mehr Sichtungen und anders geartete Phänomene.*

103

RENÉ: *Wie sehen Sie die Problematik der veralteten Atomreaktoren und des Kernwaffenarsenals im heutigen russischen Staatenverband?*

'CHRUSCHTSCHOW': **Wie gesagt, das System ist das Problem.**

RENÉ: *Ich meinte, ob Sie die Situation als bedrohlich einschätzen.*

'CHRUSCHTSCHOW': **Ja, natürlich! Diese Entwicklung, die das Ganze genommen hat, ist ein zweischneidiges Schwert. Einerseits hat es dieses zweite System, von dem ich spreche, gefördert und eine kurzfristige Erleichterung gebracht, aber wie es mit Brücken so ist, ist es eine, die brechen könnte, bevor die Menschen darüber gelaufen sind. Aber ich schätze die Gefahr nicht so groß ein, wie einen biologischen Holocaust. Ich meine, diese Umwelt ist in Gefahr.**
Die Atomsache ist bedrohlich, allerdings werden Kernwaffen auch wieder nicht so schnell benützt, sie werden mehr als Drohung eingesetzt. Denn Gottseidank wissen inzwischen schon ein paar Leute, wie schnell es dann selbst mit ihnen aus ist, wenn sie diese Dinge benützen. Das ist die einzige Hoffnung.

RENÉ: *Die Umweltzerstörung ist ja auch sehr kraß in Ihrem Lande.*

'CHRUSCHTSCHOW': **Ja, auch das meinte ich vorhin. Es ist nicht nur das Atom, es ist der sogenannte Allgemeinzustand meines Landes, der jämmerlich ist.**

RENÉ: *Steht das Bild, welches das Medium zu Beginn der Sitzung gesehen hat, für diese Umstände? War es der blutende russische Bär, bildlich gesprochen?*

'CHRUSCHTSCHOW': **Ja, viele Feuer und Explosionen, und die Wunde klafft. Es ist eine Wunde, die nicht zu bluten aufhören will. Rußland blutet ja auch in andere Länder hinein, und andere Länder verhindern, daß diese Wunde heilt. Viele sind wie Vampire und ernähren sich ja von diesem Blut. Das muß man auch wissen.**
Oftmals fragt man sich, warum Leute zu Primitiven werden. Nun, sie werden es aus Überlebensstrategie. Die Dummheit und Primitivität der Russen, wie sie dargestellt wird, ist ansonsten um nichts größer als die in anderen Ländern. Es ist diese Größe und Weite des Landes, weshalb es so schwer zu regieren ist. Diese Verschiedenheit der Menschen und

Nationalitäten, die darin wohnen, und seine Grenzbewohner in ihrer zum Teil sehr verschiedenartigen Strategie, die es diesem an und für sich friedlichen Land schwer gemacht haben und machen, in seinem Frieden und seiner Einsamkeit zu verharren.
Ein Mensch und ein Volk entwickelt sich nicht nur aus seinem Bauch heraus, es entwickelt sich auch durch Umweltbedingungen, und dazu gehört die Interaktion mit anderen Ländern.

RENÉ: *Vor kurzem ist der ehemalige Boss der abgestürzten DDR hinübergekommen. Haben Sie seine Einreise mitverfolgt?*

'CHRUSCHTSCHOW': *Ja, natürlich. Genausogut hätte er auch woanders einreisen können. Wenn Sie mich schon fragen, er ist ein großer Idiot! Kann man es denn für möglich halten, wie belämmert ein Mensch ist, der auf einem Sack Gold sitzt und es nur blöd anstarrt? So kommt er mir nämlich vor.*

RENÉ: *Hat er es überhaupt schon mitbekommen, daß er drüben ist?*

'CHRUSCHTSCHOW': *Der Mann kann überhaupt keine Tatsächlichkeiten erkennen. Man fragt sich, wieso solche Menschen Politiker werden.*

RENÉ: *Ich hab' ihn immer als die Personifikation der Verbohrtheit erlebt.*

'CHRUSCHTSCHOW': *Da sind wir einer Meinung.*

RENÉ: *Was könnte ich Sie denn noch fragen? Sind Sie 'Trotzki' begegnet?*

Mirabelles Kopf nickte.

RENÉ: *Hat er den Eispickel* schon verkraftet? Wie war denn diese Begegnung für Sie?*

'CHRUSCHTSCHOW': *Kühl, sehr kühl. Da liegen Welten zwischen uns. Und um dieses, ich möchte sagen, Vakuum zu durchbrechen, müßten wir wahrscheinlich einige Leben zusammen verbringen.*

RENÉ: *Geben Sie mir eine Idee, wie es ihm jetzt so geht.*

'CHRUSCHTSCHOW': *Er ist sehr aktiv, wie immer. Ich glaube, er beschäf-*

---

* Trotzki ist im Exil von einem Schergen Stalins mit einem Eispickel ermordet worden.

tigt sich aus seiner Sicht mit Politikwissenschaften und Umweltfragen. Er ist sehr geschäftig, wie damals.

RENÉ: *Was möchten Sie uns noch erzählen, ohne daß ich Ihnen weitere Fragen stelle?*

'CHRUSCHTSCHOW': **Ich weiß nicht, ich habe immer so viel erzählt.**

RENÉ: *Wie wär's mit einem guten, russischen Witz?*

'CHRUSCHTSCHOW': **Nun ja. - Da muß ich überlegen.**

Kurze Pause.

RENÉ: *Zum Beispiel, ›Da kommt der Breschnew zum Sowieso, und so weiter‹.*

'CHRUSCHTSCHOW': **Ja gut. - Kreisky und Breschnew sitzen im Flugzeug. Kreisky sitzt gleich hinter Breschnew, in der ersten Reihe des Nichtraucherabteils. Breschnew sitzt im letzten Teil der Raucherzone. Kurz nachdem das Flugzeug abhebt, kitzelt den Kreisky kubanischer Rauch in der Nase.**

RENÉ: *Von der Zigarre Breschnews?*

'CHRUSCHTSCHOW': **Ja, von der nämlichen. Kreisky ruft die Stewardeß und beschwert sich bei ihr: ›Fräulein, hören sie mal, ich sitze doch hier in der Nichtraucherabteilung. Wie kommt es, daß mir dieser entsetzliche Gestank in die Nase steigt?‹ Da sagt das Fräulein zu ihm: ›Aber wissen sie, Herr Kreisky, das kommt von Rußland herüber.‹ Da sagt Kreisky: ›Wieso denn von Rußland? Wie kommen Sie denn darauf? Ich sitz' doch hier im Flugzeug.‹ Das Fräulein erwidert ihm: ›Ja, aber das ist doch Herr Breschnew, der hier vor Ihnen sitzt.‹ Kreisky hatte schon ein Glas Mineralwasser bestellt, und als das Fräulein weggeht, steht er auf und stülpt sein Glas dem Breschnew über die Zigarre.**
Breschnew sitzt nun ganz entsetzt und besudelt mit der gelöschten Zigarre da und ruft mürrisch die Stewardeß herbei. ›Also Fräulein, wissen Sie, ich sitz' hier im Raucherabteil, und jetzt ist von dem Herrn da meine Zigarre gelöscht worden‹. Sagt das Fräulein: ›Aber Herr Breschnew, das ist doch Österreich.‹ Der Breschnew darauf, ›Ja, wie ist denn das möglich, ich bin doch im Flugzeug, noch dazu im Raucherabteil?‹ Die

Stewardeß: ›Wissen sie denn nicht, immer wenn Österreich von irgend- wo ein Rauch in die Nase steigt, kriegt es den Löschdrang‹.

Ich fand den Witz drollig und mußte herzhaft lachen, weniger allerdings wegen des Witzes als der tatsächlichen Situationskomik und der Grimassen, die Nikita dabei schnitt.

RENÉ: *Kreisky hat sicher gesagt: ›Ich bin der Meinung, daß es nicht angeht, daß der Breschnew...‹.*

'CHRUSCHTSCHOW': **Er wollte ja, daß das Fräulein die Tür schließt. Sie aber sagte, ›das kann sie ja nicht. Es liegt an der Konstruktion des Flug- zeugs‹.**

RENÉ: *Welche Nationalität die Stewardeß hatte, wär' noch interessant!*

'CHRUSCHTSCHOW': **Aber natürlich Amerika! Es war ein amerikanisches Flugzeug.**

RENÉ: *In denen herrscht ja inzwischen Gottseidank völliges Rauchverbot bei internationalen Flügen.*

'CHRUSCHTSCHOW': **Es war doch ein bißchen zu lang für einen Witz, nicht wahr?**

RENÉ: *Vielleicht kürze ich ihn ein bißchen*. Sollten Sie 'Kreisky' ernstlich begegnen, erzählen Sie ihm doch, daß wir ihn auch gerne einladen würden. Er könnte ein paar Kommentare zum Nahen Osten los werden.*

'CHRUSCHTSCHOW': **Ich werd's ihm ausrichten.**

RENÉ: *Dann bedanke ich mich für heute und für dieses Gespräch.*

'CHRUSCHTSCHOW': **Die Politik ist ja ein Virus. Wenn man einmal infiziert ist, bekommt man ihn nicht mehr los.**

RENÉ: *Seit wie vielen Leben sind Sie denn schon verseucht?*

'CHRUSCHTSCHOW': **Schon seit einigen.**

---

* Das habe ich getan.

RENÉ: *Probieren Sie doch wieder einmal etwas anderes aus. Wie wär' es zum Beispiel mit Filmschauspieler? Reagan hat es ja auch geschafft, wenn auch umgekehrt.*

'CHRUSCHTSCHOW': **Auf diesen Ruhm verzichte ich gerne. Da ist mir etwas Rum schon lieber.**

RENÉ: *Aber mit Ihrem Schuh am Podest haben Sie doch auch ganz schön die TV-Anstalten bevölkert.*

'CHRUSCHTSCHOW': **Man muß sich nicht kasteien.**

RENÉ: *So ist es. Ich bedanke mich.*

Mira fühlte sich, wie sie daraufhin erzählte, während der Trance ziemlich ›breit‹ und sagte, sie könne die den fülligen Genossen kontrastierende Zierlichkeit ihres eigenen Körpers erst jetzt so richtig erfassen.

Die anfänglichen Worte 'Nikitas' - die wir natürlich richtigstellten - sind übrigens ein gutes Beispiel dafür, wie verdreht manch ein Satz bei uns herüben ankommt. 'Chruschtschow' begann nämlich mit den Worten: ›Wenn man mit jemandem auf einen Finger zeigt..‹, was natürlich umgekehrt heißen muß.

Da der Übermittlungsvorgang des Channelns zumeist nicht direkt sprachlich, sondern via bedeutungsvoller telepathischer Impulse vor sich geht, die im Gehirn des Mediums unmittelbar in die jeweilige Muttersprache übersetzt werden, kommt es durch ungewohnte jenseitige Benutzer des Kanals gelegentlich zu kleineren Verwirrnissen, die von uns zum Zwecke eines besseren Leseflußes redigiert werden. Auch erfordert es die Verständlichkeit von Texten manchmal, grammatikalisch etwas einzugreifen.

Im Übermitteln geübte Jenseitige wie 'C.G.Jung' können auch ganz gut in Fremdsprachen channeln, sind dann allerdings zumeist auf den Wortschatz des Mediums beschränkt. Nur wenn die Trance sehr tief und gut stabilisiert ist, können Wesenheiten auch ihren eigenen Sprachschatz einbringen. Dann kommen gelegentlich Worte durch, die wir nie zuvor hörten und nachher im Lexikon nachschlagen.

vormals
›möglicherweise‹
ANDY WARHOL
amerikanischer Popkünstler
6.8.1928 - 22.2.1987

Kontaktversuchs-Protokoll vom 7.6.94
Kommunikation deutsch / englisch

Mit Herrn 'Warhol' funktionierte es ziemlich rasch und unproblematisch. Mira beäugte kurz ein Foto des Graphikers, meditierte zwei, drei Minuten, ging mittels ihres kurzen Rituals in Trance, und schon war 'Andy' indirekt zur Stelle.

MIRA: *Ich höre jemanden den Satz sagen: ›Kunst ist es, aus einem Kunstwerk ein neues zu machen‹.*

RENÉ: *Das ist eine interessante Definition. Wahrscheinlich typisch für 'Andy'.*

MIRA: *Ich seh' jetzt eine Graphik über mich selbst. Man sieht mich da verkehrt auf einem Sessel sitzen, mit vielen, sehr langen, fast schwarzen Haaren. Meine Hände sind vorn auf dem Sessel aufgestützt, und ich schau' halb nach hinten. Mein halbes Gesicht ist ganz warhol-artig graphisch. Er sagt, ›***so sieht er mich. Das ist sein Porträt von mir, seine Beschreibung meines Naturells‹.***

RENÉ: *Und die Farben, wie sind die?*

MIRA: *Im Vordergrund, also vor mir, ist es rötlich-rosa, und hinten ist es dunkel, mit einem Schuß Violett. Es kommen in dem Bild zwei Schichten heraus. Meine Vorderseite ist ein Geheimnis, ich blick'' ja von vorne nach zurück, sozusagen. Das hat er sehr gut gemacht, ich bin begeistert. Er sagt jetzt: ›**Kunst ist es auch, die Begeisterung des Objekts hervorzurufen. Es geht um das Objekt, das sich selbst erfüllt.‹** Ich versteh' zwar nicht ganz, wie er das meint, aber mir geht es jetzt auch so.*

RENÉ: *Will er damit die Aura des Objekts verstärken?*

MIRA: *Er sagt, ›er sieht das nicht als Aura, sondern als den künstlerischen Aspekt desjenigen oder des Objekts. Mit dem Bild über mich zum Beispiel will er mich begeistern‹, und jetzt grinst er und sagt, ›und mir nebenbei beweisen, wie gut er ist‹.*

Nach einer kurzen Funkstille war 'Andy' dann direkt in der Leitung und sprach mich englisch an.

'WARHOL': *Du möchtest mit mir sprechen?*

RENÉ: *Von Herzen gern. Ich bewundere Deine Werke.*

'WARHOL': *Sollen wir englisch sprechen? Ich glaube, das Medium möchte es lieber in Deutsch. Wie möchtest Du es?*

RENÉ: *Mir ist es egal wie. Bleiben wir mal bei Englisch, wir müssen ohnehin üben. Wenn es nicht so gut klappt, dann wechseln wir auf Deutsch, okay?*

'WARHOL' (nickend): *Ich möchte sagen, nur die eigene Freude überzeugt. Wenn er damit jemand anderem auch Freude erzeugt, den hat er auch überzeugt. Da Kunst immer subjektiv ist, kann ein Künstler nur durch das Auslösen der Erfahrung der Freude oder der Berührtheit überzeugen.*

RENÉ: *Jetzt würd' mich auch interessieren, wie Du mich optisch umsetzen würdest?*

'WARHOL': *Mir gefällt dieses Bild von Dir, wo Du inmitten der Himmelsstrahlen sitzt.**

RENÉ: *Aha. Heißt das, Du würdest dieses Bild hernehmen, um neue Kunst daraus zu machen, um es zu ›warholisieren‹?*

'WARHOL': *Vielleicht. Ich erwähn' es, weil es etwas von Dir aufzeigt. Es gibt Menschen, die mich inspirieren, und andere, die mehr von sich selbst inspiriert sind und auch von mir inspiriert werden. Du bist einer der letzteren Gattung.*
Die einen wollen durch die Ansichten von anderen definiert werden, die anderen definieren sich lieber selbst. Das hängt mit der Ego-Struktur zusammen.
Dich, also Deinen Geist, würde ich wahrscheinlich in Interferenzen des

---

* Er bezieht sich auf eine Collage, die ich zur Illustration unseres ersten Buches anfertigte, in der ich einen Sonnenstrahlen und Wolken darstellenden Kupferstich hinter mein Konterfei montierte.

Himmels eingebettet zeichnen, ein bißchen wissenschaftlich, mit sehr viel Gelb und Blau dabei. Ich war auch wissenschaftlich sehr interessiert, wußtest Du das?

RENÉ: *Ich weiß nicht sehr viel über Dich persönlich. Aber Ich hab' eine Menge Bilder von Dir, also Abbildungen von den Bildern, die Du geschaffen hast, gesammelt.*

'WARHOL': *Ich war nicht nur an Kunst interessiert. Ich beschäftigte mich auch mit Mathematik und mit den physikalischen Wissenschaften, auch mit Astronomie und Astrologie. Auch die Analogieprinzipien studierte ich, die sind bei mir immer noch ›in‹. Um universale Kunst zu machen, muß man auch ein bißchen universell sein.*

RENÉ: *Du hast sicher schon mitbekommen, daß wir diese Astral-Gespräche für ein Buch zusammenstellen. Dieses hätte ich gerne mit Kopfbildern der interviewten Prominenz illustriert, am liebsten in Deinem Stil. Wenn Du Lust hast, mit uns in der Sache zu kooperieren, würden wir uns noch einen Weg einfallen lassen, wie wir Deine Ideen herüberbekommen.*

'WARHOL': *Ich könnte Dich inspirieren. Du weißt ja, ich habe viele Köpfe gemacht. Doch heute möchte ich lieber den ganzen Menschen abbilden. Als ich Mira sah, gab ich ihr die Inspiration ein, wie ich sie darstellen würde. So ,wie sie eben sagte. Es wäre das perfekte Bild einer Person, wie Du es nicht zeigen könntest wenn Du sie in Natura abbildest. Wir sind derartig an die Art und Weise, wie wir schauen, gewöhnt, daß wir diese andere dramatische Wahrheit eines Menschen nicht mehr erkennen können. Ich meine, um die Wahrheit zu erfahren, müssen wir anders betrachten. Wir sind blind für die Wahrheit geworden, weil wir nicht auf sie achten. Deshalb brauchen wir Vehikel, die es uns ermöglichen, unsere Betrachtungsweise umzustellen, indem wir die Augen mit Speziellem füttern. Es muß eine Art von analoger Wahrheit vermittelt werden. Wenn Du das Outfit einer Person veränderst - Du zeigst verschiedene Schatten und machst andere Veränderungen - dann zeigt sich Dir auch sogleich die Person ganz anders als zuvor, sowohl auf dem Bild als auch die Ausstrahlung der Person selbst..*
Du verstehst, warum ich nun mehr daran interessiert bin, den ganzen Menschen zu zeigen, ich bin an der ganzen Sache interessiert.

RENÉ: *Für unser Buch können wir uns allerdings nur mit Porträts beschäftigen. Aber vielleicht können wir später ein anderes Projekt zusammen machen, wo wir Deine neuen Ideen berücksichtigen.*

'WARHOL': *Yeah, ich sprach nur über meine neue Art, die Dinge zu sehen, ein ganzes Bild vom ganzen Menschen zu bekommen. Ich mach' jetzt neuerdings eine Art Symbol dazu, um - oh, ich kann das richtige Wort in Miras Bewußtsein nicht finden.*

RENÉ: *Macht nichts. - Wir hatten beispielsweise ein Gespräch mit 'Bhagwan Shri Rajneesh', den Du meines Wissens nicht porträtiert hast. Wie würdest Du ihn anlegen, auf einem Kopfbild?*

'WARHOL' (gestikulierend): *Ja, ich würde sein Haupt so nach vorne gesenkt, aber mit den Augen nach oben in den Himmel blickend, etwas von der Seite, zeigen. Und seinen Bart würde ich ihm in der Mitte geteilt, nach links und rechts hochgebogen über die Schultern legen.*

RENÉ: *Da haben wir das kleine Problem, daß die Körper unserer Interviewten nicht mehr für Photo-Sessions zur Verfügung stehen. Ich meine, solch eine Bart-Aufnahme von Bhagwan existiert wohl nicht.*

'WARHOL': *Oh, Du kannst doch heute aus Fotos ganz andere Fotos machen. Das ist kein Problem, es gibt ja Computer.*

RENÉ: *Da wird es aber zur Kostenfrage.*

'WARHOL': *Einige dieser Probleme sind ganz interessant. Zu der Zeit, als ich meine Kunst begann, war es auch die Mathematik innerhalb eines Bildes, welche mich inspirierte, ich wollte auch Schwingungen dahinter miteinbeziehen, mit mathematischer Genauigkeit.*

Warhol begann sich mit Miras Händen im Genick zu kratzen, es juckte ihn offenbar das Etikett meines Pullovers, den sich Mira von mir spontan vor der Session borgte.

'WARHOL': *Du solltest ihr nicht solches Zeug zum Anziehen geben. Okay, ich mach' es ihr ein bißchen komfortabler hier hinten.*

Er stülpte den Pulloverkragen im Nacken über das Etikett nach innen.

RENÉ: *Wir sollten die Zeit auch etwas für unser Interview nutzen. Über diese praktischen graphischen Dinge können wir auch später reden.*
Es ist ja noch nicht so lange her, daß Du gestorben bist. Kannst Du beschreiben, wie das für Dich war? Wie und warum ist es denn überhaupt passiert? Hast Du Vorahnungen gehabt?

'WARHOL': *Keinerlei. Es war ein kurzes Leiden. Zuvor hatte sich mein Interesse, weiter im Leben zu stehen, immer mehr verflüchtigt, eigentlich ohne konkreten Grund. Ich begann neugierig auf das Jenseits zu werden, und auch mein Alter hat mir nicht mehr so sehr gefallen. Das Älterwerden beinhaltet doch eine Menge trauriger Dinge und Einschränkungen, jedenfalls für mich. Ich will hier nicht für andere sprechen. Es machte mich irgendwie depressiv, obwohl ich Geld hatte und so weiter. Ich war nicht zufrieden mit der Situation.*
Ich hatte das Gefühl, etwas abgeschlossen zu haben, ja. Auch hatte ich das dringende Bedürfnis, mich zu erneuern, etwas Neues zu machen.

RENÉ: *Und wie war nun die aktuelle Überquerung der letzten Grenze?*

'WARHOL': *Wie einzuschlafen und in einem Traum wieder zu erwachen. Es war ganz einfach. Ich war weder hysterisch noch irgendwie sonst aufgeregt. Ich hab' nur zu mir gesagt:* ›Oh, das war's wohl‹. *Es war keine so große Sache für mich. Vielleicht, weil ich Erfolg hatte, weil ich schon zuvor viel von dem bekam, was ich wollte.*

RENÉ: *Was war der nächste Schritt?*

'WARHOL': *Es war ähnlich, wie in einem Fluß zu schwimmen, auszuruhen und es sich gutgehen zu lassen.*

RENÉ: *Und wie ist Deine jetzige Jenseitserfahrung zu nennen?*

'WARHOL': *Ja, ich bin in einer neuen Phase, in der ich über meine Kunst mehr holistisch denke, ich habe schon erzählt davon. Das ist eine brandneue Entwicklung für mich. Heute will ich eine Art Signatur für Personen schaffen - yeah, Signatur, das war das Wort, das ich suchte - es geht mir um ein Symbol mit dem Eindruck des jeweiligen Geistes. Es muß aussagen, was ein Mensch ist, samt seinem Schatten, auch was um die Person herum ist, und was die Person selbst ausdrückt. Ihre Geheimnisse, welche Anteile das Geheimnis halten, das ist es, was auch das Bild zum Geheimnisträger macht. Das ist Kunst, wie ich sie liebe.*

RENÉ: *Vielleicht sollten wir darüber reden, welche Signatur Du an unseren Gesprächspartnern erkennst?*

'WARHOL': *Meine Kunst signiert die Person, Yeah, that's it!* (er klatschte vor Freude) *Das ist gut gesagt.*

114

RENÉ: *Hast Du drüben andere Künstler getroffen, oder Menschen, deren Köpfe Du verewigt hast?*

'WARHOL': **Natürlich, ich bin vielen Kreativen begegnet. Wir sprechen über unsere Kunst und geben uns viel zu denken. 'Marilyn' hab' ich auch getroffen. Wir sind Freunde, oh, ich mag sie sehr.**
Manchmal bin ich mit Wissenschaftlern zusammen. Ich studiere auch ein bißchen, über Raum und Licht und solche Dinge.

RENÉ: *Hast Du 'Joseph Beuys' wieder getroffen, den Mann mit dem Hut? Du hast ja ein Porträt von ihm gefertigt.*

'WARHOL': **Nein, ich wüßte nicht. Vielleicht mag er mich nicht so sehr. Aber Du mußt wissen, hier herüben haben wir das Problem des Anti- magnetismus nicht wirklich. Die positive und negative Seite hat sich vereinigt, zumindest in meiner Welt hier. Ich spreche nicht für andere Leute. So, wie ich das hier erfahre, ist es eine wirkliche Erleichterung, keine großen Probleme mit den Menschen zu haben. Es ist nicht wie in der Welt, von der ich komme, wo Du Reibung brauchst, um Deine Kunst wachsen lassen zu können. Hier ist das viel verfeinerter und auf eine ganz neue Art inspirierend, auf eine ganz himmlische Weise, wenn ich so sagen darf.**

RENÉ: *Du hast dieses Bild von ›Goethe in der Campagna‹ so toll modifiziert. Ist er Dir schon begegnet?*

'WARHOL': **Nicht persönlich, aber ich traf ihn in meinem Bild. Ja, auch als kleiner Junge träumte ich in Bildern. Diese Bilder werden dann im Traum lebendig. Wie ich im Unterbewußten des Channels sehen kann, hatte sie einen Traum, in dem sie ein Bild von C.G.Jung sieht. Das steigt gerade hoch in ihr. In diesem Sinne geht mehr Kommunikation vor als man glauben möchte.**
Du weißt ja, in verschiedenen Kulturen ist es nicht möglich, von den Leuten Bilder zu machen oder welche zu bekommen. Diese Menschen wissen, daß ihr Abbild ihre Vibration trägt und daß, wenn Du in Kom- munikation mit der Quelle treten würdest, wo das Bild herkommt, solch ein Bild ein wirklicher Hinweis auf die Person sein würde Du verstehst es ja durch Eure sensitive Arbeit. Ja, es ist fast wie ein Händedruck mit jemandem. Es ist etwas Lebendiges. Man kann nicht sagen, es ist nur ein Bild, denn es hat eine lebendige Quelle.

RENÉ: *Das ist auch das Geheimnis der Psychometrie.*

'WARHOL': *Ja, natürlich. Verschiedene Yogis, besonders in Indien, wissen darüber Bescheid. Eine Photographie ist ganz etwas Besonderes.*

RENÉ: *Ich habe mich übrigens in den Covergraphiken unserer 'C.G.Jung'-Bücher im Warhol-Style versucht. Es würde mich interessieren, was Du zu meinen Ergebnissen sagst?*

Er pausierte kurz. Offensichtlich versuchte er im Unterbewußtsein meiner Frau die angesprochenen Graphiken zu finden.

'WARHOL': *Ja, gut, sehr gut. Yeah, ich mag sie. Sehr nett gelungen.*

RENÉ: *Soviel Lob vom Meister tut wohl - Jetzt ist mir der Faden gerissen, ich muß mal einen Blick auf meine Fragenliste werfen. - Ja, heutzutage schwebt eine Art von Geheimnis rund um Dich in der Welt. Vor allem, weil sich, soviel ich gelesen habe, niemand erklären kann, warum Du so urplötzlich von der Bildfläche verschwunden bist.*

'WARHOL': *Ich bekam eine Infektion. Ich hab' einfach Schluß gemacht. Ich sagte schon, ich war nicht weiter interessiert am Leben. Viele Dinge in meinem Leben passierten einfach so* (er schnippste mit den Fingern). *Ich hatte eine starke Willenskraft. Du weißt, wann immer Du in Harmonie damit bist, dann passiert es einfach aus dem Nichts. Deine Wünsche kommen zu Dir, wenn Du wirklich in Kontakt bist mit Deinen unterbewußten Stimmungen. Ich konnte das, es bescherte mir ganz außerordentliche Dinge.*
Durch dieses willentliche Desinteresse war es sehr einfach für mich zu gehen. Ich hatte genug und war nicht mehr weiter daran interessiert, ich hatte vom Leben schon bekommen, was ich wollte.
Ich bekam höheres Fieber und wurde kurz richtig krank. Da kam bald ein Punkt, an dem ich dieses Körperlich-Sein nicht mehr ausstehen konnte. Es ist ein Scheiß, mit diesem anfälligen Körper. Ich dachte, ›ach Scheiße geh' zu Scheiße‹. Ich weiß, in der Bibel steht ›Erde geh' zur Erde‹, aber ich schimpfte, ›Scheiße geh' zur Erde, wo Du hingehörst‹. Ich war angewidert. All das Geld, das ich hatte, konnte mich nicht von diesen Unbequemlichkeiten des Körpers befreien, von all dem Leiden und so weiter.

Er machte unangenehme, die Anfälligkeit des Körpers persiflierende Hust- und Würgegeräusche.

'WARHOL': *Es ist dann ganz schnell geschehen. Ich spürte einen Druck in meiner Brust und ging. Und das war es. Ich hab' keine Pillen dagegen* geschluckt, keinerlei Medizin angenommen. Ich dachte über den Körper nur noch, ›Scheiße geh' zur Scheiße, wo du hingehörst‹.

RENÉ: Hattest Du eigentlich damals an Wiedergeburt geglaubt? Ich meine, an die Unsterblichkeit des Geistes und an irgendeine Form von Jenseits?

'WARHOL': Ich hatte so sehr die Nase voll, daß ich nur dachte und hoffte, schlechter kann es wohl nicht werden.

Auf diesen Kommentar hin mußte ich schallend lachen.

RENÉ: Bist Du Dir jetzt auch der Leben vor Deiner Warhol-Identität bewußt?

'WARHOL': Das weiß ich nicht so recht. Ich hab' eine Menge Aktivitäten meines Geistes wie in einem Film ablaufen gesehen, kann sie aber nicht klar bestimmten Leben zuordnen. Es war mehr eine Erfahrung der Welt meines Geistes und daß das ganze Leben ein einziges Kunststück ist. Alles ist Kunst! Das Leben ist doch pure Kunst. Wenn Du das wahrnehmen kannst, dann hast Du es erfaßt, das Leben.
Ich dachte nicht daran, ob und was ich Spezielles war, ich sah nur, daß ich eine Menge Verschiedenes war. Ich sah mich als schönes Mädchen da und als dies und jenes dort, aber nichts abgeschlossen Umrissenes. Und ich sah auch diesen Aspekt von mir, der angeschlossen ist, der sich angeschlossen fühlt an das Ganze. Wirkliche Kunst sollte das auch einbringen.

RENÉ: Mir kam gerade die ulkige Vorstellung, daß Du im Jenseits sitzt und Campbell-Suppe* schlürfst. Ein Künstler ißt seine Kunst auf!

'WARHOL'(schmunzelnd): Tja, das Essen.

RENÉ: Andy, wenn Du eine Art Botschaft an Deine Fans geben solltest, was würdest Du für mitteilenswert halten?

'WARHOL': Hah. - Leute, der Tod ist keine große Sache, Sterben ist ganz einfach. Macht Euch keine Sorgen. Ihr braucht keine Angst davor zu haben. Entscheidet Euch einfach, wartet ein bißchen und kommt herüber. Macht doch keine so riesengroße Sache daraus, das ist es nicht wert. Spürt Ihr nicht, daß mein Geist noch am Leben ist? Es ist wirklich lustig, unsterblich zu sein.

RENÉ: Du kannst ruhig davon ausgehen, daß Dir nur die Hälfte der Leser Glauben schenken wird. Für die anderen kann so etwas niemals wahr sein.

---

* Seine Siebdrucke von den Campbell-Suppendosen sind weltweit bekannt geworden.

'WARHOL': *Es ist doch nicht mein Problem, was sie glauben!*

RENÉ: *Das sicherlich nicht. - Hast Du schon zuvor solch mediale Kommunikation zwischen den Welten erfahren?*

'Warhol' schüttelte den Kopf des Mediums.

RENÉ: *Es ist also Dein erster Versuch?*

'WARHOL': *Das ist kein Versuch, es funktioniert doch!*

RENÉ: *Und wie gut! - 'Andy', wir fragen unsere Gäste zuletzt auch stets nach einer Beschreibung dessen, was sie als Gott erfahren. Was sagst Du dazu?*

'WARHOL': *Für mich ist es Hingabe - die Tatsächlichkeit, zu dieser tiefen, bewußten Hingabe fähig zu sein - in der Du Dein Selbst verlierst. Diese hingebende Liebe, das ist Gott für mich. Yeah, das ist es.*
Ich bin zwar kein Dichter, aber ich fühle, daß ich ein Poet sein sollte, um das zu umschreiben. Also sollte ich besser schweigen.

RENÉ: *Siehst Du einen Weg, Deine Antwort in einem Bild darzustellen?*

'WARHOL': *Nein, nein, es gibt Künstler, die das schon getan haben, ich könnt' es nicht besser. Es ist Hingabe, das sich gänzliche Hineinbegeben.*

RENÉ: *Okay, danke. Ich weiß um die Schwierigkeit der Frage.*

'WARHOL': *Es muß auch ein Mysterium in der Welt geben. Wenn es keines mehr gäbe, würde das Leben sehr ärmlich sein. Ich meine, Gott ist dieses Mysterium.*

Ich nahm wieder meine Fragenliste zu Hilfe.

RENÉ: *Etwas anderes. Verschiede Leute behaupten über Dich, daß Du ein pathologischer Fall warst. Du hast alles mögliche und unmögliche gesammelt und -*

'WARHOL' (unterbrechend): *Fühlst Du Dich auch als pathologischen Fall?*

RENÉ: *Das kommt auf die Relation zum Betrachter an.*

'WARHOL': *Yeah. Jedermann, der seinen eigenen Lebensstil lebt, scheint für die anderen pathologisch zu sein. Ich kann Dir sagen, in meinem Falle wäre es pathologisch gewesen, normal zu bleiben.*

RENÉ: *Das ist grandios gekontert.*

'WARHOL': **Urplötzlich hatte ich mich entschieden, jetzt ist es genug, jetzt reicht's. Natürlich halten Dich diese Leute für pathologisch. Wenn einer sagt ›Scheiße zu Scheiße‹, weil er diese Grippe hat. Aber mir war es mit einem Male genug. Ich war oft so, ich konnte mich in Sekunden völlig verändern.**
Aber andererseits war ich immer in Verbindung mit der Quelle dieser Veränderung. Vielleicht war es der Oppositionsgeist in mir, der sich ständig durchsetzen wollte. Du weißt ja, was es mit den Gegensätzen auf sich hat.
Ist es nicht völlig normal, daß Künstler ein bißchen verrückt sind? Wie könnten sie sonst künstlerisch tätig sein? Nur sie haben diesen tiefen Blick ins Leben, ich hab' schon darüber gesprochen. Es ist diese spezielle Schau der Dinge, die auch den Blick der Leute auf die Dinge verändert. Wenn die Menschen den Blickwinkel des Künstlers übernehmen, verändern sie ihre Sinneswahrnehmung und ihre Erfahrung der Welt. Ein Künstler mischt sich eben in die Erfahrung der Welt ein.

RENÉ: *Ich versteh' Dich, das hast Du toll gesagt.*

'WARHOL': **Ich hoffte, daß Du daran interessiert bist.**

RENÉ: *Total. Hmm. - Möglicherweise ist der Weg, wie wir im Designen dieses Buches kooperieren können, folgender: Ich sammle genügend Fotos unserer Gäste, und nachher besprechen wir gemeinsam, wie wir die einzelnen Häupter warholisieren können. Ist das eine Idee?*

'WARHOL': **Yeah, warum nicht.**

RENÉ: *Es geht mir primär um jene Köpfe, die Du noch nicht mit Deinem Blick beehrt hast. Zum Beispiel, glaub' ich zumindest, hast Du Chruschtschow nicht porträtiert. Ich kenn' Deine Arbeit an Marilyn, an Mao Tse Tung und einigen anderen. Wir werden übrigens auch mit Mao zu sprechen versuchen. Hast Du ihn damals eigentlich direkt getroffen?*

'WARHOL': **Nein, nicht persönlich. Ich war auf Erden, und bin es immer noch, mehr daran interessiert, die Leute in meiner Kunst zu treffen, nicht als Person. Weil ich, wie ich schon sagte, einen anderen Blickwinkel brauche. Manchmal war ich auch zu scheu. Wenn die Leute zu tief in mein Leben drangen, zeigte ich oft auch bewußt die kalte Schulter. Das hat kaum jemand verstanden, wenn ich mich dann einfach zugemacht habe.**

RENÉ: *Ich glaube, 'Marilyn' hat irgendwie erwähnt, daß Du findest, den spirituellen Aspekt nicht genug in Deine Kunst eingebracht zu haben.*

'WARHOL': **Well, vielleicht dachte ich kurz so. Heute seh' ich die Spiritualität in allem und überall. Ich hatte sie nicht herausgeschält, aber ich machte mir mein eigenes Bild davon. Die Leute haben nicht begriffen, was ich bezweckte. Ich wollte ihren Geist verändern, das heißt, ihnen die Chance geben, sich selbst zu verändern. Ich wollte, daß sie etwas in sich erreichen, ihnen den Weg zu einer runderen Sicht über das ebnen, was tatsächlich zu sein scheint. Ist das nicht auch spirituell? Ich hab' mit dem Spirit gearbeitet, aber die meisten waren zu stupid, das zu begreifen. Kunst, die Dich erhebt, ist spirituell. So einfach ist es. Wo immer Du einen Spirit hineinbringst, geschieht eine Form von Schöpfung. Weißt Du, die Leute schaffen ihre Bilder von Gott nach ihrem eigenen Image. Das ist oftmals gar kein gesundes Image. Aber sie sollten zumindest wissen, daß sie selbst die Künstler sind, die diese Bilder kreieren. Wenn man fähig ist, von sich selbst, von seinem Spirit, ein Bild zu schaffen, und darüber nachzudenken - warum es Dein Bild ist, warum es Dir ähnlich sieht - dann wird man auch fähig, sein Bild zu einem neuen zu verändern und in diesem Prozeß sich selbst dabei zu ändern. Verändert Eure Bilder über Euch selbst. Kommt zu einem Schluß über das alte Bild und macht ein anderes daraus! Natürlich war es letztendlich meine Kunst und mein künstlerischer Blickwinkel, den ich zeigte und der sich zeigte. Ach Gott, ich bin es müde, darüber zu sprechen.**

RENÉ: *Ich versteh', aber ich glaub', Du verstehst auch, daß ich ein bißchen provokativ fragen muß.*

'WARHOL': **Es gibt so viele dumme Leute! Dumme Menschen wo man hinsieht! Viele, viele, viel zu viele dumme Leute.**

RENÉ: *Wem sagst Du das! Du kannst Dir nicht vorstellen, welche Schwierigkeiten wir mit unserer Arbeit haben.*

'WARHOL': **Die können sich nicht einmal vorstellen, daß ich mit meinem Körper einfach abgeschlossen hatte.**

RENÉ: *Hast Du schon Ideen für eine nächste Inkarnation?*

'WARHOL': **Ich würde gerne wieder ein Künstler sein. Aber so genau weiß ich das noch nicht. Ich glaube, ich sollte jetzt gehen.**

RENÉ: *Ja. Es war fein, mit Dir zusammenzusein. Es wär' schön, noch öfter mit Dir plauschen zu dürfen.*

120

'WARHOL': *Dankeschön. Good bye.*

RENÉ: *Bye, bye.*

Nach einigen Wochen haben wir versucht, das Image, welches 'Warhol' von Mira kreierte, fotografisch nachzustellen. Das Ergebnis sehen sie vielleicht in einer späteren Color-Edition.

'ANDY WARHOL'
2. Kontaktversuch, Protokoll vom 29.7.94
Kommunikation deutsch

Verschiedene Presseberichte und mein Blättern in Andys Biographie veranlaßten uns zu einem kurzen Zweitdialog. Die Kinder schliefen endlich und wir gingen ohne viel Vorbereitung an die Sache. Ich wollte mich betont kurz halten, da wir auch noch 'Jackie Onassis' wegen des für den nächsten Tag geplanten Filmtermins anzusprechen gedachten. Mister 'Warhol' war nach ein paar Minuten mit einem Grinsen zur Stelle.

RENÉ: *Hallo 'Andy'! Schön, daß Du so schnell kommst. Ein kleiner Nachtrag zu unserem Interview wäre noch notwendig, weil -*

'WARHOL' (unterbrechend): *Warte. Ich bin noch nicht sehr tief da.*

Ich geduldete mich noch ein paar Minuten.

RENÉ: *Geht's schon? - Also, ich probier's einfach mal. - Da ist zum einen die Frage wegen des Attentats von Valerie Solanas auf Dich*, die ich zu stellen vergessen hatte. Damals bist Du ja schon fast drüben gewesen. Welche Auswirkungen hat denn das auf deine Psyche gehabt?*

'WARHOL': *Zuerst war ich bewußtlos geworden, dann hatte ich einen Schock. Und ich glaube, es ist ein Mißtrauen geblieben.*

RENÉ: *Ein Mißtrauen wogegen?*

'WARHOL': *Gegenüber dem Menschen. Ich fand ihn bestialischer als ein Tier. Denn aus welchem Motiv sie auch immer gearbeitet hatte, ich hatte ihr doch persönlich nichts getan. Ich weiß nicht, ob das im Tier-*

---

* 1968 streckte die angebliche Feministin Warhol mit mehreren Schüssen zu Boden. Sie wurde verurteilt und der Psychiatrie übergeben.

reich generell so ist, aber normalerweise gibt es so etwas wie Intrige dort nicht. Ich habe mich dann auch mit dem Versteckspiel der Psyche auseinanderzusetzen begonnen, mit unbewußten Motiven und Trieben. Aber ich bin nicht sehr weit damit gekommen.

RENÉ: *Andy, da ist noch eine andere Sache, die derzeit viel durch die Presse geht. Du hast ja sehr gut verdient und einen Haufen Geld hinterlassen. Allerdings hast Du anscheinend kein sehr konkretes Testament aufgestellt, Jetzt streiten sich verschiedene Leute vor Gericht über Deinen Besitz. Ich hätte gern, daß Du das ein bißchen kommentierst. Vielleicht sagst Du jetzt, wie damit in Deinem Sinne umzugehen wäre. Das wird zwar kaum jemanden kümmern, aber interessant wär' Deine Meinung trotzdem.*

'WARHOL': ***Diese Streiterei amüsiert mich. Das ist es, was mir am ehesten dazu einfällt.***

RENÉ: *Tut es Dir leid, kein klares Testament hinterlassen zu haben?*

'WARHOL' (amüsiert): ***Dieses Geld hatte mich eine Weile glücklich gemacht, aber es fehlt mir jetzt nicht im geringsten.***

RENÉ: *Welchen Zwecken würdest Du es heute widmen?*

'WARHOL': ***Ich hätte es in für mich ungewöhnliche Projekte stecken sollen. Vielleicht in ein Kinderdorf.***

RENÉ: *Okay, aber das kostet nicht so viel. Es geht ja um weit mehr als 500 Millionen Dollar! Was schlägst Du vor, daß Deine Nachlaßverwalter mit dem Rest tun sollten?*

'WARHOL': ***Es in verschiedenen sozialen Richtungen gerecht verteilen.***

RENÉ: *Soviel ich las, hast Du vage formuliert Deine Erben beauftragt, daß die visuellen Künste gefördert werden sollen. Das ist eine sehr diffuse Mitteilung.*

'WARHOL': ***Ja, stimmt. Inzwischen meine ich, daß soziale Dinge wichtiger sind. Aber das ist eine zu späte Ansichtssache.***

RENÉ: *Okay. - Übrigens, es tut mir leid, da0 unsere graphische Kooperation derzeit nicht realisiert werden kann. Unser Buch ist aufgrund einiger Interviews gefährdet beschlagnahmt zu werden, weshalb ein Farbdruck dem Verlag zu riskant ist.*

'WARHOL': *Solche Angriffe wären ja lächerlich. Wer sollte denn das tun?*

RENÉ: *Der Urbeberrechtsanwalt meinte im speziellen das ....-Interview. Aber es könnte auch sein, daß andere Erbrechtsnachfolger gegen uns schießen. Vielleicht, weil wir mit Herrn .... ein Gespräch geführt haben, auch mit den Verwaltern von .... ist, wie wir hörten, nicht gut Kirschen essen. Dann wäre da noch der ...., der dagegen sein könnte, aber Englisch kommt das Buch ja erst später heraus.*

'WARHOL': *Dann solltet Ihr irgendwann eine Kunstband-Version davon herausbringen.*

RENÉ: *Ja, vielleicht läßt sich das mal realisieren. - Das war eigentlich alles, was ich noch an Fragen anhängen wollte. Möchtest Du -*

'WARHOL' (unterbrechend): *Ihr werdet schon ein Lösung finden.*

RENÉ: *Ich denk' schon. Du wirst es ja mitverfolgen können, wie es weiter geht. - Dann dank' ich Dir für Dein Kommen und bitte Dich, uns den Rest der Dialogenergie für 'Jackie Kennedy' zu überlassen.*

'Warhol' begann mit der Hand in Miras Auge zu reiben. Ich wußte nicht recht, was los war.

'WARHOL': *Es ist eine Wimper im Auge.*

RENÉ: *Oh, das ist schlecht.*

'WARHOL': *Ja, sehr. Es schmerzt.*

Mira war in ernster Gefahr aus der Trance zu kippen. Aber schließlich löste sich der Fremdkörper.

RENÉ: *Also dann ciao, 'Andy'.*

'WARHOL': *Schlaf' gut.*

Kurze Pause.

RENÉ (zu Miras höherem Selbst): *Vielleicht kann uns Roberto, der sicher irgendwo im Hintergrund ist, kurz behilflich sein, ein Gespräch mit 'Jacqueline Kennedy-Onassis' einzufädeln.*

123

Den weiteren Verlauf dieses mitternächtlichen Dialogs und die Konversation mit 'Jackie', der VIP-Lady der ›Yellow Press', finden Sie ab Seite 75.
Wir werden versuchen, die Adressen der Warhol-Nachlaßverwalter und seiner nächsten Verwandten herauszufinden und ihnen nach Übersetzung ins Englische 'Andys' Kommentare zukommen zu lassen. Es wird zwar nichts ändern, aber die Reaktion der Leute an sich wäre ja auch interessant.

vormals
›möglicherweise‹
WALT DISNEY
amerikanischer Trickfilmzeichner
5.12.1901 - 15.12.1966

Kontaktversuchs-Protokoll vom 25.5.94
Kommunikation englisch

Wir hatten in dieser Sitzung wegen eines Wehwehchens Miras zuvor schon ein kurzes Gespräch mit unserem jenseitigen Hausarzt Dr. Rabe geführt und danach eine private Konsultation für einen Freund abgehalten. Es war deshalb nur noch wenig mediale Energie für einen kürzeren Small Talk übrig. Dennoch wollte ich in dieser Session noch einen Direktkontakt mit 'Walt Disney' versuchen, um zu testen, ob Berühmtheiten, wenn wir sie einfach rufen, auch zu uns kommen würden. Dies war ja der allererste Versuch nachdem konkrete Gedanken an dieses Buchprojekt in uns aufkamen.

Mira war nun bereits in Trance, so veränderte ich versuchsweise nur ihre Empfangsfrequenz, indem ich ein paar Disney Comic-Hefte und das Disneys-Jungelbuch-Video unserer Kinder als Repräsentanten der Disney-Schwingung auf ihren Schoß legte. Für mich selbst schlug ich eine Taschenbuchbiographie Disneys auf, um mich mittels seines Photos auf ihn einzustimmen. Ich fühle mich wohler, wenn ich neue unsichtbare Gesprächspartner wenigstens auf einer Abbildung vor mir sehe.

RENÉ: *Nun möchten wir mit 'Walt Disney', dem Comic-Zeichner und Cartoon-Filmer Kontakt aufnehmen. (laut) Wir rufen 'Walt Disney'! - Wenn die Möglichkeit besteht, mit ihm -*

Unverhofft wurde ich via Mira von einem aufgebrachten Jenseitigen mit hoher kreischender Stimme unterbrochen.

ZWISCHENRUFER: *Mit wievielen Leuten willst Du Kerl denn gar sprechen an einem Tag?*

RENÉ: *Oh! Also das kommt darauf an, wie -*

ZWISCHENRUFER: *Vielleicht wäre Dir eine Art Mikro-Taxi recht, um damit herumzugeistern und die Leute zu attackieren, hah?*

RENÉ: *Wer spricht denn da?*

ZWISCHENRUFER: *Ich bin's - Donald Duck! Jaaah. Was geht hier vor?*

RENÉ: *Wer auch immer Sie sind, würden Sie sich bitte seriös vorstellen.*

ZWISCHENRUFER: *Ich weiß nicht, wer ich bin. Ich hab' meine Brille vergessen.*

Ich rätselte, wie ich mit der schrägen Situation umgehen sollte, als sich mir eine Vermutung aufdrängte.

RENÉ: *Hmmm? Könnte ich bitte Deinen Vater sprechen?*

'DISNEY': **Ich bin es wirklich, obwohl ich Dir jetzt alles mögliche erzählen könnte. Aber Scherz beiseite, Späße machen es einem doch leichter in der Welt. Wenn Du es lustig bringst, kannst Du den Menschen die grausamsten Geschichten nahebringen. Mit Humor kannst Du Situationen im Nu verändern. Etwas todernst und trocken zu erzählen, macht daraus eine ganz andere Story. Ist es nicht so?**

RENÉ: *Hallo, Mister 'Disney'. Also, dem stimme ich voll zu. Wenn es unsere Zeit und Energie noch erlaubt, würde ich mit Ihnen gerne ein kurzes Interview machen.*

'DISNEY': **Oh, ich dachte schon einen Film.**

RENÉ: *Das vielleicht später. Eins nach dem anderen. Derzeit ist es unsere Idee, eine Gruppe im Jenseits versammelter Prominenter über ihre -*

‚DISNEY' (unterbrechend): **Es muß unbedingt ein neuer Film mit fliegenden Mäusen und vielen anderen fliegenden Tierleins gemacht werden. Die Leute möchten heute etwas fliegen sehen! Es muß für die Menschen erhebend sein, ganz bildlich gesprochen. Die Menschen müssen erhoben werden, mit erhebendem Stoff! Aufstehen, anheben, abheben!**

RENÉ: *Gut. Also, alles soll abheben?*

'DISNEY': *Nicht alles. Aber die meisten Menschen und Tiere kleben immer ganz unten auf der Erde. Wenn die Leute dann auf einmal alles fliegen sehen und diese viele Freiheit genießen lernen, das bringt sie auf andere Gedanken, in eine andere Schwingung, in eine andere Welt. Und diese anderen Sphären dringen dann auch stückchenweise in ihre vertrocknete Welt vor.*

RENÉ: *Es gibt doch schon Dumbo, ihren fliegenden Elefanten?*

'DISNEY': *Okay, das war eine große Sache, aber der war allein und deshalb nicht der ganz große Erfolg. Du mußt wissen, die Menschen sehnen sich nach diesem Familienstoff mit den Beziehungen untereinander. Die meisten sind selbst so leer, daß sie diese Konflikte und Lösungen unbedingt brauchen. Sie müssen ihren eigenen Charakter samt den schlechten Seiten gespiegelt bekommen und auch die verschiedensten Gesichter ihrer Verwandten müssen sie in den anderen Figuren finden.*
Ich sage Dir, wenn Du nicht etwas wirklich Neues machst, wird es nicht so überaus erfolgreich sein. Aber wenn Du in die Luft gehst, oh Gott, das könnte ein echt großer Knüller werden.
Schau doch, schließlich gingen meine Leute sogar unters Wasser. Arielle war ein großer Erfolg, mein Gott, aber wir sind nicht fürs Unterwasserleben geboren. Im eigenen Element zu sein, das ist es, und deswegen heißt es in Zukunft, sich in die Lüfte zu schwingen.

'Disney' sprach sehr schnell, ja fast hektisch und war von seinen Ideen offensichtlich endlos begeistert.

RENÉ: *Nun, Sie könnten uns ja das Script für solch einen Trickfilm übermitteln.*

'DISNEY': *Genau. Ja, warum nicht. Das wäre wirklich eine gute Sache.*

RENÉ: *Aber das ist noch Zukunftsmusik. Zuerst möchten wir Sie zehn Fragen, die wir all unseren Gästen neuerdings stellen, beantworten lassen.*

'DISNEY': *Pfffffffffff. Ist das ein Test?*

RENÉ: *Nein, ist es keiner. Wir schreiben ein Buch über die Berühmtheiten im Jenseits, und da dürfen Sie doch nicht fehlen. Wenn's erlaubt ist, möchte ich gleich beginnen und von Ihnen beschrieben bekommen, wie Sie Ihr Hinübergleiten in die andere Welt erlebt haben?*

128

'DISNEY': *Huuuuch, ich weiß es nicht. Das weiß ich wirklich nicht. Ich hab' doch schon vorher komplett mein Bewußtsein verloren.*

RENÉ: *Ganz total?*

'DISNEY': *Yeah. Ich stand ja unter Drogenmedizin. Sie dämpften meine starken Schmerzen wegen der kranken Lungen.*

RENÉ: *Und wie war dann Ihr Aufwachen im Jenseits?*

'DISNEY': *Ich erwachte sehr langsam. Es war ein Schock, als ich schließlich herausfand, daß ich war, wo ich zuvor noch nicht gewesen war. Well, ich konnte meinen toten Körper sehen und auch die Leute rundherum. Meine Familie war da und der Mann, der mich immer bediente. Ein süßer Mann, er hat wirklich geweint.*

RENÉ: *Wo war das?*

'DISNEY': *Ganz in der Nähe, wo ich meine Arbeit machte. Meine liebe Güte, ich hab' ein ganz gutes Alter erreicht.*

RENÉ: *Und das Jenseits, können Sie es uns beschreiben?*

'DISNEY': *Well, ich kann's nicht mit Worten beschreiben. Es war erstaunlich, irgendwie als ob Du in der Sonne liegst. Ich hörte süße Töne und himmlische Musik. Mein Herz sprang wie wild vor so viel Liebe, Energie und Licht.*

RENÉ: *Gab es einen signifikanten Wechsel im Bewußtsein?*

'DISNEY': *Oh, Ich war immer noch der gleiche, aber ich war nicht mehr so depressiv. Ich hatte keine physischen Schmerzen mehr und konnte mich ganz leicht überall hinbewegen. Und ich fühlte mich keine Sekunde lang allein, obwohl vorerst gar keine Wesen um mich waren. Da war nur ein Meer von Licht und Liebe. Es ist ein ganz schön dramatisches Gefühl im Herzen, sich so überaus geliebt zu fühlen. Das ist absolut unglaublich.*

RENÉ: *Warum waren Sie denn so depressiv zu Lebzeiten?*

'DISNEY': *Also, ich war tatsächlich eine sehr depressive Person. Ich hatte einen Tick, denn ich fühlte mich von mir selbst unterdrückt. Einige Charakterzüge von Onkel Donald sind doch meine eigenen. Ich versuchte*

*auch immer dringend, etwas zu tun und hinter irgendwas herzurennen.
Wann immer mir etwas in die Quere kam, ständig hatte ich Probleme, zu
mir selbst zu stehen. Das hat sich nach meinem Tod verändert.*

RENÉ: *Donald Duck ist doch gerade 60 geworden. Ist er eigentlich unsterblich?*

'DISNEY': *Haaah. Ja, es war meine Absicht, ihn durch alles und jedes
hindurchgehen zu lassen, ohne ihn jemals wirklich verletzt oder zer-
stört zu sehen. Aber dafür ließ ich ihn auch oft den Dummkopf sein, der
niedergeschlagen ist und in jedes erdenkliche Fettnäpfchen tritt. Allright,
er ist ein Trottel, aber immer in einer Weise, daß man ihn samt seinen
Freunden irgendwie trotzdem gern haben muß.
Wie ich schon zuvor sagte, es sind immer die Beziehungen zwischen
den Leuten, die wichtig sind, um zu heilen und das Vertrauen wiederzufinden, das wir alle verloren haben.*

,RENÉ: *Wer sind denn jetzt die engsten Freunde um Sie herum?*

'DISNEY': *Oh, ich bin in Gesellschaft verschiedenster Menschen, aber
ich ziehe vor, das für mich zu behalten. Da ist eine wundervolle Frau
in meiner Nähe, wir lieben uns und leben hier wie ein Paar zusammen.
Ich möchte ihren Namen nicht nennen.*

RENÉ: *Offensichtlich eine bekannte Dame. Aber ich kann meine Neugier
beherrschen. - Mister 'Disney', wenn Sie einen Blick in den Rückspiegel wagen, zurück in Ihr allerletztes Leben, was sehen Sie zuerst an Positivem und
Negativem vor Ihrem Auge auftauchen?*

'DISNEY': *Ich sehe, daß ich in der Welt mit meiner Arbeit eine Menge
verändern konnte. Ohne meine Figuren würde irgend etwas vermißt
werden, ist es nicht so? Da steh' ich dahinter. Natürlich gab es auch
Grausamkeit in meinen Filmen, aber ich lieferte den Kids auch die
Substanz, um daran zu arbeiten und bot ihnen auch Lösungen an.
Ich liebe die Kinder über alles. Und ich sah auch in den Erwachsenen
mehr das Kind. Wir sind doch alle Kinder. Und da gab es eben diese
Möglichkeiten mit der schwarzen Box und all den Figuren, die meinen
Geist bevölkerten, um von mir ihr Leben zu erhalten. Sie wurden alle-
samt zu einem lustigem Abbild von den Leuten um mich und dem, was
sich rundherum abspielte.*

RENÉ: *Welche Ihrer Figuren mögen Sie denn am meisten?*

'DISNEY': *Oh, natürlich die Beauty Queen, Miss Daisy Duck.*

RENÉ: *Können Sie auch einen größeren Minuspunkt Ihres letzten Lebens sehen, den Sie vielleicht erwähnen möchten?*

'DISNEY': **Oh, yeah. Es gab einige ganz furchtbare Kämpfe wegen der Moneten. Oh Gott, wie mich das krank machte.**

RENÉ: *Wem sagen Sie das. - Mister 'Disney', die Menschen wollen immer große Geheimnisse erfahren. Gibt es eines, das Sie jetzt lüften wollen, vielleicht Ihr letztes Leben betreffend? Gibt es irgend etwas, das Sie vor dem Publikum geheim gehalten haben?*

'DISNEY': **Jetzt kann ich es ja sagen, ich glaube, ich wurde bis zu meinem Tod nicht erwachsen. Ich hab' auch eine Menge Zuckerl gelutscht.**

RENÉ: *Und hoffentlich genug Zähne geputzt! - Sind Ihnen auch persönliche Leben vor dem Disney-Leben bekannt? Welches war das bisher allerwichtigste in der Perlenkette Ihrer Leben?*

'DISNEY': **Oh, Du wirst mir ja nicht glauben, daß ich Donald Duck war. Well, mein Leben, das ich gerade beendete, war sicher mein bislang wichtigstes. Ich war sehr arm, bevor ich an das richtige Geld kam. Ich durchlebte eine Menge Härten. Sie waren es, die mich so kreativ machten und mir diese spezielle Art des Ausdrucks verliehen.**
Ich kenne keine weltberühmteren Taten meinerseits, als die aus diesem Leben. Du kannst doch sogar noch an der Grenze zum Dschungel ein paar Donald Ducks auftreiben. Allright? ich werde doch mehr gelesen wie die Bibel! Ist doch so.

RENÉ: *Denken Sie an eine eventuelle Wiedergeburt?*

'DISNEY': **Derzeit nicht. Diese Zeiten sind mir nicht lustig genug.**

RENÉ: *Wenn es aber doch lustig würde, welche Art von Inkarnation würde Ihnen behagen?*

'DISNEY': **Nun, vielleicht als schöne Frau, vielgeliebt und gut abgesichert.**

RENÉ: *Gibt es etwas Wichtiges, das Sie Ihrem Publikum von Ihrem jetzigen Bewußtseinslevel aus übermitteln wollen?*

'DISNEY': **Well, laßt doch Eure eigenen Figuren auferstehen! Laßt sie sprechen und tanzen. Laßt sie ihre eigene Welt kreieren und Ihr werdet von ihnen geheilt werden. - Wie wär's mit einem Film mit schwebenden**

Füchsen? Was auch immer, wir müssen herausfinden, welche arche-typischen Reaktionen der Stoff sind, den die Menschen gerade am nötig-sten brauchen.

RENÉ: *Okay, wir werden darüber nachdenken und vielleicht Herrn 'Jung' dazu interviewen. Eine letzte Frage noch, Herr 'Disney': Wie war oder ist Ihre jetzige Erfahrung von Gott?*

'DISNEY': *Oh, also ich würde sagen, Gott ist die Kehrseite der Depression. Gott ist einfach die Liebe.*

RENÉ: *Wenn Sie Ihr Gottesbild optisch darstellen sollten, wie würden Sie es zeichnen?*

'DISNEY': *Ich weiß nicht, ob ich das jemals könnte. In Relation zu meiner Erfahrung würde doch alles wie ein Scherz aussehen. Ich könnte immer nur einen kleinen Teil abbilden. Mein Gott, ich glaube nicht, daß es so gut ist, sich ein Bild von Gott zu machen.*

RENÉ: *Herzlichen Dank, das waren alle meine Fragen. Es war sehr lustig und interessant mit Ihnen.*

'DISNEY': *Ich bin dafür offen, etwas wirklich Nettes miteinander zu ent-wickeln.*

RENÉ: *Okay, wir auch. Wie wär's, wenn Sie sich über ein Script Gedanken machen würden? Wir stehen in Kontakt mit einem Hollywood-Produzenten und werden schauen, was sich machen läßt.*

'DISNEY': *Yeah. Es sollte ein total neuer Stoff sein. Etwas, das rund um die Welt geht.*

RENÉ: *Sollen wir mit Ihrer alten Company Kontakt aufnehmen?*

'DISNEY': *No, no. Mit neuen Sachen sollte man auch neu beginnen. Es ist nicht notwendig, meinen Namen zu verwenden. Denkt über die Bedürfnisse der Leute nach und laßt die Inspiration kommen. Wenn Ihr versucht, die Wünsche der Menschen mit dem Herzen zu verstehen und nicht darüber urteilt, dann könnt Ihr definitiv erfolgreich werden. Das ist mein Ratschlag für Euch persönlich. Good byeeeeeee.*

RENÉ: *Danke, bye, bye und bis bald.*

vormals
›möglicherweise‹
LOUIS ARMSTRONG
amerikanischer Jazzmusiker
5.8.1901 - 6.7.1971

Kontaktversuchs-Protokoll vom 6.6.94
Kommunikation englisch

Der Einstieg in diese Trance-Sitzung mit 'Satchmo' dauerte etwas länger als die üblichen fünf bis zehn Minuten. Auf Miras Antlitz war schließlich doch kurz ein Gesichtszug bemerkbar, der mich irgendwie an das Foto Armstrongs in unserem Personenlexikon erinnerte, welches wir zur Einstimmung betrachteten. Ich begann den Dialog einfach versuchsweise.

RENÉ: *'Satchmo', bist Du es?*

MIRA: *Nein, aber sie haben ihn gerade zu zweit hereingeschleppt. Er hat sich gewehrt und seine Kulleraugen so hinaufgedreht und fast geschrien,* ›**Was soll ich denn da?**‹. *Er fühlt sich aber offensichtlich gar nicht recht wohl dabei.*

RENÉ: *Wer hat ihn denn hergeschleppt?*

MIRA: *Ja, zwei so Typen. Ich weiß auch nicht.*

RENÉ: *Und ist er jetzt da?*

MIRA: *Ja, ganz scheu tut er.*

RENÉ: *Herr 'Armstrong', kommen Sie doch bitte näher. Wir beißen nicht.*

MIRA: *Er winkt ab.* ›**Das ist ihm zu unheimlich**‹, *sagt er.* ›**Ich will nicht sprechen. Ich bin nicht in der Verfassung zu sprechen**‹, *wiederholt er noch ein paar Mal.*

RENÉ: *Es sind doch nur ein halbes Dutzend Fragen, Herr 'Armstrong'.*

MIRA: ›*Ich bin kein guter Sprecher*‹, *flüstert er mir ins Ohr.*

RENÉ: *Oh, das macht nichts. Wir machen nur ein klitzekleines Interview. Es tut nicht weh.*

MIRA: *Er sagt:* ›*er hat im Reden sehr schlechte Noten in der Schule gehabt. Und sein Englisch war auch ganz schlecht*‹.

RENÉ: *Das ist kein Problem, unser Englisch ist auch eher mäßig.*

MIRA: ›*Gottseidank muß er nichts vorrechnen*‹, *sagt er jetzt,* ›*sonst wär' es noch schlimmer*‹. *Er wischt sich den Schweiß von der Stirn und wimmert fast:* ›*Ich weiß gar nicht, was ich sagen soll*‹.

RENÉ: *Wir möchten nur wissen, wie Sie Ihren Tod und den Weg ins Jenseits erlebt haben.*

MIRA: *Er sagt,* ›*Ich bin noch immer dabei, den Weg zu gehen*‹. *Er schwitzt und fuchtelt herum.* ›*Ich hab' Schwierigkeiten, meinen Tod anzunehmen, diese große Veränderung seither*‹.

RENÉ: *Willst Du noch immer auf unserer Seite hier leben?*

MIRA: *Er sagt,* ›*Es ist mir zuwenig, daß jetzt hier die Engel meinem Sound lauschen*‹.

RENÉ: *Deine Trompete spielst Du also noch immer?*

'ARMSTRONG': **Und wenn nicht, dann schläft sie neben mir.**

RENÉ: *Erzähl' uns doch ein bißchen mehr von Dir.*

'ARMSTRONG': **Ich genieß' es, jetzt so faul sein zu können.**

RENÉ: *Hast Du jemals zuvor mediale Kontakte genutzt? Ich meine, hast Du schon durch noch lebende, menschliche Medien von drüben aus kommuniziert?*

'ARMSTRONG': **Nein. - Doch, in der Pause einer Musiksession, jetzt erinnere ich mich.**

RENÉ: *Wo war das?*

'ARMSTRONG': *Das weiß ich nicht mehr. In einer Art Kino.*

RENÉ: *Ich kenne ein unbewußtes Medium, durch das Du in Los Angeles auf einem Konzert gesungen hast, zumindest hatte man den starken Eindruck, daß Du es warst. Weißt Du davon?*

'ARMSTRONG': *Hmmm, schwer zu sagen. Auf der unbewußten Ebene gehen viele Dinge vor, da ist so ziemlich alles möglich. Man kann den Leuten etwas vormachen, aber sie auch im Bewußtsein anheben, indem man ihnen Eindrücke liefert, welch' unglaubliche Dinge man tun kann. Es ist wunderbar. Ich meine, ich war dort nicht auf der Bühne. Aber ich weiß, daß es so etwas gibt. Ich seh' es im Mind des Kanals. Es ist mehr, als ob einen jemand kopiert.*

RENÉ: *Könnte man sagen, dieses Medium hat sich an Deine Frequenz angeschlossen, um Dich gewissermaßen zu 'doubeln'.*

'ARMSTRONG': *Oh, in Trance ist so etwas sicher möglich.*

RENÉ: *Okay. Und wie sieht das Jenseits für Dich aus, jetzt gerade?*

'ARMSTRONG': *Ich sitze hier am Boden einer großen Theaterhalle. Das ist ein Raum, der extra für uns jetzt existiert.*

RENÉ: *Sind Freunde mit Dir drüben?*

'ARMSTRONG': *Ja, ja.*

RENÉ: *Wenn Du geistig in Dein letztes Leben zurückgehst, welche Erinnerungen tauchen Dir zuerst auf?*

'ARMSTRONG': *Als kleines Kind hatte ich ziemliche Troubles wegen meines Vaters. Ich glaube, daran leide ich immer noch. Das war nicht gut für mein Wesen. Da ist viel Traurigkeit entstanden.*

RENÉ: *Und was ist Deine schönste Erinnerung?*

'ARMSTRONG': *Oh, meine Frau!*

RENÉ: *Ist sie auch bei Dir drüben?*

'ARMSTRONG': *Ja, - manchmal. Sie liebt Ihre Freiheit über alles. Nach ihrem Tod sagte sie zu mir: ›So, nur bis zum Tod waren wir verheiratet.‹*

Ich war so überrascht, denn sie war mir eine wirklich treue Frau. Ich meine, sie war treuer vor dem Tod, und ich bin es mehr seither. Yeah, aber so ist es manchmal mit den Frauen. Sie schauen so gut aus, aber sie haben immer ein Geheimnis. Du kannst sie niemals einfangen, obwohl sie Dir das Gefühl geben, sich haben fangen zu lassen.

Ich weiß, die Frauen sind sehr praktisch veranlagt, aber eigentlich sind wir Männer manchmal viel treuer als sie. Aber meine Illusion war wichtig für mich, vielleicht um mich als nützliches Wesen zu fühlen und gemeinsam was auf den Kopf stellen zu können. Wenn sie allein ausgehen, die Frauen, dann fliegen sie zuerst herum, und dann fliegen sie weg. Ist es nicht so?

Kannst Du Dir das ausmalen, sie hat sich vor mich hingestellt und gesagt: ›Bist Du sicher, daß Du noch immer mit mir zusammen sein willst?‹. Sag' ich zu ihr darauf: ›Natürlich, wieso denn nicht?‹. Sie sagt: ›Wir sind doch jetzt tote Leute!‹. Ha, ha, ha, aber das ist nicht zum Lachen. Wir haben eine Menge gestritten und ich bin nervös geworden, aber ich hab' nicht geglaubt, daß sie so weit gehen würde. Sagt sie doch zu mir: ›Ich bin ein Realist, und das mußt Du akzeptieren. Ich war mit Dir verheiratet »bis daß der Tod euch scheidet!« Ich fühl' mich nicht mehr als Deine Frau‹. Ist das die Möglichkeit!

O Gott! Darauf erklär ich ihr, daß die Ehe von Gott geschaffen wurde, und daß Ehen doch im Himmel geschlossen werden. Aber sie wird aufmüpfig und sagt: ›Haben wir im Himmel geheiratet oder war es auf Erden, ha?‹ Mein Gott, sie konnte auch nach dem Tod nicht aufhören, mit mir zu streiten. Ich sag' noch: ›Geh' doch hin, wo der Himmel ist!‹, und weg flog der Vogel. - Aber ich lieb' sie doch!

RENÉ: *Du hast doch jetzt auch diese Freiheit.*

'ARMSTRONG': *Ach Mann, ich fühl' mich so einsam ohne sie. Als wir noch verheiratet waren, dachte ich manchmal: ›Oh Gott, hilf mir, ich mag nicht mehr mit ihr sein.‹ Aber jetzt, wo sie ausgeflogen ist - weißt Du, ich merke, daß ich richtig eifersüchtig bin.*

Ich kann's nicht glauben. Diese Frauen sind derart praktisch, die arrangieren ihr Leben selbst! Und ich dachte immer, nur die Männer hätten das zu tun. Aber nein, meine Frau tut es auch. Es ist unfaßbar.

RENÉ: *Du brauchtest doch nur ein Konzert anzusetzen, und eine Menge schöner Frauen werden kommen.*

'ARMSTRONG': *Oh, Ich dachte, du sagst: ›Dann wird sie wiederkommen‹.*

RENÉ: *Ja, vielleicht kommt sie auch. Da mußt Du aber schon einen neuen Song für sie schreiben.*

'ARMSTRONG': **Hmm. Ich weiß nicht, was das ist, aber ich vermisse sie unendlich.**

RENÉ: *Wir sollten jetzt doch unser Interview beginnen. 'Satchmo', was ist denn das Geheimnis Deiner Musik? Möchtest Du darüber reden?*

'ARMSTRONG': **Oh, das ist die Magie der Liebe. Ich liebe die Musik so sehr, daß sich diese Liebe durch sie zeigen konnte, ich meine diese Schöpferkraft. Ich hab' niemals darüber nachgedacht, wie schön meine Musik ist, ich hab' es einfach geliebt, sie zu spielen. Vielleicht, weil ich gar nicht am Effekt interessiert war. Mir war egal, was hinten nachkommt und wie die Leute reagieren würden. Ich habe es nicht berechnet, so hab' ich nicht gedacht. Ich hab' es einfach geliebt zu spielen. Ja, ich glaub', das ist es.**

RENÉ: *Vor einigen Tagen haben wir mit einem hinübergegangenen Guru namens 'Bhagwan' gesprochen. Der erzählte uns, daß er gern im nächsten Leben Saxophonist wäre. Wenn Du also Leute für eine neue Band brauchst, schule ihn doch ein bißchen ein.*

'ARMSTRONG': **Yeah. Oh, das würd' ich genießen.**

RENÉ: *Hast Du während Deines Erdenlebens an Reinkarnation geglaubt?*

'ARMSTRONG': **Jetzt glaub' ich daran. Ich hab' doch ins Jenseits inkarniert, oder?** (es schüttelte ihn vor Lachen) **Ich meine, ich weiß nun, daß ich immer noch lebe. Ich bin am Leben, und meine Frau ist davongeflogen. Das sind doch Fakten!**

RENÉ: *Kannst Du auch in Leben hineinsehen, die vor Deinem letzten liegen?*

'ARMSTRONG': **Nein. Was ich sehen kann ist meine Schwangerschaft, ich meine, ich seh' mich im Bauch meiner Mutter. Kurz nach meinem Tod war da eine Offenheit in meinem Geist, sodaß ich ein paar Szenen von vor der Entbindung hab' sehen können. Aber ich bin mir nicht sicher, ob es davor auch noch etwas gibt. Nur an das kann ich mich erinnern.**

RENÉ: *Und würdest Du gerne wiedergeboren werden?*

138

'ARMSTRONG': *Ehrlich, ich hab' keine Ahnung.*

RENÉ: *Sagen wir, Du müßtest wieder auf Erden kommen. Welche Art von Verkörperung würde Dir gefallen?*

'ARMSTRONG': *Ich bin so altmodisch, das kann ich gar nicht sagen. Da hab' ich gemischte Gefühle.*

RENÉ: *Wie erlebst Du denn diese Angelegenheit, die man Gott nennt, heutzutage? Oder was ist der Unterschied zu Deiner irdischen Gotteserfahrung?*

'ARMSTRONG': *Auf Erden war ich mehr von der Kirche und der Religion geprägt. Heute bin ich frei davon. Ich denke nicht wirklich über Gott nach, ich feiere mehr die Möglichkeiten der Liebe und des Lebens.*
Für mich gibt es keinen Grund, über Gott nachzudenken. Sicher, damals brauchte ich den Kirchengott, weil ich meine Schmerzen und Einschränkungen dadurch überstand. Heute brauch' ich ein Gebet nicht so sehr, ich kann ja die Hintergründe sehen. Ich mein', wenn sich einer verloren fühlt, dann muß er wo hingehen, um zu heulen oder zu beten. Solch ein Gefühl hab' ich nicht mehr.
Ich bin mehr zu mir selbst gekommen. Das heißt, ich spür' jetzt mehr, daß mein Bewußtsein die wichtigste Sache ist und nicht mehr so sehr das, was draußen vorgeht. - Abgesehen davon, daß ich meine Frau vermisse.

RENÉ: *'Satchmo', eine Menge Leute beten Deine Musik an. Hast Du eine Botschaft an Deine Fans?*

'ARMSTRONG': *Ich bin froh, daß meine Musik konserviert worden ist. Daß man sie immer hören kann und sie niemals verloren geht, das macht mich happy!*

RENÉ: *Ich selbst hatte zeitweise ein zweischneidiges Verhältnis mit Deinem song ›What a wonderful world‹. Da gibt es ja auch noch die nicht so wundervolle Seite der Welt. Dein Lied hat für mich immer etwas einseitig geklungen.*

'ARMSTRONG': *Aber es ist doch auch eine wunderbare Welt. Ich hab' nur nicht über ihren Schatten gesungen. Ich besang die Schönheit und das Gute in der Welt, das wir doch auch sehen und haben können. Es gibt doch ohnehin genug Troubles rundherum. Da ist es doch eine gute Idee, auf die sonnige Seite zu schauen.*

*Ich war doch wie ein Kind, und Kinder sind mehr auf das Schöne aus-
gerichtet. Aber auch die Phantasie wird erwachsen.*

RENÉ: *Möchtest Du neue Lieder für uns herüben schreiben? Am besten welche, die Du uns auch übermitteln könntest. Vielleicht zuerst nur den Text und
dann durch ein Musik-Medium die Melodie?*

'Satchmo' begann erstaunlicherweise gleich darauf direkt durch Mira zu singen, obwohl die Stimmbänder meiner Frau natürlich seine unverwechselba-
re Stimme nicht wiedergeben konnten.

'ARMSTRONG'(singend):

What a wonderful world,	*(Welch eine wunderbare Welt,*
what a wonderful heaven.	*welch ein wunderbarer Himmel.*
What a wonderful heaven	*Welch wunderbarer Himmel*
of a wonderful world.	*in einer wunderbaren Welt.*
What a wonderful heaven	*Welch wunderbarer Himmel*
which sings in my heart,	*der in meinem Herzen singt,*
what a wonderful world	*welch eine wunderbare Welt*
of the heaven as part.	*die Teil dieses Himmels ist.*
It's too hard to say,	*Es ist schwer zu sagen,*
where we next shall play,	*wo wir demnächst spielen,*
whether in the storm of the night	*ob im nächtlichen Sturm,*
where we have to fight,	*wo wir zu kämpfen haben,*
or in the realms of heaven	*oder in himmlischen Reichen,*
where everything is okay	*wo alles in Ordnung ist*
and we don't have to cry.	*und niemand weinen muß.*
What a wonderful heaven,	*Welch ein wunderbarer Himmel,*
what a wonderful world,	*welch eine wunderbare Welt.*
what a wonderful world	*Welch eine wunderbare Welt*
within that wonderful heaven.	*inmitten des wundervollen Himmels.*
Hmmmm, Hmmmm....	*Hmmmm, Hmmmm.....)*

RENÉ: *Applaus, Applaus.*

'ARMSTRONG': **Ich weiß nicht recht. Ist es wirklich gut?**

RENÉ: *Doch, doch, es war sehr gut für einen ersten Versuch. Vielleicht solltest Du mit dem Medium mehr trainieren? Du könntest Dir für unseren nächsten
Kontakt schon vorher etwas einstudieren.*

'ARMSTRONG': *Ich werd' drüber schlafen.*

RENÉ: *Okay. Nun, meine Fragen sind gestellt. Nein, eine noch, welche oder welchen Musikschaffenden verehrst Du nun drüben besonders? Gibt es welche, die wir auch kennen?*

'ARMSTRONG': *Leonard Bernstein und Karajan.*

RENÉ: *Hast Du die beiden schon getroffen?*

'ARMSTRONG': *Yeah.*

RENÉ: *Möchtest Du uns noch irgend etwas erzählen?*

'ARMSTRONG': *Ich bin nicht sehr kreativ aufgelegt, weil mir meine Frau so abgeht. Weißt Du, immer wenn mir zum Heulen war, konnte ich keine Musik machen. Das hing bei mir sehr von meinem Liebespegel ab, ob ich gute Musik machte. So war ich dazu gezwungen, ein Liebender zu sein.*

RENÉ: *Wenn wir Deine Frau zu einem Gespräch bitten und Dich dann dazu einladen, dann wärst Du wohl voll in Form, um zu jammen!*

'ARMSTRONG' (ein bißchen jammernd): *Oh, ich hoffe, sie vermißt mich auch. Warum sind Frauen bloß so grausam? Kannst Du mir das vielleicht sagen? Sie scheinen niemals zufrieden zu sein. Ist das nicht grausam?*

RENÉ: *Also, das ist eine ernste Frage. Wenn Du darauf eine Antwort gefunden hast, laß' sie mich auch wissen.*

'ARMSTRONG': *Sie sagen uns, wir seien Träumer. Ich aber sag' Dir, die träumen selber. Ich weiß einfach nicht, was ihr abgeht. Das ist eine sehr traurige Sache. Kann sich das einer vorstellen, nur weil wir tot sind, sollen wir nicht mehr verheiratet sein! Das schmerzt tief im Herzen drin. Vielleicht schreib' ich darüber einen sSng.*

RENÉ: *Das wär' eine gute Idee. Du könntest -*

Noch bevor ich ausprechen konnte, begann er schon wieder einen Song durch Miras Stimmbänder zu schicken:

'ARMSTRONG' (singend):

Don't tell me that	(Erzähl' mir nicht,
after death	daß wir nach dem Tode
we are no more married,	nicht mehr verheiratet sind,
please don't tell me that.	bitte erzähl' doch nicht so etwas.
I told you on earth	Ich sagte schon auf Erden,
that God made the marriage,	daß Gott die Ehe schuf und
marriage is made in heaven.	man Ehen im Himmel schließt..
I cannot believe	Ich kann nicht glauben,
that you're telling me now: ›I go‹.	daß Du nun sagst: ›Ich geh'‹.
That you say,	Daß Du sagst,
›we have been married,	›wir waren verheiratet
but now you're no more‹.	aber nun sind wir's nicht mehr‹.
Oh, the devil rides her,	Oh, sie reitet der Teufel,
it's the devil who rides on her.	es ist der Teufel, der auf ihr reitet.
Since we came into this new world,	Seit wir in diese neue Welt kamen
she is no more inside her.	ist sie nicht mehr sie selbst.
How can she tell me	Wie kann sie nur sagen,
that I am no more married ,	daß ich nicht mehr verheiratet bin,
that I am free?	daß ich jetzt frei bin?
Can you believe that	Kannst Du glauben,
such my wife said?	daß meine Frau so etwas sagt?
Can you believe me now why	Verstehst Du nun,
I all day long cry?	warum ich den ganzen Tage heule?
I am her husband,	Ich bin ihr Ehemann,
so how can she tell me,	also wie kann sie nur sagen,
that the priest said,	daß es des Priesters Worte waren,
›you should only be married till	›ihr sollt nur verheiratet sein bis zum
- death‹!	- Tod‹!)

RENÉ: Perfekt! Aber dieses Lied könnte Probleme schaffen. Was ist, wenn es ansteckend wirkt und auch andere Frauen auf dumme Gedanken bringt?

'ARMSTRONG': **Dann wär' ich wenigstens nicht mehr allein, mein Freund! Wir könnten dann gemeinsam als die ›Lonely Husbands‹ auftreten.**

RENÉ: Gut. Allerdings hab''ich schon zu viele andere Sachen vor. Wir machen Grafiken mit 'Warhol', Filmscripts mit 'Disney' und 'Renoir' und sonst eine Menge. Vielleicht sollten wir Deine Jenseitsstory verfilmen.

'ARMSTRONG': *Wenn es Filme ohne Frauen sind. Ich weiß nicht, warum sie nie zufrieden sein können. Sicher, sie hat gesagt, daß ich faul bin, daß ich nicht genug schaffe. Ich sag' Dir, was immer wir tun, man macht es ihnen nicht recht. Machst Du auch diese Erfahrung, mein Freund?*

RENÉ: *Oh, ich glaube, ich sollte Dich mit Herrn 'Jung' bekanntmachen. Du bist ein Fall für die Couch.*

'ARMSTRONG' (regelrecht heulend): *Ach, Ich bin nur so frustriert. Ich kann gar nicht glauben, daß man auch nach dem Tod noch an einer Beziehung leiden kann, aber es ist so. Ich dachte, nach dem Tod kommt die vollkommene Vereinigung. Aber nein, sie sagt: ›Aus. Wir sind jetzt tote Leute!‹ Ich kenn' mich nicht mehr aus.*

RENÉ: *Du brauchst eine Psychoanalyse. 'Carl Jung' ist in diesen Dingen der absolute Champion. Ich werd' für Dich um eine Konsultation anfragen.*

'ARMSTRONG': *Nein, ich will keine Therapie! Ich will traurig sein.*

RENÉ: *Ach, Du willst traurig sein? Ja, das ist etwas anderes.*

'ARMSTRONG': *Eine Therapie wird doch ihre Meinung auch nicht ändern. Dann bin ich doch nachher noch depressiver. Gott allein weiß, was mit mir passieren wird.*

RENÉ: *Am besten, Du gehst jetzt direkt zu 'Jung'. Sonst heulst Du uns noch die Bude voll.*

'ARMSTRONG': *Warum bin ich denn eigentlich hier? Ich glaub' wirklich, es ist besser, ich geh' jetzt. Ich hab' genug davon. Also, dann bye, bye.*

RENÉ: *Hoffentlich sehen wir uns ein andermal wieder, wenn's Dir besser geht. Was wirst Du denn jetzt machen?*

'ARMSTRONG': *Ich gebrauch' meine Trompete. Oh, was für eine grausame Welt! Good bye.*

RENÉ: *Sehen wir uns wieder?*

'ARMSTRONG': *Oh, ich weiß nicht. Vielleicht, wenn ich noch am Leben bin. Ich glaub', ich sterb' an meiner Seelenpein. Ich vermisse sie so, - that bitch!*

Er fluchte so drollig und herzlich, daß ich mich vor Lachen nicht mehr halten konnte. Er mußte schließlich mitlachen.

'ARMSTRONG': *Siehst Du, Sterben ist nicht nur eine Sache der Erdenmenschen. Du kannst auch hier herüben draufgehen.*

RENÉ: *Ist noch jemand da, der mit uns reden will? Kannst Du jemanden sehen?*

'ARMSTRONG': *Ich will niemanden sehen. Ich geh' jetzt.*

RENÉ: *Nun, dann mach's gut. Good bye.*

In Satchmos Biographie fanden sich nach kurzer Investigation die erlösenden Hinweise, nachdem uns sein intensives Gejammere wegen seiner Frau schon etwas seltsam überdreht erschien. Louis bezeichnete seine Lucille, mit der er fast dreißig Jahre verheiratet war, als ideale Partnerin. Sie bekochte ihn vorzüglichst und las ihm auch sonst jeden Wunsch von den Lippen. Sie hatte sich offensichtlich bis zu seinem Tod mit voller Hingabe seiner angenommen.

vormals
›möglicherweise‹
CHARLIE CHAPLIN
englischer Filmkomiker
16.4.1889 - 25.12.1977

Kontaktversuchs-Protokoll vom 30.5.94
Kommunikation deutsch / englisch

Dieser Dialog folgte auf das Gespräch mit 'Jules Verne', den ich ja gebeten hatte, uns zu helfen, Herrn 'Chaplin' herbeizuholen. Als zusätzliche Stütze nahm ich auch eine Art Bilderbuch über das Filmleben Chaplins zu Hilfe. Zwecks Miras Einfühlung in seine Schwingung schlug ich eine gute Aufnahme auf, die Charlie in hohem Alter zeigt, um sie meiner Frau zur psychometrischen Abtastung unter den Handballen zu schieben. Nach einer kurzen Meditation fing sie voller Heiterkeit hellauf zu lachen an und war fast nicht mehr zu bremsen. Es dauerte eine Weile bis sie in der Lage war, mir mitzuteilen, was vorging.

MIRA: *Der Dicke ist nämlich da und schiebt und schiebt und kriegt ihn nicht zu mir herüber, den 'Charlie'.*

RENÉ: *Und wer ist der Dicke?*

MIRA: *Wie heißt er denn? - Ja, Olly, der 'Oliver Hardy'. Der kleine 'Charlie' sagt zu ihm: ›Du warst doch immer der Skeptiker. Also warum willst Du mich jetzt da hinbekommen?‹ Sagt der 'Olly' darauf: ›Jetzt bin ich ja schon im Jenseits. Wozu soll ich denn da noch skeptisch sein‹. Der 'Stan Laurel' hängt hinten im Eck herum und heult bitterlich, ich weiß nicht, warum.*

RENÉ: *Sag' den Klamaukbrüdern, sie kommen später dran. Alle auf einmal geht nicht. Und sag' 'Stan', es gibt trotzdem keinen Grund zum Heulen!*

MIRA: *Jetzt watschelt der kleine Schmale her, tut seinen Hut herunter und sagt: ›**Darf ich mich vorstellen, ich bin Charlie der Große**‹.*

RENÉ: *Ich begrüße Sie, 'Charlie'.*

'CHAPLIN': *Nein, ›ich‹ begrüße Sie.*

RENÉ: *Ist akzeptiert. Sie scheinen nicht vorzuhaben, bald wieder in die dichte Welt gehen zu wollen, wenn Sie sich so zieren. Mister 'Chaplin', wir möchten Sie gerne mit einem runden Dutzend Fragen interviewen, die wir -*

MIRA (unterbrechend): *Er läßt sich nicht festhalten und dreht sich dauernd herum. Es ist mir fast unmöglich, daß ich seine Persönlichkeit erfassen kann.*

RENÉ: *Vielleicht kann uns Herr 'Chaplin' trotz seiner Pirouetten verraten, wie er seinen Übergang von hüben nach drüben abgewickelt hat?*

MIRA: *Er sagt: ›**Er hat es noch nie leiden können, Fragen gleich direkt zu beantworten**‹.*

RENÉ: *Dann möge er es doch indirekt tun. Er darf die Fragen auch selbst auswählen, wenn ihn das etwas gesprächiger macht. Herr 'Chaplin', wie war denn das nun?*

MIRA: *Er deutet herum und sagt: ›**er hat sich von oben, in einem Wagen liegend, treiben gesehen -***

Auf einmal schlägt die Sprache ins Englische um und 'Charlie' ist direkt in der Leitung.

'CHAPLIN': *Ich konnte den Schmerz, meinen Körper zurücklassen zu müssen, fast nicht ertragen. Es verängstigte mich unsagbar. Ich hatte das Gefühl, mein Bewußtsein wirklich und für immer zu verlieren. Und die Panik, irgendwie ohne meine Individualität zu sein, trieb mich ziemlich in den Wahnsinn. Ich hatte einen schweren, harten Kampf gegen den Tod geführt.*

RENÉ: *Und der endgültige Moment der Abreise, der Punkt ohne Wiederkehr, wie war der?*

'CHAPLIN': *Es ist, wie wenn Du die Zähne verloren hättest. Wenn es vorbei ist, ist es okay. Aber der Prozeß, bis es endlich geschehen ist, war sehr schmerzvoll für mich. Es war furchterregend, eine extreme und außergewöhnliche Erfahrung für mich. Ja, das war sie wirklich.*

RENÉ: *Und dann haben Sie herausgefunden, daß Sie Ihre Persönlichkeit in gewisser Weise ohnehin mitnehmen können?*

'CHAPLIN': *Ja, so war es. Ich fand einen tiefen Frieden, den ich mein ganzes Leben lang vermißte.*

RENÉ: *Und wie war der erste Eindruck vom sogenannten Jenseits?*

'CHAPLIN': **Zuerst hörte ich Stimmen, liebevolle Lieder und Gelächter. Dann, als ich meine Mutter sah, mußte ich weinen. Meinen Vater habe ich vorher nicht wirklich gekannt. Ich war ein einsames Kind, obwohl ich Geschwister hatte. Die waren viel älter als ich und ich konnte sie nicht ausstehen. Sie waren so tricky und ich mag tricksende Menschen nicht sehr. Die lösten in mir ein Gefühl von Unsicherheit aus und berührten mein Schamgefühl.**

RENÉ: *Wie hat sich sodann der Unterschied zwischen dem neuen und alten Bewußtsein dargestellt?*

'CHAPLIN': **Zu wissen, daß man nun ein unsichtbares Wesen ist, das machte den großen Unterschied. Niemand erkannte mich mehr, obwohl ich noch da war.**

RENÉ: *Haben Sie auf diese Weise Ihre noch lebenden Freunde besucht?*

'CHAPLIN': **Ich war auf vielen Parties, und an vielen Plätzen, wo sich die Menschen sammelten. Sie haben mich nicht einmal gefühlt. Ich hatte nicht gleich realisiert, daß ich auch ihre inneren Stimmen hören konnte, Anfangs war ich nicht viel sensitiver, als ich es auf Erden war. Da ich es nicht wußte, hab' ich mich nicht darauf konzentriert. Aber mit der Zeit lernte ich es.**

RENÉ: *Von wem sind Sie erwartet worden, als Sie drüben ankamen?*

'CHAPLIN': **Da war vorerst niemand, nur Licht und vielerlei Lachen.**

RENÉ: *Wenn Sie in Ihr berühmtes Leben zurückblicken, was kommt Ihnen da vordringlich ins Bild?*

'CHAPLIN': **Mein ganzes Leben bestand aus Lachen und Weinen, ich erfuhr beide Seiten der Münze zur selben Zeit. Ich hatte immer das Gefühl, daß das der eigentliche Lebenskern ist. Latent sind immer beide Seiten präsent.**

RENÉ: *Was würden Sie sagen, war das große Geheimnis Ihres Erfolges, Ihres Charismas?*

'CHAPLIN': **Vielleicht mein inneres Wissen über diese Wahrheit der Zweiseitigkeit des Lebens. Auch meine Fähigkeit, diese - ich weiß nicht, ob ich es jetzt richtig ausdrücke - diese schizophrene Natur der Psyche, die überall hervorbricht, lustig darzustellen. Diese Wankelmütigkeit des Le-**

bens, obwohl nicht allgemein akzeptiert, war für mein Selbst ein Faktum. Ich konnte es den Leuten erklären, indem ich es mit meiner Kunst zeigte.

RENÉ: *Ich glaube, es wird überliefert, daß Sie die Frauen sehr verehrten und umgekehrt ebenso. Möchten Sie darüber sprechen?*

'CHAPLIN': **Ich habe meine Mutter immer geliebt, auch wenn ich es Ihr niemals zeigen konnte. Sie war sehr krank. Ich konnte von ihr nicht bekommen, was ich brauchte, so bekam ich es von anderen Frauen. Und ich habe dann den Frauen gegeben, was ich meiner Mutter geben wollte.**

RENÉ: *Wenn Sie zurückblicken, würden Sie sagen, daß Sie das Ziel, das Sie sich setzten, erreicht haben?*

'CHAPLIN': **Ja. Ich habe es geschafft, meine Traurigkeit und mein Glück in einem Guß zu zeigen. Ich bin in die Tiefen des Lebens gegangen, ich habe sie in meinen Filmen gezeigt und auch meinem Selbst. Ich bin ich selbst gewesen.**

RENÉ: *Gibt es auch frühere Leben, in denen Sie mehr oder weniger prominent waren? Wissen Sie etwas von anderen Existenzen?*

'CHAPLIN': **Ich weiß nur von einem schauspielernden Schausteller, der ich im Mittelalter gewesen war. Aber es nicht wert, darüber zu reden.**

RENÉ: *Und nun, kann es sein, daß Sie jetzt mit Freunden zusammen sind, die auf Erden auch breiter bekannt sind?*

'CHAPLIN': **Ich bin ein Künstler, so bin ich umgeben von meinen Kameraden der Zunft.**

RENÉ: *Besteht Ihrerseits Interesse an einer erneuten Verkörperung?*

'CHAPLIN': **Wenn schon, dann als Mädchen.**

RENÉ: *Herr 'Chaplin', dürfen wir eine Botschaft von Ihnen, - vielleicht in ein, zwei Sätzen formuliert - an Ihr altes und neues, weltweites Publikum weitergeben?*

'CHAPLIN': **Wenn Du die Rolle, die Du im Leben spielst, wirklich magst, dann bist Du happy. Wenn Du eine ungeliebte Rolle spielst, laß Dein Ego fallen, und steig' daraus aus. Spiel' die Rolle dann, als wäre sie nicht die Deine, und Du verlierst jede Traurigkeit. Sei ein guter Schauspieler im Leben!**

RENÉ: *Haben Sie Ihr Spazierstöckchen noch immer dabei?*

'CHAPLIN': **Natürlich hab' ich's dabei.**

Mira erzählte im nachhinein, daß er an dieser Stelle sein Stöckchen galant zu schwingen begann.

RENÉ: *Wir fragen alle unsere prominenten Gäste auch um ein individuelles Bild Ihrer Gotteserfahrung, sei es verbal oder in anderer Weise dargestellt.*

'CHAPLIN': **Ja. Es ist das Mysterium der Veränderung im Bewußtsein, welches auch jenes tiefe Gefühl über die Kraft vermittelt, die hinter allem steht. Es ist einfach so, daß nicht wir es sind, die irgend etwas tun, diese Kraft tut es für uns und mit uns. Das ist meine permanente Gotteserfahrung.**

RENÉ: *Wenn Sie heute noch physisch am Leben wären, welche Art Filme würden Sie drehen?*

'CHAPLIN': **Ich möchte mehr in Richtung Musik gehen. Ich liebe zum Beispiel die Musik der Doors.***

RENÉ: *Haben Sie 'Jim Morrison'** getroffen?*

'CHAPLIN': **Ja, das habe ich. Wir haben vielerlei Gemeinsamkeiten gefunden. Er hat dieses feine Gespür für Hell und Dunkel in gleicher Weise wie ich.**

RENÉ: *Ich habe im Moment keine weiteren Fragen und Miras Trance-Energie geht auch bald Ihrem Ende zu. Ich würde aber gern ein andermal noch ein zweites Gespräch mit Ihnen führen, um einige vielleicht später noch auftauchende Fragen zu stellen. - Ich verabschiede mich nun also herzlich in diesem Sinne.*

'CHAPLIN' (freundlich nickend): **Good bye.**

Mira hatte das von 'Chaplin' repräsentierte Gefühl der Gleichwertigkeit aller Dinge aus der Trance für eine Weile in ihren Alltag mit herübergenommen. Ein weiteres Gespräch kam leider bislang nicht zustande.

◄—————►

---

* Kult-Rockband der 60er Jahre.
** Leadsänger der Doors.

vormals
›möglicherweise‹
JANIS JOPLIN
amerikanische Rocksängerin
19.1.1943 - 5.10.1970

Kontaktversuchs-Protokoll vom 6.6.94
Kommunikation englisch

Das an diesem Abend vorgesehene Gespräch mit 'Mata Hari' sollte nicht sein. Unser Organisator von Drüben teilte mit, daß die Spionin gerade schon in ihrem darauffolgenden Leben im Sterben liege und deshalb derzeit auch kein Kontakt mit ihrem Höheren Selbst möglich sei. Für solche Fälle habe ich im Hinterkopf zumeist ein Ersatzprogramm parat.
Mira kam deshalb nur kurz und halb aus ihrer Trance, um sich ein eher schlecht gelungenes Bild von der Rock-Röhre Janis, auf dem sie in voller Action ins Mikro kreischt, anzusehen und sich auf sie einzustellen. Dieses kleine Scharzweiß-Photo in unserem Personenlexikon war leider das einzige, das ich griffbereit hatte. Zu sagen wäre auch noch, daß ich Joplins Musik in meiner Jugendzeit gern hörte. Mira war die Dame bislang völlig unbekannt, sie ist ja auch sieben Jahre jünger als ich.
Ich rief sodann, während meine Frau die Augen schloß, versuchsweise in den Äther.

RENÉ: *Hallo Janis, 'Janis Joplin'. Das ist jetzt Deine Chance. Laß uns nicht hängen.*

MIRA: *War das ihr richtiger Name?*

RENÉ: *Ich glaub' schon. Hier steht nur Janis Lynn Joplin, geboren am 19.1.43.*

Es vergingen kaum ein paar Minuten und eine Stimme meldete sich.

'JOPLIN'***: Hi, René.***

RENÉ: *'Janis'?*

'JOPLIN' (sonor): ***Yeah. Ich bin's.***

152

RENÉ: *Hi! Es ist toll, daß Du da bist. Du stehst jetzt an der Kante zur dichten Welt -*

'Janis' lachte aus tiefer Kehle.

RENÉ: *- und ich bin ein Reporter des Übersinnlichen auf der anderen Seite der Glaswand und möchte Dir ein paar Fragen stellen.*

'JOPLIN': **Warum nicht.**

RENÉ: *Erzähl' uns zuerst bitte ein bißchen über Deine Reise ins feinstoffliche Gefilde.*

'JOPLIN': **Mein Hinübergang, okay. - Ich wußte, daß ich in diesen Zug steigen würde, und daß der nicht mehr retour fährt. Es war einer dieser Trips auf ein Ziel hin, wo Du möglicherweise niemals zuvor gewesen bist.**

RENÉ: *Das klingt, als ob Du Dich bewußt entschieden hättest, diesen Zug ohne Wiederkehr zu besteigen?*

'JOPLIN': **Well, so könnte man es nennen.**

RENÉ: *Warum hast Du das bloß getan?*

'JOPLIN': **Ich liebte es schon vorher, im Traum bewußt zu reisen und -**

RENÉ (unterbrechend): *Ja, aber Du hattest doch Drogen genommen?*

'JOPLIN': **Ich weiß. Das heißt aber doch nicht, daß Du unbedingt wegschläfst dabei.**

RENÉ: *War es nicht ein Goldener Schuß, den Du Dir verpaßt hast?*

'JOPLIN': **Nein, es war eine Hyperdosis LSD.* Ich versuchte, damit eine voll bewußte Reise ins gelobte Land anzutreten. Ich wollte nicht im Alter diesen bedrückten Abgang von jedermann machen. Dem hab' ich einen Tritt gegeben.**
Drogen helfen Dir meistens nur, in einem ganz bestimmten Raum zu

---

* Die offizielle Todesursache lautet Heroinvergiftung. LSD war damals bei der Obduktion noch nicht nachweisbar, da es sich größtenteils sehr rasch verflüchtigt.

floaten. Ich aber wollte mehr und nahm mir die Freiheit für den großen Übergang. Well, ich hab's ganz gut überstanden.

RENÉ: *Das muß ja hochinteressant gewesen sein.*

'JOPLIN': **Mehr als das!**

RENÉ: *Wie wär's mit ein paar Details über den coolsten Part?*

'JOPLIN': **Ich war es gewohnt, Drogen zu nehmen. Und so wollte ich es einfach wissen, wie es ist, auf 'nem Trip zu sterben.***

RENÉ: *Hast Du das erst auf dem Trip oder schon zuvor entschieden?*

'JOPLIN': **Well, so auf der Mitte des Weges. Einige Freunde sind vor mir gestorben und ich hatte Träume mit Ihnen. Sie gaben mir einige Informationen vorweg.**
Ich hab' mich fehl am Platz in der Welt gefunden. Es war doch rundherum auch überall diese Dunkelheit in den Köpfen, die uns ängstigte. Und wir wollten wissen, was es mit dem Bewußtsein so auf sich hat. Damals gab es in meinen Kreisen nicht diese verurteilende Vision über Drogen, wie sie heute die Hirne blockiert. Für uns war es einfach Wahrnehmungstreibstoff.
Stimmt schon, daß wir unsere Körper nicht genug in Ehren hielten. Wir haben den Body einfach benutzt, ohne zu ihm besonders lieb zu sein. Wo ich auch immer war, hab' ich ihm sämtliche Energie abgefordert. Ja, wir waren ziemlich rücksichtslos zu unserer Hülle. Ich hab' auch Alkohol in Mengen getrunken, Du mußt wissen, wir haben immer und in jeder Weise versucht, durch Grenzen zu stoßen. Wir wollten stets wissen, wie weit wir noch gehen können. So wurden wir zu aggressiven Höllenreitern auf jedweden Begrenzungen.
Wir waren durch und durch angeödet vom Leben, das für uns vorgedacht wurde. Das war uns nicht annähernd genug und hätte uns niemals befriedigt.
Ich war in einer Gruppe enger Freunde, die wir uns sehr, sehr bekannte Wesen waren. Wir liebten die Musik und wollten sie erforschen und mit vielen Leuten teilen. Aber wir konnten unsere Forschungsergebnisse nicht wirklich vermitteln. Viele Menschen haben uns überhaupt nicht verstanden und auch wir konnten die Gesellschaft nicht begreifen.

---

* Janis proklamierte lautstark ›Live Fast, Love Hard, Die Young‹ als ihr Motto.

Yeah, wir drückten uns aus, indem wir unsere Musik herausschrieen und es gab genug Folks, die das mochten. Aber irgendwie bin ich trotzdem einsam daneben gestanden. Allright, ich hab' mich beim Leben nicht wirklich bedankt. Ich konnte nicht ruhig halten, war hektisch und hab's immer eilig gehabt, mich in exzessive Erfahrungen zu stürzen.

RENÉ: *Und dieser speziellste Teil der Tour, als Du Deinem Körper bewußt adieu gesagt hast, wie war der nun?*

'JOPLIN': **Noch im Körper, würde ich sagen, war es zuletzt Konfusion. Während ich dann meinen Body verließ, kam erst der Schmerz auf, ihn nicht genügend geehrt zu haben. Plötzlich war mir klar, daß es das nun auch war, was ich erfahren wollte. Aber da war der Body schon futsch. Es war frustrierend zu erkennen, daß die Idee, diese aufregende Erfahrung würde erst ohne physischen Körper so richtig beginnen, eine große Illusion ist.**
Ich hatte diese bewußten Traumverfassungen außerhalb des Körpers zwar schon zuvor erlebt, aber ich zweifelte und mißtraute den spirituellen Fakten.

RENÉ: *Also, wenn ich's richtig versteh', meinst Du, Du hättest die Erfahrung auch während des körperlichen Lebens haben können. Das klingt, wie viel Lärm um Nichts.*

'JOPLIN': **So ist es nicht, in bestimmtem Sinn aber wiederum schon. Ich sehe hier keinen Unterschied in den Werten, ich meine - nun, wie soll ich es erklären - ja also, wenn Du lieben willst, dann sind da verschiedene Wege offen und so ist es auch mit der Spiritualität. Diese Art von Demut, die ich mit einigen Freunden in der Befriedigung durch das Abenteuer teilte und an den Tag legte, vermisse ich nicht mehr, seit ich herausfand, wieviele Gesichter dieses Abenteuer Leben hat. Ich will sagen, dieser Trip wäre nicht notwendig gewesen, um Zufriedenheit in einem spirituellen Abenteuer zu finden.**

RENÉ: *Wie hat sich Dir das Jenseits sodann gezeigt, als Du ankamst?*

'JOPLIN': **Also zu Beginn, ich weiß nicht warum, sind eine Menge leidende Wesen rund um mich gewesen. Sie haben geheult und waren wie Würmer, die sich im Feuer ihrer eigenen Frustration winden. Das muß sich irgendwie aufgebaut haben, um meinen Schatten zu brechen. Diese Einbildung, ein Wurm zu sein, der Verschiedenes will und andererseits**

*nicht sehen will, daß er nur Energie ist und nicht irgendetwas Beson-
deres, war ziemlich schmerzvoll. Ich meine, es war schmerzvoll wegen
des hereinströmenden Lichtes und all der Liebe und der Energien, eben
wegen der Illusion, die zusammenbrach.*
*Aber vielleicht ist es notwendig, daß Du etwas Spezielles sein mußt,
dieser Illusion wegen. Es gibt ja nur spezielle Spezialitäten, wo man
auch hinschaut.*

RENÉ: *Dir kam das Ego also wie ein schlechter Scherz vor?*

'JOPLIN': *Ja und nein. Es lähmte sehr, daß ich vor mir nicht davonlaufen
konnte. Aber dann fand ich mich urplötzlich in einer neuen Verfassung
wieder. Wie soll ich sagen, ich saß da und war unfähig, mich zu bewegen.
Du mußt wissen, die Drogen haben mich immer bewegt, und dann auf
einmal war da die vollkommene Ruhe. Alles stand still. Ich war irgendwie
aufgewacht. Nach all den aufregenden Erfahrungen während meines
Herumfliegens und meiner Flucht vor mir selbst, war das ein Punkt von
Erleuchtung.*

RENÉ: *Läßt sich diese Erleuchtung noch mehr verbalisieren?*

'JOPLIN': *Okay. Es war die tatsächliche Realität, die mir ins Angesicht
sah. Besser noch, ich selbst war die Realität, die mich ohne Urteil ansah,
einfach allgegenwärtig ansah.*
.
RENÉ: *Beschreib' bitte diese Realität noch etwas näher, damit sich der Leser etwas vorstellen kann.*

'JOPLIN': *Da ist nichts Spezielles, das ist ja der Clou. Es ist da absolut
nichts Besonderes, es gibt nichts, das Dir erlaubt, Unterschiede zu
machen. Ich erzähl' nur meine Erfahrung, ich kann nicht über Spiritualität
reden. Ich glaube jetzt, daß einfach unser ganzes Wesen spirituell ist
und nie etwas anderes war. Deinen Zugang dazu mußt Du selbst finden
und erarbeiten. Jeder muß sich irgendwie an diese Kante der Wahrnehmung bringen. Sieh' mal hin, was wirklich ist, was Du bist und was Du
wirklich willst und der Rest geschieht von alleine.*
*Alles das, was Du in Deinen Träumen und Visionen bist, ist etwas anderes
als das, was wirklich ist. Ich meine, wir brauchen das Zeug, aber ich habe tatsächlich herausgefunden, als ich diese Wärme oder wie man es
auch bezeichnet, erfuhr, daß wir auch ohne unsere Illusionen existieren.
Wir bräuchten nicht hinter exzessiven Wünschen hinterherzurennen.
Und schmerzen tut es, weil auch diese Sehnsuchtsenergie sein möchte.*

Sie ist auch ein Teil Deines Seins. Laß mich überlegen, wie ich es noch erklären kann.

RENÉ: *Ich hab' jetzt schon eine Idee, was Du mit dem Aufwachen meinst.*

'JOPLIN': **Es war ein regelrechter Schock! Aber vielleicht wollte ich es so, weil ich es brauchte, um von diesem ungesunden Weglaufen von der Realität zu erwachen.**

RENÉ: *Hast Du drüben Freunde getroffen?*

'JOPLIN': **So kann man's nicht sagen. Ich habe meinen kreativen Raum gefunden und mich darin selbst getroffen. Ich lebe mein Selbstvertrauen erstmals nun wirklich. Keine noch so schrillen Exzesse könnten mich dazu bewegen, mich jemals wieder vor mir selbst zu verstecken.**
Ich bin allein, aber ich bin erfüllt von mir selbst, und ich bin nicht einsam. Ich hab' auch kein Bedürfnis, zu jemandem oder mit jemandem zu inkarnieren. Daran bin ich nicht interessiert. Ich hab' sosehr damit zu tun, nur ich selbst zu sein, es hat etwas von Heilen. In diesem größeren Sinne all-eins mit mir zu sein, diese Freiheit hab' ich mir genommen.

RENÉ: *Und es gibt auch zwischendurch keinerlei Gedanken, wieder mal in die dichte Welt zu gehen?*

'JOPLIN': **Vielleicht ist es eine Vorbereitung, um als sehr, sehr wahrnehmende und selbstbewußte Person wiederzukehren. Als eine Art Meister, mit der Meisterschaft des Wahr-Sein-, Ehrlich-Sein-, Respektvoll-Sein- und Erfüllt-Sein-Könnens, weil ich mir die Erlaubnis gegeben habe, mich selbst total zu lieben.**

RENÉ: *Hast Du auch Einblick in Deine Leben vor dem der Janis genommen?*

'JOPLIN': **Ich ging nicht diesen Weg der Entdeckungen. Vielleicht füllt sich eines Tages auch diese Geschichte in meine Ganzheit. Jetzt bin ich erfüllt von meiner Balance, und alles, was mich voreilig aus dieser Balance werfen könnte, bleibt jetzt irgendwie von sich aus fern. Du weißt ja, mein ganzes Leben war ein einziges aus der Balance geraten. Das sind ja üblicherweise auch die Leute, die in die Drogen laufen. Ich war so ein typischer Drogenmensch.**

RENÉ: *Möchtest Du eine spezielle Botschaft an die Drogenleute von heute senden?*

'JOPLIN': *Ich hab' schon gesagt, ich bin kein Guru. Ich kann nur von meiner Erfahrung sprechen. Ich will keine Verurteilungen abgeben oder irgend etwas abwehren und auch nicht Erlaubnisse verbreiten. Ich sehe mehr das Leben selbst als Meister an, der mir sagt, bleib' Dir selbst treu, spiel' jetzt nicht den Lehrer für irgendjemanden. Erforsch' Dich zuerst selbst noch mehr.*

RENÉ: *Das klingt toll. Hattest Du jemals zuvor solch einen medialen Kontakt wie jetzt?*

'JOPLIN': *Das ist mein erster. Es ist fein, so frei zu sein und durchsagen zu können, was man sagen möchte. Ich brauche keine Spielchen zu spielen und kann die Wahrheit sagen. Ihr Leute scheint daran ja interessiert zu sein, das macht Spaß. Ich tu' es, weil ich erforschen will, was dabei in mir selbst vorgeht. Es fühlt sich gut an, und ihr wolltet es auch. Es ist okay.*

RENÉ: *Wir haben auch noch diese intime Frage, wie sich Gott anspürt, in Deiner neuen Situation?*

'JOPLIN': *Also, ich meine, da ist keiner. Oder er ist in mir. Ich weiß zwar nicht wohin ich gehe, und ich steh' auch in meinem Ego zu gewissen Zeiten. Ich bin sehr vorsichtig in diesen Dingen, weil es da leicht zu allen möglichen Erklärungsmustern kommen kann. Wenn Du abklären willst, was Gott ist, kann das sehr schnell in einem schlechten Trip enden.*
Deshalb hab' ich mich für ein anderes Leben entschieden, in dem ich auf mich konzentriert bin. Ich erlaube mir einfach, nicht über Gott zuviel nachzudenken. Und, yeah, stattdessen in meinem eigenen Universum zu forschen. Es scheint immer größer zu werden und da ist kein Ende absehbar, wenn ich sage, daß ich mich selbst erforsche. Aber, da ist auch diese mystische Kraft, die mich und mein Wahrnehmen zusammenhält.

RENÉ: *Ist das nicht so etwas wie Gottesenergie?*

'JOPLIN': *Mag sein, mag sein. Diese Kraft gibt mir jedenfalls die Macht, all das zu tun, was ich tue. Du merkst schon, ich hab' mir die Kraft zurückgeholt, sie mir wieder angeeignet. Aber in anderer Weise als Du denkst. Das ist eine starke Geschichte.*

RENÉ: *Hat Dir der Film gefallen, in dem Bette Midler Dein Leben nachgespielt hat?**

'JOPLIN': **Well, es ist ein Film! Mein Ausdruck war ja sehr speziell und die Leute machten ihre eigene Story daraus. Sie erzählen natürlich ihre Geschichten, mit meinem Ausdruck dazu. Das gibt schon Bilder und Gefühle an die Leute weiter, und die machen wieder ihre eigene Story daraus.**

RENÉ: *Dein Leben war wohl zu einzigartig, als daß es nachvollzogen werden kann.*

'JOPLIN': **Yeah, das kann man nicht.**

RENÉ: *Singst Du noch? Entwickelst Du drüben neue Songs?*

'JOPLIN': **Du meinst, ich sollte meine Welt in positive Musik verwandeln. Ich würd' eher über Gefühle singen, die aus dem Gleichgewicht kommen, falls ich jemals zurückkomme.**

RENÉ: *Gibt es drüben Musik, die Du besonders magst?*

'JOPLIN': **Well, mir gefällt dieser neue Song von 'Satchmo', ich hör' ihn im Medium schwingen. Er sagt Dir einfach, daß es wundervoll ist herüben, aber himmlisch ist es erst, wenn Du Deinen Pol und Deine Balance gefunden hast, hier drinnen im Zentrum.**

'Janis' deutete mit den Händen des Mediums auf die Herzgegend und verstummte einen Moment.

'JOPLIN': **Wenn Du Dein Zentrum gefunden hast, findest Du auch die Kraft, die Dich zentriert. Und diese Kraft könntest auch wieder Du selbst sein. Ich kann nur davon sprechen, was ich glaube, daß es sein könnte, dieses wundervolle Ding. Ich verbreite keine ewigen Wahrheiten.**

RENÉ: *Wie hast Du das mitbekommen, daß wir heute morgen mit 'Louis Armstrong' konferierten?*

'JOPLIN': **Es ist noch im Medium ablesbar. Sie ist ein nettes Instrument. Es ist, wie wenn man Musik spielt auf ihr. Wir herüben sind die Musik und**

---
* Der Film entstand 1979 in den USA und heißt ›The Rose‹.

sie ist der Plattenspieler, der sie abspielt. Das hab' ich doch schön ge-
sagt, oder?

RENÉ: *Es ist ein gutes Bild. - Wär''das okay, Verschiedenes noch mit Dir*
zu bereden, nachdem wir alles abgetippt haben?

'JOPLIN': **Yeah, wenn Ihr wirklich an meiner Welt teilhaben wollt. Ich**
kann aber nur über mich sprechen.

'Janis' kicherte vor sich hin.

RENÉ: *Übrigens wollen wir eine Grafik jedem Interview voranstellen. Wie*
möchtest Du denn grafisch dargestellt sein?

'JOPLIN': **Oh, das ist Deine Freiheit, ich hab' da keine Wünsche. Mach**
es so, daß es Dich freut. Dann erfreut's mich auch. Jetzt sollte ich aber
gehen.

RENÉ: *Dann schönen Dank und Good bye.*

'JOPLIN': **Yeah, Good bye. Ich dank' Dir für diese nette Erfahrung.**

Es ist zwar einerseits verblüffend, daß gleich zwei von unseren drei weib-
lichen Gästen mittels LDS hinübergingen, andererseits aber wieder nicht,
da diese Droge damals auch in der alternativen Entertainment-Szene ziemlich
›in‹ war.
Zu einem weiteren Gespräch mit 'Janis' kam es leider bislang nicht. Durch
das 25-jährige Woodstock-Jubiläum konnten wir ihr im TV dennoch mehrmals
wieder begegnen.

vormals
›möglicherweise‹
RIVER PHOENIX
amerikanischer Schauspieler
23.8.1970 - 31.10.1993

Kontaktversuchs-Protokoll vom 1.1.94
Kommunikation deutsch

Nach dem Gespräch mit 'Frank Zappa', das zwar verblüffend schräg, aber damit in diesem Sinne umso glaubhafter verlaufen war, wollten wir am Neujahrstag gleich nochmals die Probe aufs Exempel machen. Da wir die letzten Monate an einem Drehbuch für Hollywood schrieben, und uns für eine Rolle darin der amerikanische Schauspieler Keanu Reeves geeignet erschien, kam ich auf eine obskure Idee. Was wäre ein besserer Grund, mit solch einem vielgefragten Idol näher in Kontakt zu treten, als über seinen ehemaligen Freund River Phoenix, der erst kürzlich durch Drogen umkam. Gesagt - getan. Mira studierte ein Bild von River Phoenix, das ich in einer Filmzeitschrift fand und ging in Trance. Ich meditiere üblicherweise die paar Minuten bis zum aktiven Dialogbeginn ein wenig mit.

RENÉ: *Ist irgend jemand da, der mit uns sprechen möchte?*

Mira nickte sachte.

RENÉ: *Erzähl', was vorgeht? - Laß' Deine Stimmbänder direkt benützen.*

MIRA: *Da ist eine Barriere. Es sind Energien, die das Höhere Selbst nicht heran läßt, weil sie mir nicht gut tun.*

RENÉ: *Wer will denn sprechen?*

MIRA: *Da hat einer gesagt,*
- Ja, es ist der Freund von Keanu Reeves.

RENÉ: *Also der 'River Phoenix'? Dann lade ihn ein, indirekt zu sprechen. Wenn er seinem Freund etwas sagen möchte, sind wir bereit, es zu übermitteln.*

MIRA: *Ich hör', ›er ist zu down‹. Ich kann ihn aber nicht nahe heranlassen.*

RENÉ: *Okay, laß ihn bis zum Höheren Selbst heran und übermittle indem Du ihn nachsprichst.*

Einige Minuten Pause. Mira hatte Schwierigkeiten, da wir es nicht gewöhnt sind, uns Jenseitigen mit depressiver Ausstrahlung zu öffnen.

MIRA: *Hm. - Ich hör' ihn jetzt leise sagen, ›**Wunschkinder sind Sternenkinder‹.***

RENÉ: *Ja, ist er ein Wunschkind gewesen?*

MIRA: *Weiß nicht. Ich kann ihn so weder richtig spüren noch sehen.*

MIRA: *Jetzt sagt er, ›**Meine Mutter mochte mich nicht‹.***

Wieder kam nichts mehr durch.

RENÉ: *Was sagt er noch?*

MIRA: *›**Ich bin ein Gaukler gewesen und habe mich selbst gehaßt. Nichts ist auf mir selbst gewachsen. Alles war blau-weiß‹.***

RENÉ: *Das versteh' ich nicht ganz. Warum blau-weiß?*

MIRA: *Er sagt wieder: ›**Blau-weiß‹.***

Die Sache schien zu schwierig zu werden. Ich war nahe daran abzubrechen.

RENÉ: *Okay. - Gibt es irgend etwas, worüber er sprechen möchte?*

MIRA: *›**Isabella und Marianne‹.***

RENÉ: *Hmm. Möchtest Du dem Keanu etwas sagen? Jetzt hast Du eine Chance.*

Miras Stimme wurde lauter und das etwas seltsam kommunizierende ehemalige Wesen des Jungstars schien nun doch etwas näher zu rücken.

,PHOENIX': ***Ich bin nicht da, wo Du glaubst, daß ich bin. Ich bin verloren und geborgen, bin nirgends und überall.***

163

RENÉ: *Vielleicht möchtest Du englisch sprechen, damit die Übersetzung nicht zuviel verzerrt?*

MIRA: *Komisch. Irgend etwas in mir sagt,* ›**wir sprechen heute kein Englisch**‹. *Vielleicht geht das nur, wenn er näher ist?*

RENÉ: *Es macht nichts. - Mister 'Phoenix', sehen sie nun Ihre Vergangenheit in einem größeren Zusammenhang?*

‚PHOENIX': **Ich habe viele Parallelen zu einem alten Leben der Vergangenheit. Machtmißbrauch, Hilflosigkeit und Strategien und Zusammenbruch.**

'PHOENIX': **Verlassensein tut weh. Georgia, die Libelle, hat mich das Leben gekostet.**

RENÉ: *Eine Frau namens Georgia war der Hintergrund Deines Todes?*

'PHOENIX'(leise nickend): **Ja. Das ist nur ihr Spitzname.**

RENÉ: *Und möchtest Du dieser Georgia etwas ausrichten?*

'PHOENIX' (kopfschüttelnd): **Nein.**

RENÉ: *Wird Keanu unseren Kontakt mit Dir ernst nehmen? Du kennst ihn ja.*

'PHOENIX': **Der lacht sich tot.**

RENÉ: *Man könnte es trotzdem ernst nehmen, auch wenn man sich tot lacht.*

'PHOENIX': **Ich hab' die verbotene und verlassene Stadt gesehen und gefunden. Sie liegt im Norden und im Süden. Du kannst hinkommen, wenn Dir jemand einen guten Rat gibt und Du dann auch den Schlüssel findest und sie aufsperrst im Traum. Es sind alle guten Leben darin verborgen, alle Segnungen und alle Liebe. Im Süden ist der Schmerz und auch der Abschied, die Vergangenheit. Im Norden ist die Hoffnung und die Zuversicht. Im Süden ist das Grauen, der Verzicht. Weil ich dahin nicht wollte, bin ich gestorben.**

RENÉ: *Heißt das, es war nur ein halber Selbstmord, ein unterbewußter?*

'PHOENIX': **Nein, es war Mord.**

RENÉ: *Durch wen ist es geschehen?*

'PHOENIX': **Sie wollten mein Bankkonto überziehen und ein neues Auto beschaffen.**

RENÉ: *Wer wollte das? Warum woll -*

'PHOENIX' (unterbrechend): **- damit sie die Lizenz bekommen.**

RENÉ: *Welche Art von Lizenz?*

'PHOENIX': **Hmm - für eine Stippvisite.**

RENÉ: *Wie wurdest Du denn ermordet?*

'PHOENIX': **Durch Verführung.**

RENÉ: *Und wozu bist Du verführt worden?*

'PHOENIX': **Zu Drogen.**

RENÉ: *Du hast anscheinend viele verschiedene genommen?**

'PHOENIX': **Erst zum Schluß.**

RENÉ: *Also bist Du von den Drogen abhängig gemacht worden?*

'PHOENIX': **Aber nicht lange, nur ein halbes Jahr.**

RENÉ: *Und die Leute, die Dich abhängig machten und an Dein Geld wollten, was waren das für welche?*

'PHOENIX': **Isabella und - .**

RENÉ: *Brauchten Sie das Geld, weil sie auch süchtig sind?*

'PHOENIX': **Zum Dealen in Marokko und Columbia.**

RENÉ: *Hat Keanu von Deiner Abhängigkeit gewußt? Ist er selbst clean?*

'River' nickte mehrmals mittels Mira.

---

* In der Zeitung war zu lesen, daß er an einer Überdosis-Mischung aus diversen Drogen starb.

RENÉ: *Möchtest Du allen Abhängigen etwas raten, aus eigener Erfahrung?*

'PHOENIX': **Nein.**

Es schien, als ob er sich verabschiedet hätte, dann sprach er aber wieder.

'PHOENIX': **Dort wird noch aufgeräumt werden. - Ich muß jetzt gehen.**

RENÉ: *Gut, dann danke ich Dir fürs erste. Möchtest Du mal direkt mit Keanu sprechen, falls sich das einfädeln läßt?*

'PHOENIX': **Ich will meine Ruhe.**

RENÉ: *Was machst Du jetzt dann?*

'PHOENIX': **Schlafen.**

RENÉ: *Ich wünsch' Dir alles Gute.*

'PHOENIX': **Dir auch.**

Dieses skurrile Zwiegespräch war für uns etwas unbefriedigend, so daß wir im Rahmen der Zusammenstellung dieses Buches lange überlegten, ob wir diesen Dialog veröffentlichen sollen. Wir kamen aber zum Schluß, daß auch dieser gar schwerfällige Kontakt und auch einige andere der etwas kurz geratenen Dialoge, das Bild über unsere Arbeit dennoch abrunden würden.
Einer amerikanischen Filmzeitschrift konnten wir kürzlich entnehmen, daß River jahrelang surreale Poesie gelesen hat, was seine seltsame Art zu kommunizieren nachträglich etwas verständlicher macht. Und zwei Tage vor Drucklegung erfuhren wir im TV, daß Johnny Depp, Rivers schauspielender Kollege und Besitzer der Nobeldiskothek ›Viper Room‹, vor deren Toren Phoenix zu Tode kam, im Drogenrausch verhaftet wurde.

vormals
›möglicherweise‹
FRANK ZAPPA
amerikanischer Rockmusiker
21.12.1940 - 4.12.1993

Kontaktversuch-Protokoll vom 1.1.94
Kommunikation deutsch / englisch

In der Neujahrsnacht waren wir zu mehr als einem Jux aufgelegt. Hatten wir bisher meist sehr darauf geachtet, nur mit Wesen zu kommunizieren, die zumindest eine Etage über unserem eigenen Niveau zu Hause sind, war uns das zu Sylvester mal ausnahmsweise egal. Vor Mitternacht hatten wir schon einen Außerirdischen in der Leitung und dann kam mir, ich weiß heute gar nicht mehr warum, Frank Zappa in den Sinn. Wir hatten zudem anstelle Robertos einen Delphin engagiert, mit dem wir schon früher gelegentlich kooperierten. Er sollte uns beim Kontakteknüpfen helfen. Mira hätte das nachfolgende Gespräch wahrscheinlich nicht zugelassen, wenn sie nicht zuvor ein paarmal sachte an meinem Sektglas genippt hätte. Sie ging sozusagen in eine homöopathisch dosierte, leicht wunderliche Trance, was allerdings der Übermittlungsklarheit selbst keinen Abbruch tat. Meiner Frau war bis dahin Maestro Zappa übrigens völlig unbekannt.

RENÉ: *'Frank Zappa' ist schon seit einiger Zeit drüben. Vielleicht wäre er zu einem Plausch aufgelegt? Du könntest ja Deinen Delphin mal bitten, ihn zu orten.*

MIRA: *Der hat es ohnehin gehört. Er nickt mir zu und schwimmt ganz aufgeregt weg.*

Es folgte eine kurze Pause. Dann klappte es in einem Tempo, das mich völlig überraschte. Aus dem Nichts begann 'Frankie' in oberösterreichischer Mundart ein von ihm frisch kreiertes Liedchen zu trällern. Wir haben den Text in einer Parallelversion etwas eingedeutscht, damit der Dialekt auch im gesamtdeutschen Sprachraum verständlich wird.

'ZAPPA' (singend):

Jetz sei a Stlckal leise,	*(Jetzt sei ein Stückchen leise,*
jetz sei a Stickal stü',	*jetzt sei ein Stückchen still,*
wei' a dös Herzal in Dia	*weil auch das Herz in Dir*
wos zum Eß'n wü'.	*etwas zum Essen haben will.*
Den olles, wos Du host,	*Denn alles, was Du hast,*
kummt nämli' davo' hea.	*kommt nämlich davon her.*
So herst mi'?	*Also hörst du mich?*
Sei a bissal stü',	*Sei doch ein bißchen still,*
und hea a bissal zua	*und höre mir ein bißchen zu*
und gib do endli'	*und gib doch endlich auch*
amal a bissal Rua.	*einmal ein bißchen Ruh'.*
Mei' Bua, host as den	*Mein Junge, hast es denn*
nu' imma net kapiad?	*noch immer nicht begriffen?*
Ollas kummt vom Gmiad,	*Alles kommt vom Gemüt,*
ollas kummt vom Gmiad	*alles kommt vom Gemüt.*
Heeh, heeh, hehe,	*Heeh, heeh, hehe,*
hehe, hehe, he.......	*hehe, hehe, he.....)*

RENÉ: *Bist Du es, 'Frank'?*

Ein wahrlich gellender Schrei entglitt Mira. Wenn nicht Neujahr gewesen wäre, hätten wir wahrscheinlich wegen nächtlicher Ruhestörung Probleme bekommen.

Rene: *Oh 'Frank', Du bist es! Hey, wie ist es Dir denn so gegangen, auf dem Weg nach drüben?*

'ZAPPA': **Sei net so neigierich!** **(Sei nicht so neugierig!)**

RENÉ: *Was willst Du uns denn sonst erzählen?*

'ZAPPA': **Net vü'.** **(Nicht viel.)**

RENÉ: *Und deinen Freunden, möchtest Du denen vielleicht etwas sagen?*

'ZAPPA': **Briada, loßt's Eich's guat geh'. (Brüder, laßt es Euch gut gehen.)**

Nach einer kurzen Funkstille führte 'Zappa' den Dialog ab sofort in Englisch weiter. Wir versuchten ihn halbwegs slang-gemäß zu übersetzen.

'ZAPPA': **Yeah Mann, das war ein unglaublicher Transit - es hat mich fast zum Wahnsinn getrieben** (er gab Würgegeräusche von sich) - **Wir da,** *also all die Leute hier herüben, würden sagen -*

Der aufnehmende Rekorder machte ein knackendes Geräusch, als er die Kassette wenden mußte.

RENÉ (unterbrechend): *Einen Moment 'Frank', der Rekorder muß wenden. - Okay, jetzt geht's wieder.*

'ZAPPA': **Wir haben alle unsere Zeit zum Wenden.**

RENÉ: *Warum bist Du eigentlich nicht -*

'ZAPPA' (unterbrechend): **- in Trance gegangen?**

RENÉ: *Nein, nicht zu einem guten Medizinmann gegangen, wegen Deines Prostata-Krebses?*

'ZAPPA': **Bin ich doch!**

RENÉ: *Also, ich glaub', da warst Du bei den falschen Leuten.*

'ZAPPA': **Ich hab' mir dauernd in die Hosen gepißt.**

RENÉ: *Als ich von Deinem Krebs hörte, kam mir sofort die Idee -*

'ZAPPA' (unterbrechend): **- der 'Jung' hätt' mich vielleicht kuriert?**

RENÉ: *Das hätt' schon sein können, wenn er Zeit gehabt hätte, Deinen psychischen Background zu stabilisieren. Nein, ich hab' daran gedacht, daß Du bei den Phillipinischen Geistheilern richtig gewesen wärst.*

'ZAPPA' (etwas undeutlich): **Ich glaub', ich hab' bloß zuviel ge.....!**

RENÉ: *Ich hab' Dich nicht verstanden.*

'ZAPPA': **Ich hab' zuviel ge..... .**

Ich war einen Moment lang von seinen Four-Letter-Words geschockt, da ich solche Töne während der Trance noch nie hörte. Ich wußte gar nichts zu antworten

'ZAPPA' (laut): **Ich hab' zuviel ge..... !** (er lachte hemmungslos) **- So ist sie mal, meine Gossensprache.**

170

RENÉ: *Ich hab's kapiert. - Was machst Du denn derzeit so täglich? Noch mehr schräge Musik komponieren?*

'ZAPPA': **Na, klar. Es gibt auch herüben 'ne Menge verrückter Leute.**

RENÉ: *Könnt' es sein, daß mir jemand bekannt ist?*

'ZAPPA': **Besser nicht!**

'Frank' begann schon wieder zu singen, der Text ist allerdings in gereimter Form schwer übersetzbar.

'ZAPPA' (singend):

Tell me about,	*(Erzähl' mir doch,*
what is that crowd,	*was sind das für Massen,*
here and there	*da und dort*
and everywhere.	*und überall.*
Telling me about	*Erzähl' mir ganz laut*
the dead aloud.	*über die Toten.*
Uuuh, uuuh, uuuh.	*Uuuh, uuuh, uuuh.*
How it is to be dead?	*Wie ist es, tot zu sein?*
How it is to be lead?	*Ist es wie Blei zu sein?*
How is it, my dear,	*Wie ist das, meine Liebe,*
when your ears can hear,	*wenn Deine Ohren hören,*
that you're really dead?	*daß Du wirklich tot bist?*
Uuuh, uuuh, uuuh,	*Uuuh, uuuh, uuuh,*
uuh, uuh, uuh, uuh,	*uuh, uuh, uuh, uuh,*
uh, uh, uh	*uh, uh, uh ....)*

RENÉ: *Ist dies jetzt Dein erster Versuch, durch einen Channel zu kommunizieren?*

'ZAPPA': **Ich hab's immer versucht, ich hab's immer getan.**

RENÉ: *Ich mein', seit Deiner Ankunft drüben?*

'ZAPPA': **Ich bin doch nicht das erstemal da. Aber diesmal ist es mein erster Versuch, ja.**

RENÉ: *Erzähl' mir von Deinen jetzigen Musikvorlieben.*

'ZAPPA': **Ich mag John Lennon.**

RENÉ: *'John' hatte einen Small Talk mit 'Carl Jung'. Das lief damals über*

*Mira und ein anderes Medium gleichzeitig.Wenn Du auch mal mit 'Jung'
sprechen möchtest, dann -*

'ZAPPA' (unterbrechend): **- brauch ich ihn nur zu treffen.**

RENÉ: *Klar, aber wir möchten gern dabeisein und -*

Er klatschte sich spontan auf Miras Schenkel und fing im Rapper-Stil
rockig zu singen und gestikulieren an.

'ZAPPA' (singend):

- and listen to the radio!	**(- und dem Radio zuzuhören.**
Sitting here and sitting there	**Wir sitzen da und sitzen dort**
and listening to -	**und hören auf das -)**

RENÉ (unterbrechend): *Ja genau, das möchten wir. Wir würden auch eine
Kamera aufstellen, weil es unsere Idee ist, -*

'ZAPPA' (unterbrechend): **- einen Horrorfilm zu drehen.**

RENÉ: *Nein, einige Stars zusammenzubringen.*

'ZAPPA': **Jung, Lennon und Zappa! Vielleicht Waldheim und Clinton dazu?**

RENÉ: *Oh Gott.*

'ZAPPA': **Yeah, Waldheim und Clinton und Zappa!**

RENÉ: *Ich glaube, das würd' einige Troubles geben, jedenfalls zwischen Dir
und Waldheim, da bin ich mir sicher.*

'ZAPPA': **Das könnt' sein, wir sind uns ein bißchen zu ähnlich.**

Frank begann affige Geräusche und Gesten zu machen.

RENÉ: *Ich hab' gehört, daß Du selbst versuchen wolltest, Präsident der
USA zu werden. Dann hat aber doch Clinton den Job bekommen.*

'ZAPPA': **Besser Clinton als Waldheim.**

Gemeinsames Gelächter.

RENÉ: *In welchen Angelegenheiten sollte man dem Clinton besonders auf
die Finger schauen?*

172

'ZAPPA': *Schau' in die Gesichter der Menschen, dann weißt Du's.*

RENÉ: *Nicht ins Gesicht des Präsidenten?*

'ZAPPA': *Ist auch okay.*

RENÉ: *Der Bill hält sich ja ganz wacker bis heute. Auch Hillary macht ihren Job doch ganz gut.*

'ZAPPA': *Yeah, so is' es.*

RENÉ: *Möchtest Du Deiner Familie irgend etwas mitteilen, was wir weiterleiten sollten? Vielleicht Deinem Sohn, ich glaube, Du hast auch eine Tochter.*

Frank begann wieder mit den Händen auf Miras Schenkel zu trommeln.

'ZAPPA' (singend):

Oh I love my family, I like my family,	*(Oh wie lieb' ich meine Familie,*
oh I love my family, dee, dee, dee.	*wie lieb' ich meine Familie,*
Oh, oh, oh.	*di, di, di, oh, oh, oh.*
Oh I love my family, you ,you ,you,	*Oh wie lieb' ich meine Familie,*
oh I love my family, dee dee dee,	*ich lieb' sie, ich lieb' sie,*
free, free, free, free, free, free.	*so frei, frei, frei - frei, frei, frei.*
Oh I love my family, free, free, free,	*Oh wie lieb' ich meine Familie,*
oh I f...... my family, free, free, free,	*Oh wie f...... ich meine Familie,*
oh I love my family, dee, dee, dee.	*ich lieb' sie so frei, frei, frei,*
Oh, oh, oh, uuh, uh, uh.......	*di, di, di, uuh, uh, uh....)*

RENÉ: *Hast Du die Idee, Dich wieder inkarnieren zu wollen?*

'ZAPPA': *Logo!*

RENÉ: *Und welche Art von neuem Body schwebt Dir vor?*

'ZAPPA': *Der einer wunderschönen Frau!*

RENÉ: *Keine Frage, aber eine genauere Beschreibung wär' schon angesagt.*

'ZAPPA': *Reich und verrückt!*

RENÉ: *Und welche Art von Verrücktheit ziehst Du vor? Da gibt's ja viele Möglichkeiten.*

'ZAPPA': *Oh, sie wäre einzigartig. - Na, dann gute Nacht!*

RENÉ: *Ich hoff', ich seh' Dich later, Alligator.*

'Frank' inszenierte mit Miras Mund eine Serie ungustiöser Furzgeräusche.

RENÉ: *Okay? Hören wir uns wieder?*

'ZAPPA' (singend):

Yes, I love my family,	**(Ja, ich lieb' meine Familie,**
dee dee dee.	**di, di, di.**
Fa-m-ily, fa-mi-ly,	**Fa-mi-lie, Fa-mi-lie,**
dee, dee, dee.	**di, di, di.)**

RENÉ: *Ich sollte besser ein paar Instrumente besorgen, dann kannst Du durch das Medium spielen.*

'ZAPPA': (kreischend) **Oh wow!**

RENÉ: *Ich bring' also nächstesmal ein bißchen Equipment vorbei, okay?*

'Zappa' grätschte sitzend Miras Beine zum Spagat.

'ZAPPA': **Wir sollten da unten und oben** (er deutete sich zwischen die Beine und auf die Brust) **noch mehr Instrumente haben. Dann könnten wir ein ganzes Orchester dirigieren.**

RENÉ: *Kannst Du Deinen neuen Erkenntnis-Level ein bißchen beschreiben? Mit welchen Energien bist Du denn jetzt so verbunden?*

'ZAPPA': **Ah, mit Musik und Musikern und Kunst und Künstlern aller Art. Beethovens Symphonien sind mir im Äther begegnet und auch der Tschaikowsky.**

RENÉ: *Habt Ihr zusammen musiziert?*

'ZAPPA': **Es war mega-fun!**

RENÉ: *Das hätten wir auch gern mitbekommen.*

'ZAPPA': **Yahoo.**

RENÉ: *Wir sollten einen Weg finden, die besten Cuts 'rüberzubringen?*

'Frank' begann für einige Minuten gekonnt und a cappella Instrumente zu improvisieren, und das mit einer Körpergestik ohnegleichen.

RENÉ: *Perfect. Applaus, Applaus. - Vielleicht sollten wir ein paar gute Medien für eine Jenseits-Session zusammenscharren. Das wär' doch ein außergewöhnlicher Weg, dem Volk zu zeigen, daß im Jenseits alles andere als Totenstille herrscht, und das sogar im Mehrkanal-Ton.*

'ZAPPA': ***Ich hab' mich in der Welt immer selbst gechannelt, ich habe mit und auf der Welt gespielt. Nun, da ich in meine Imagination eingegangen bin - in der ich ja schon vorher war, vor meiner Geburt, -***

Plötzlich mußte er heftig husten.

,ZAPPA': ***Oh Gott, ich bin noch immer am Leben! - Also, vor meiner Geburt, Du weißt, da bist Du, ich mein' Deine Vorstellung von Dir selber und die Vorstellung bekommt einen Körper und dann gehst Du irgendwann wieder dorthin, wo Du hergekommen bist, in Deine eigene Imagination. Nur is' er ein kleines Stück anders geworden, Dein Spirit. Verstehste?***

RENÉ: *Mit dem 'Lennon' und 'Jung' über zwei Medien gleichzeitig nebeneinander hat es ja super geklappt.* Ich überleg' gerade, ob das irgendwie auch über ein einzelnes Medium machbar wär'.*

'ZAPPA': ***Wenn wir uns nicht zur gleichen Zeit um den Vorsitz raufen. - Ich glaube nicht, daß ich das mit Jung tun würde.***

RENÉ: *Nein, das glaub' ich auch nicht. Er ist eine wirkliche Autorität.*

'ZAPPA': ***Eine Respektsperson.***

RENÉ: *Das wollt' ich eigentlich sagen. Manchmal hab' ich aber auch keinen Respekt, dann bin ich so wie Du.*

'ZAPPA': ***Dann respektierst Du Dich selbst mehr als den anderen.***

RENÉ: *Du hast Dich ja Zeit Deines Lebens meist selbst mehr respektiert. Da hast Du ganz gute Vorarbeit geleistet.*

'ZAPPA': ***Arbeit?*** (er spielte gelangweilt mit Miras Unterlippe) ***Blub-blub-blub-blub-blub-blub.***

RENÉ: *Wir hatten mal die Idee ein spirituelles Embryo-Musical zu schreiben*

---

* Das lange Trance-Gespräch zwischen 'Lennon' und 'Jung' fand via Mira und dem US-Channel Jason Leen anläßlich eines Para-Kongresses 1992 im Hilton Düsseldorf statt und wird in Band 2 dieser Serie vorgestellt. Damals ist auch eine Video-Aufzeichnung mitgeschnitten worden.

175

und haben auch schon daran gearbeitet, vielleicht könntest Du und 'John' ein paar musikalische Ideen -

'ZAPPA' (unterbrechend): **Sind wir nicht alle noch Embryos?**

RENÉ: *So sieht's aus. Das wär' ja ein Grund mehr, die Leute mit solch einem Musical aufzuwecken.*

'ZAPPA': **Um sie daran zu erinnern, daß sie selbst welche sind? Na, gute Nacht.**

RENÉ: *Es wird eher schon Morgen. Das Tape zeigt noch etwa zehn freie Minuten. Vielleicht ist noch jemand im Warteraum draußen? Kannst Du bitte mal nachsehen.*

'ZAPPA': **Oh, der ist leer. Die sind schon alle heimgegangen.**

RENÉ: *Was sagst Du zum Neuen Jahr?*

'ZAPPA': **Ein schönes, gutes, neues Jahr - hoffentlich!**

RENÉ: *Siehst Du '94 irgendwelche seltsamen Sachen auf uns zukommen?*

'ZAPPA': **Mmm. Rußland macht Scheiß. Aber es transformiert sich dabei.**

RENÉ: *Wird es gröbere atomare Probleme geben?*

'ZAPPA': **Nicht dieses Jahr.**

RENÉ: *Wie steht's mit Erdbeben in California?*

'ZAPPA': **Einige kleinere, und wieder Troubles mit Feuer und Wasser. Aber es werden auch große Festivals vorbereitet. Guter, guter Mega-Fun. Und tolle Filme kommen.**

RENÉ: *Also, bis bald. Es freut mich wirklich, Dich getroffen zu haben.*

Er salutierte zum Abschied karikierend und seine Aura verließ Miras Körper. Mira war nachher ziemlich aufgedreht und belustigt und ich war verblüfft, wie völlig unterschiedlich sich Wesen via Mira präsentieren können. Schade, daß wir es nicht gefilmt hatten.
Das Woodstock-Revival, die erneuten kalifornischen Waldbrände und die Atommafia Rußlands haben 'Zappas' Voraussagen für' 94 durchaus eingeholt.

vormals
›möglicherweise‹
RENÉ MAGRITTE
belgischer Maler
21.11.1898 - 15.8.1967

Kontaktversuchs-Protokoll vom 3.6.94
Kommunikation deutsch

Gegen Ende eines astralen Arbeitsgesprächs mit Roberto, Miras treuem jenseitigen Begleiter und Helfer während ihrer medialen Lehrlingszeit, bat ich ihn, doch auch gleich das Gespräch mit dem Surrealisten 'Magritte' zu arrangieren. Roberto meinte allerdings, in dieser Mittlerfunktion sei er heutzutage *›nur noch wie ein Billeteur im Kino vorhanden, der in seiner Welt eigentlich unwichtig ist, weil er ja die Garantie hätte, daß alle ihre Eintrittskarte schon bezahlt haben. Wir müßten normalerweise ohnehin nur noch an unsere Gäste denken, dann kommen sie meist auch schon. Aber falls sich einmal jemand wirklich nicht auskennen sollte, sei er jedenfalls zur Stelle‹.*

RENÉ: *Nun, dann bedanke ich mich für heute bei Dir und schlage vor, wir denken jetzt alle gemeinsam an 'Magritte', damit Du ihm als Billeteur in diesem Jenseits-Diesseits-Kino noch rasch seinen Platz zuweisen kannst.*

Miras Gesichtszüge veränderten sich und ihr Mund bildete einen überlegenen Ausdruck.

'MAGRITTE': ***Wenn ich das Channeln darstellen sollte, würde ich eine sprechende Mundwolke malen, über einem verkehrten Hut schwebend, in den sie als Regentropfen fällt. Und der Hut hat ein Loch.***

RENÉ: *Und wie, Herr 'Magritte' würden Sie dieses Werk betiteln?*

'MAGRITTE': ***Hut frißt Wolke.***

RENÉ: *Ich begrüße Sie. Malen Sie drüben immer noch?*

'MAGRITTE': *Es malt!*

RENÉ: *Erinnern Sie sich, daß Sie mal vor ein paar Jahren, während eines unserer Versuche, meiner Frau einige Bilder optisch übermittelt haben?* Ich muß allerdings gestehen, daß wir damals Schwierigkeiten hatten, diese auch stilgerecht auf Papier zu bringen.*

'MAGRITTE': *Warum riefen Sie nicht 'Leonardo da Vinci' zu Hilfe, wie ich es Ihnen vorschlug?*

RENÉ: *Das sollten wir wirklich noch ausprobieren.** Herr 'Magritte', wie haben Sie Ihren Abgang aus dem Diesseits erfahren.*

'MAGRITTE': *So ähnlich, als ob mir jemand einen schwarzen Hut auf den Kopf gesetzt hätte und ich keine Hände hätte, um ihn mir wieder herunter zu tun.*

RENÉ: *Aber diese Finsternis ist ja irgendwann wieder vergangen, nehm' ich doch an.*

'MAGRITTE': *Ja, ja. Es wirbelt dich im Kreis herum und alle physikalischen Gesetze sind aufgehoben. Mancher tut Dinge, an die er nicht einmal im Traum gedacht hätte. Ich selbst habe vorerst nur verwundert beobachtet.*

RENÉ: *Wenn Sie ein Bild über das Jenseits malen sollten, wie würde denn dieses aussehen?*

'MAGRITTE': *Wie oben, so unten. Es gibt ein Bild von mir, das dem einigermaßen nahe kommt. Es ist dieses Haus am See, das sich im Wasser spie-*

---

* Es hatte zwei optische Übermittlungsversuche 'Magrittes' gegeben, wie ich in unserem Archiv feststellte. Ein Bild etwa, das Mira gemäß der ihr eingegebenen Vision nachzumalen versuchte, heißt ›Die Weihnachtskatze‹ und stellt neben einer brennenden Kirche und Bäumen, die in die Erde wachsen, eine Katze mit einem Loch in Kopfform in der Körpermitte dar, an dem eine Maus herumnagt. Die weiteren Bildvorgaben 'Magrittes' hatten wir nur in Skizzen festgehalten.

** Daß es Mira wirklich möglich ist, durch sie malen zu lassen, hatten wir mehrmals bei sicherlich schon sechs oder sieben Jahre zurückliegenden Experimenten getestet. Damals zeichnete uns beispielsweise ein Wesen, das mit ›Clarissa Claire‹ signierte, mit Ölkreiden einen tollen, dynamischen Feuervogel als Geschenk. Auch geschah es gelegentlich, daß eine channelnde Entität Papier und Bleistift verlangte, um uns irgend etwas graphisch zu erläutern. Das hat allerdings zumeist keine sehr künstlerische Qualität.
Einen Versuch mit 'Leonardo da Vinci' werden wir sicher mal inszenieren, wenn sich die nötige Stimmung und Muße dazu ergibt.

gelt.* Aber das Thema wäre noch besser zu lösen. Ich würde vielleicht Menschen malen, die hier enden und nach oben verkehrt herum wieder anfangen.

'Magritte' deutete mit beiden Händen an Miras Kopf hoch und darüber hinaus.

'MAGRITTE': *Ja, das ist es!*

RENÉ: *Woher haben Sie bloß ihre vielsagend skurrile Imagination?*

'MAGRITTE': *Ich glaube, sie hat eher mich als ich sie.*

RENÉ: *'C.G.Jung' hat mal sinngemäß von Ihnen geschwärmt, sie seien der erste surreale Maler, der die spirituelle Komponente des Neuen Zeitalters mit ins Spiel brachte. Mich interessiert, wie Sie unseren Freund porträtieren würden, wenn Sie einen Auftrag dazu hätten?*

'Magritte' überlegte kurz.

'MAGRITTE': *Ich würde einen Kopf zeichnen, der verbissen in eine Pfeife beißt. Und das halbe Stück der Pfeife fliegt weg und platscht in einen See. Ich nenne es ›In die Verbundenheit beißen‹.*

RENÉ: *Zählt 'Jung' zu Ihren Freunden drüben?*

'MAGRITTE': *Ach, so seh' ich das nicht. Ich habe hier keine Freunde oder Nicht-Freunde. Nein, in solchen Kategorien denke ich nicht.*

RENÉ: *Wie denken Sie denn sonst?*

'MAGRITTE': *Ich weiß nicht. Es denkt! Nein, eher noch stellt es fest.*

RENÉ: *Und was stellt es denn fest, wenn Sie das Leben René Magrittes Revue passieren lassen?*

'MAGRITTE': *Daß meine Bilder ein besseres Kunststück sind, als mein Leben es war.*

RENÉ: *Sind Ihnen auch Leben, die noch vor Ihrem Magritte'schen Dasein liegen, bekannt?*

---

* Er meint wahrscheinlich sein Bild ›Das Reich der Lichter‹ aus 1954.

'MAGRITTE': *Oh, Milliarden von Leben! Das Leben meiner Eltern, meiner Ahnen, deren Ahnen, sämtliche Leben vor meinem Leben.*

RENÉ: *Das ist wahrlich eine Menge. Hmm, Sie machen es mir nicht leicht. Haben Sie zu Lebzeiten die Existenz einer Wiedergeburt angenommen?*

'MAGRITTE': *So hab' ich nicht gedacht. Ich ahnte, daß es Möglichkeiten jenseits der Vorstellung gibt. Dazu gehörte für mich auch das Jenseits.*

RENÉ: *Wir fragen all' unsere Gesprächspartner, ob Sie eine Botschaft an die Diesseitigen haben. Möchten Sie den Freunden Ihrer Kunst etwas sagen? Vielleicht einen Gedankensplitter oder ein Motto, an dem sie sich die Zähne ausbeißen könnten?*

'MAGRITTE': *Wenn sie noch welche haben! - Nun, sagen wir, ›das Verrückte ist die Kehrseite der Medaille‹.*

RENÉ: *Das ist gut. Jetzt möchte ich aber das dazugehörige Bild auch geschildert bekommen.*

'MAGRITTE': *Also, da ist eine Wand, in die ein Loch gehämmert ist und die Hand samt dem Hammer liegt daneben. - Es ist nicht der Mensch, es ist das Leben, das die Dinge macht.*

RENÉ: *Trotzdem hat sich im 'Magritte'schen Bewußtseinsnetz eine Energie personifiziert, die sicherlich auch eine Art von individueller Gotteserfahrung hat. Könnten Sie uns diese irgendwie optisch schildern?*

'MAGRITTE': *Ich würde zweimal einen Pfarrer malen, dessen Vorder- und Hinteransicht durch ein gebranntes Loch in der Sutane freiliegt. Man würde eindeutig einen Menschen feststellen. Ich nenne es ›Kein Kummer ohne Loch‹.*

'Magritte' amüsierte sich schmunzelnd über seine obige Kreation.

RENÉ: *Jetzt kommt die 11er-Frage. Wie würden Sie Gott selbst abbilden?*

'MAGRITTE': *Ach, mit einer Kamera! Alles und jedes, egal was immer Sie fotografieren, ist doch göttlich, ist Gott selbst.*

RENÉ: *Jetzt sind mir die Fragen ausgegangen. Ich nehme mir besser die-*

sen alten Fragebogen zu Hilfe, um Ihnen ad hoc noch ein paar Antworten zu entlocken. Was ist zum Beispiel Ihr größter Fehler?

'MAGRITTE': *Blasphemie.*

RENÉ: *Was ist für Sie das größte Unglück?*

'MAGRITTE': *Nun, unglücklich zu sein.*

RENÉ: *Welchen Maler schätzen Sie besonders?*

'MAGRITTE': *Renoir und Leonardo da Vinci.*

RENÉ: *Was möchten Sie gerne sein?*

'MAGRITTE': *Ein Komponist.*

RENÉ: *Wollen Sie wiedergeboren werden? Das steht nicht auf der Liste, hab' ich aber vorhin vergessen, Sie zu fragen.*

'MAGRITTE': *Ja, als Blume am Fenster einer schönen Frau.*

RENÉ: *Jetzt wird's interessant, denn hier steht noch: Wie wollen Sie sterben?*

'MAGRITTE': *Am nackten Busen dieser Frau.*

RENÉ: *Dann müßten Sie wohl zuerst von ihr gepflückt werden. Das würde Sie dann sicherlich noch rasch zu einem neuen Bild inspirieren.*

'MAGRITTE': *Natürlich.*

RENÉ: *Herr 'Magritte', ich bedanke mich herzlich für dieses Gespräch.*

'MAGRITTE': *Auf Wiedersehen.*

Es würde uns ziemlichen Spaß machen, eine Serie neuer spirituell-surrealer Bildkompositionen 'Magrittes' herüberzubekommen. Vielleicht ein zukünftiges Trainingsfeld Miras?

vormals
›möglicherweise‹
JULES VERNE
französischer Schriftsteller
8.2.1828 - 24.3.1905

Kontaktversuchs-Protokoll vom 30.5.94
Kommunikation deutsch

Wir nahmen das Titelbild einer Taschenbuchbiographie Vernes, um uns mit dem Vater der Science-Fiction vertraut zu machen. Miras Einstieg ging ziemlich schnell vor sich, nachdem sie seine Frequenz abgetastet hatte. Allerdings kam es zu unvorhergesehenen Problemen.

MIRA: *Ich bin noch gar nicht richtig in Trance, aber es geht schon was vor. Ich seh' vier oder fünf so Lichtstrahlen oder eine Art Lichtwege, auf denen fährt, nein, eher schwebt, ein doppelgeleisiger Zug. So etwas hab' ich noch nie gesehen. Also, es sind eigentlich zwei miteinander verbundene Parallelzüge auf vier Lichtschienen, die in eine Traumlandschaft in die Ferne rasen.*
Jetzt seh' ich viele verschiedene Sachen, ganz durcheinander. Aber von 'Jules Verne' keine Spur.

RENÉ: *Frag' doch unseren Roberto, was los ist.*

MIRA: *Er sagt, ›der Verne weilt schon wieder unter uns Verkörperten. Er hat etwas mit Atomphysik zu tun, er studiert‹.*

RENÉ: *Ach so. Hmm. Und kann er uns sagen, wie alt der neue 'Verne' inzwischen geworden ist?*

MIRA: *Er sagt, ›etwa siebenundzwanzig‹.*

RENÉ: *Okay, dann machen wir jetzt einen Versuch. Roberto soll Dir dabei helfen, wenn er das kann. Und zwar gehst Du jetzt in der Zeit zurück, bis kurz* vor den Zeitpunkt dieser neuen Inkarnation von Jules Verne. Dann versuchst Du über sein Höheres Selbst in sein damaliges Bewußtsein einzusteigen und irgendwie seine letzte Energiepersönlichkeit zu aktivieren und an Dich heranzulassen. Also, Du gehst jetzt vor seine neueste Geburt zurück ins astrale Zwischenleben.

Es vergingen einige Minuten.

MIRA: *Ich seh' einen großen, grauen Nebel. Es qualmt irrsinnig in der Mitte.*

RENÉ: *Geh' in den Nebel hinein. - Was siehst Du jetzt?*

MIRA: *Es dreht sich alles. Jetzt öffnet sich der Nebel wie ein Trichter. Da ist eine Frau mit hochgebundenen, blonden Haaren. Und auch ein dunkelhaariger Mann, es ist ein Liebespaar. Und den 'Jules Verne' zieht es da in den Strudel hinein. Die blonde Frau wird mit ihm schwanger.*

RENÉ: *Aha. Dann müssen wir in der Zeit noch etwas weiter zurückgehen, vor diese neue Inkarnation. Geh' noch ein paar Jahre rückwärts.*

MIRA: *Das ist ganz schwierig, weil es mich selbst immer wieder in den Sog hineinzieht. Ich kann das fast nicht schaffen.*

RENÉ: *Doch, aber Du involvierst Dich nicht hinein. Du weißt, Du kannst die Zeit umkehren und noch fünf Jahre zurückgehen, direkt in seine alte Persönlichkeitsstruktur hinein.*

Kurze Pause. Urplötzlich war der damals noch jenseitige 'Jules Verne' präsent. Mira hat sich auf diesen Vergangenheitspunkt der 'Verne'schen Zeitschiene fokussiert und dort stabilisiert. Das Bewußtsein von 'Jules' kam zwar etwas lebloser und nicht so spontan wie die sonstigen Live-Kontakte herüber, aber es funktionierte.

'VERNE': **Nichts ist wichtiger als die Existenz. Existenzielles Erfahren an der Wurzel des Seins entspricht dem größten Abenteuer des Lebens.**

RENÉ: *Grüß Gott, Herr 'Verne'. Woher haben Sie denn damals Ihre heute so realen, utopischen Ideen genommen?*

'VERNE': **Aus der Vielfalt meines Selbstes. Ich war ein dichterischer Reformist.**

185

RENÉ: *Wir möchten gerne wissen, wie Sie Ihren Tod erfahren haben. Sind Sie bewußt hinübergegangen, als Ihr Jules Verne-Leben zu Ende ging?*

'VERNE': **Ja, und fragend, sehr fragend.**

RENÉ: *Sind auch Antworten auf Ihr fragendes Hinübergehen erschienen?*

'VERNE': **Die Antworten waren Fragen für eine neue Existenz.**

RENÉ: *Sind Ihnen sonstige Ihrer Leben in Erinnerung?*

'VERNE': **Es sind mehr die Leben meiner Mütter. Die sind intensiver in meinem Unbewußten gespeichert. Mir ist, als sei mein Selbst verloschen, als sei mein Wesen nie geboren, als sei die Existenz der Welt nicht im geringsten von mir beeinflußt. Ich nehme mich nicht wahr. Es ist die Erinnerung an meine Erinnerungen, die mich lebhaft macht. Irgendwie ist es wie der Glaube an das Gute ohne eine Antwort darauf.**

RENÉ: *Und dieses Jenseits, das Sie erfahren haben, wie würden Sie es als Literat beschreiben?*

'VERNE': **Als körperlos. Ich war reine Erfahrung, im Erleben durch nichts beschränkt.**

RENÉ: *Welches spezielle Erfahren hat sich im Vordergrund abgespielt?*

'VERNE': **Erfahrungen der Weite, ja, man könnte sogar sagen, der Dimensionen eines Himmels.**

RENÉ: *Welche Veränderungen im persönlichen Bewußtsein machten Sie auf dem Weg vom Irdischen zum Himmlischen durch? Wie konkret waren die Unterschiede?*

'VERNE': **Es war pikant, doch hat mich nichts gewundert. Wohl, weil ich es schon öfter erlebt hatte, zumindest ein gewisser Teil meines Selbstes. Oder vielleicht auch, weil dieses Göttlich-Numinose bereits weiß, daß es weiß. Es prickelte, aber es war mir keine Überraschung.**

RENÉ: *Sind Ihnen Freunde und Bekannte begegnet?*

'VERNE': **Ich lebte mehr aus Erinnerungen. Mir war, als säße ich mitten** *in der Fähigkeit, mich in der Zeit willkürlich zu versetzen, wie ich es so oft in meinen Träumen erlebte und in meiner Literatur auch verwirklicht habe.*

RENÉ: *Gibt es etwas, worauf Sie besonders stolz sind?*

'VERNE': **Die mütterlichen Frauen haben meine Seele besonders berührt. Sie haben mir diese Gebundenheit des freien Geistes, der diesen Frauen innewohnt, eröffnet. Diesen Schmerz habe ich wohl als kleines Kind mitempfunden und dann die Freiheit als Mann erlebt.**
Der Unterschied zwischen Mann und Frau ist wohl der, daß nur eine Frau solch konzentrierte Orientierungskraft besitzt, um sich in diesen unendlichen Weiten nicht so zu verlieren wie der Mann. Aus diesem Schmerz entstand die Nahrung für die Welt, für das Weltliche. Und dieses Opfer, wenn es sich wandelt, wird es zu Liebe. Die Liebe ist das Opfer für diese Freiheit. Was den Müttern diese Kraft verleiht, ist dieses Wissen um das Opfer.

RENÉ: *Was ist denn das Geheimnis Ihres großen Erfolgs und Charismas?*

'VERNE': **Ich hatte diesen Kampf der Weiblichkeit erlebt. Das hat mir diese Kraft gegeben, mich zu erheben.**

RENÉ: *Wenn Sie heute, kurz vor dem Ende des zweiten Jahrtausends, einen Roman schreiben würden, welche Themen würden Sie wählen? Wie würden Sie ihre Werke betiteln?*

Es vergingen einige Bedenksekunden.

'VERNE': **Vielleicht ›Holocaust 3000 - Das Inferno der Sterne‹. Oder ›Magnet-Explosionen in weiten Räumen‹. Da ginge es mir um das Erreichen von anderen Universen mit völlig neuen Gesetzen. Mich interessiert auch die Aufhebung der Schwerkraft für die gesamte Welt und die Lösung für die Atomkernreaktoren.**

RENÉ: *Wenn Sie an Wiedergeburt denken, was fällt Ihnen da zu Ihren weiter zurückliegenden Leben ein? Gibt es welche, die Ihnen besonders wichtig erscheinen?*

'VERNE': **Ein Leben als Hund, als Dalmatiner-Hund.**

187

RENÉ: *Warum ist Ihnen gerade das so haften geblieben?*

'VERNE': **Weil ich in diesem Hundekörper erstmals meiner selbst bewußt wurde. Mir wurde klar, daß ich ein Hund bin. Dadurch war ich auch das letztemal auf der Ebene. Ich ward dann niemals wieder zum Tier.**

RENÉ: *Macht im Lauf der Evolution jeder Mensch diese Tierphase durch?*

'VERNE': **Ich glaube schon, aber ich weiß es nicht mit Gewißheit.**

RENÉ: *Was haben Sie sich für Ihre künftige Verkörperung, von der wir im Ansatz erfahren haben, vorgenommen?*

'VERNE': **Diesen Weg der Bewußtwerdung weiter zu beschreiten.**

RENÉ: *Gibt es eine konzentrierte Botschaft an die Welt, eine, die Sie in ein, zwei Sätzen weitergeben möchten?*

'VERNE': **Ja. - Dem Vertrauen in das Unsichtbare muß man das Wissen um die Überraschungen des Lebens hinzufügen.**

RENÉ: *In der letzten Frage unserer Liste geht es um die persönliche Gotteserfahrung. Beschreiben Sie uns diese bitte soweit wie möglich auf den Punkt gebracht.*

'VERNE': **Für mich ist es das unendlich Kreative, dieses Potential, das für alles eine Lösung findet.**

RENÉ: *Danke. - Herr 'Verne', das Medium hat zu Beginn so etwas wie einen viergeleisigen Lichtzug wahrgenommen. Möchten Sie das kommentieren?*

'VERNE': **Das ist mein Double-Jet! Es ist ein doppelgetriebener Düsenmagnetzug, der mit Lichtgeschwindigkeit entlang von Lichtschienen schwebt.**

RENÉ: *Ist dieses Gefährt denn ein utopisches Gebilde aus einem unvollendeten Roman?*

'VERNE': **Es kommt darin vor. Die Arbeit betitelt sich ›Die Traumbrücke‹. Es geht in diesem Projekt um eine Art Zug, der über die Traumebene hinaus mit Licht in eine andere Existenz fährt.**

RENÉ: *Und wer sind die Passagiere?*

'VERNE': **Es ist eine Gruppe von Leuten, die dieses Experiment gemeinsam wagen und damit erfolgreich sind. Sie überqueren Kontinente, Planeten und Dimensionen.**

RENÉ: *Wollen Sie uns mal eine essentielle Kostprobe aus diesem unveröffentlichten Oeuvre durchgeben? Das wäre spannend.*

'VERNE': **Wir werden sehen.**

RENÉ: *Also, wenn Sie einen Verleger suchen, hier bin ich. - Nun habe ich keine weiteren Fragen mehr. Aber vielleicht möchten Sie uns noch über irgend etwas berichten?*

'VERNE': **Ich bin derzeit ja teilweise verkörpert, aber ich bin nicht vollständig in physischer Aktion befangen.**

RENÉ: *Wie zufrieden sind Sie mit Ihrer neuen körperlichen Verdichtung?*

'VERNE': **So zufrieden man eben mit einem Teil von sich sein kann.**

RENÉ: *Erzählen Sie uns doch ein bißchen über Ihre neue Identität.*

'VERNE': **Das würde zu unnötigen Spekulationen führen. - Es ist der Teil von mir, der sich in Atomphysik weiterbilden möchte. An der Universität entdecke ich vieles, was mir als schreibender Mensch entging. Es sind auch diese noblen Gesten der Dummheit, die ich studiere, die Dummheit der Menschen, die mich immer beschränkt und begrenzt hat in meinen Fähigkeiten. Obwohl ich feststellen muß, daß ich immer daran geglaubt habe, daß man diese Dinge auch bauen kann, die ich im Traum gesehen habe.**

RENÉ: *Zum Teil ist es ja schon geschehen.*

'VERNE': **Ja, vieles davon ist aber nicht in dem Maße geschehen, weil es eben, so wie ich es jetzt sehe, diesen menschlichen Aspekt der Polarisiertheit gibt. Es ist nicht die Dummheit des Geistes, es ist die Polarisation, die den Menschen in die Dummheit treibt. Es ist das polare Denken, das uns das beschert.**

RENÉ: *Sind Sie in diesem Folgeleben nicht mehr literarisch tätig?*

'VERNE': **Nein, überhaupt nicht. Dafür reicht die Zeit nicht aus. Ich bin auch nicht bekannt und ein sehr durchschnittlicher Student.**

RENÉ: *Haben Sie sich vorgenommen, vielleicht später in dem physischen Leben, noch irgend einen markanten Akzent zu setzen. Vielleicht mit einer Erforschung, Erfindung oder etwas anderem?*

'VERNE': **Nein, es ist ein Studienleben. Es ist mir, als ob ich meinem Geist in Erinnerung rufen müßte, wie beschränkt der Mensch ist. Ich muß lernen, ganz kleine Schritte zu machen in der Erforschung neuer Errungenschaften.**

In Ermangelung weiteren Dialogstoffes nahm ich wieder den historischen Fragebogen zu Hilfe.

RENÉ: *Welche Geistes- und Kulturgrößen bewundern Sie derzeit besonders?*

'VERNE': **Einstein, Michelangelo. Ich liebe Pavarotti, den Sänger.**

RENÉ: *Und welche Frauengestalt der Geschichte liegt Ihnen besonders am Herzen?*

'VERNE': **Das sind die Mütter. Ich habe doch diese Erfahrung mit dem mütterlichen Prinzip gemacht. Ja, es sind die Mütter, die der Welt diese Opfer bringen.**

RENÉ: *Ist Ihnen C.G.Jung bekannt?*

'VERNE': **Wem denn nicht?**

RENÉ: *Darf ich fragen, in welcher Weise er Ihnen untergekommen ist?*

'VERNE': **In vielfältiger Weise.**

RENÉ: *Nun, dann möchte ich für heute schließen, aber gerne gelegentlich ein zweites Gespräch führen, um vielleicht noch auftauchende Antwortlücken zu hinterfragen.*

'VERNE': **Gerne.**

RENÉ: *Dann bedanke und verabschiede ich mich mit den besten Wünschen für Ihren Studienzwischenaufenthalt. - Bevor Sie gehen, wenn Sie irgend jemand im kosmischen Wartesaal sitzen sehen sollten, der gerne mit uns sprechen möchte, dann schicken Sie ihn bitte herein.*

'VERNE' (lächelnd): **Ich weiß nicht recht, der Herr hier vorne sagt, er sitzt immer da in der ersten Reihe.**

RENÉ: *Wer ist es? Wie heißt er denn?*

'VERNE': **Da sitzt Herr 'Jung'. Er sagt, ›er ist im Kino‹!**

Solche juxartigen Intermezzos sind an sich eine sehr seltene Ader 'Jungs', aber manchmal macht er sich auf solche Weise bemerkbar, um uns wissen zu lassen, daß er das Geschehen mitverfolgt.

RENÉ: *Aha. - Ach, der beobachtet nur, was hier vorgeht. Aber wenn wir schon im Kino sind, könnten Sie eventuell Herrn Roberto, unserem Platzanweiser, der sicher auch irgendwo in der Nähe weilt, sagen, er möge sich umsehen, wo denn 'Charlie Chaplin' gerade weilt. Er könnte ihn fragen, ob er auf einen Sprung bei uns vorbei kommen möchte, um uns kurz zu Diensten zu sein.*

'VERNE': **Das kann ich machen. Wir können ja zusammen versuchen, ihn zu rufen.**

RENÉ: *Ich bitte darum.*

'VERNE': **Also, da tut sich etwas. Dann gehe ich also jetzt. Auf Wiedersehen.**

RENÉ: *Auf baldiges Wiedersehen.*

Daß es gelungen ist, mit einem relevanten Bewußtseinsanteil 'Jules Vernes' Kontakt zu finden, obwohl sein niederes Selbst mit einer neu inkarnierten Persönlichkeitsstruktur beschäftigt ist, freute mich besonders.
Dieser erste Versuch in dieser Richtung zeigte an, daß es unter bestimmten Vorbedingungen durchaus möglich zu sein scheint, mit jeder Bewußtseinsformation, sei ein Teil davon gerade verkörpert oder nicht, spirituellen Kontakt aufzunehmen. Das würde die bisherige Konzentration auf nur kürzlich ›verstorbene‹ Bewußtheiten aufheben und alles Mögliche möglich machen.

Es ist noch gar nicht auszudenken, wohin das noch führen könnte. Die selbstauferlegte Einschränkung, daß wir mit den dunklen Untiefen unterentwickelter Wesen nicht direkt zu tun haben wollen, werden wir aber auch in Zukunft beachten.

Eine sensationelle Pressemeldung erreichte uns noch kurz vor Druckbeginn: Erst jetzt entdeckte ein Enkel Jules Vernes in einem unbeachteten alten Safe ein 130 Jahre altes Buchmanuskript seines visionären Großvaters. Der inzwischen von Experten als echt bestätigte Science-Fiction-Roman mit dem Titel ›Paris im 20. Jahrhundert‹ spielt im Jahre 1963 und nimmt die 1863 noch völlig unbekannten technischen Errungenschaften wie Auto, Faxgerät, Untergrundbahn und den elektrischen Stuhl vorweg. Vernes damaliger Verleger hatte das Manuskript zwar mit roter Tinte lektoriert, aber schließlich mit dem Vermerk›zu unglaubwürdig‹ abgelehnt. Das 200-Seiten starke Opus ist gerade auf französisch erschienen und wird derzeit in einige Sprachen übersetzt.

In einem allerletzten Small Talk vom 22. 10. 94 mit 'Edgar Cayce' hatte ich auch noch kurz 'Jules' zur aktuellen Meldung befragt. Nickend bestätigte er sein jetzt aufgefundenes Manuskript als ein authentisches und fügte hinzu, *›daß es sein einziges - aus Verlegerdummheit - abgelehntes Werk sei‹.*

In diesem Zusammenhang fragte ich auch gleich nach, ob er vielleicht nun ein paar in den nächsten 100 Jahren auf uns zukommende Innovationen nennen könne. Nach einer Denpause sprach er *›von einer völlig neuen Art Papier und von Schreibzeug ohne Patronenfüllung mit einer sich selbsterneuernden Flüssigkeit, von raketenartigen, überschallschnellen Massenverkehrsflugzeugen mit ökologisch unschädlichem Treibmittel, einer anderen Methode der Salzgewinnung, einer neuen Gewässerreinigungstechnik, einem laut- und kostenlosen Nahverkehrssystem, das fahrplanunabhängig funktioniert und den Privatverkehr total aus den Städten verbannen wird, von komplett ferngesteuerten Büros sowie einem großen Umdenken in der Ernährungsszene, insbesondere des drastischen Senkens des Fleischverbrauchs, der Entwicklung vieler Sojaprodukte und von einer neuentdeckten Tiefseealge‹.*

Als ich noch mehr wissen wollte, entgegnete er, *›daß jeder, der seinen Geist befreie, solche Zukunftseindrücke auch selbst haben könne‹.* Um Details und genaue zeitliche Angaben zu seinen jüngsten Visionen befragt, meinte er nur lapidar, *›daß er nicht Nostradamus sondern 'Jules Verne' sei‹* und verabschiedete sich.

vormals
›möglicherweise‹

JEAN RENOIR
französischer Regisseur
15.9.1894 - 12.2.1979

Kontaktversuchs-Protokoll vom 19.5.94
Kommunikation deutsch

Im Rahmen meiner Drehbucharbeiten ist mir Jean Renoir immer wieder als Mann untergekommen, der viel zur Theorie und Praxis des Filmemachens zu sagen hatte. Was lag näher, als einen Direktkontakt anzupeilen. Aktualisiert hatte sich der Gedanke, als ich einen Film über sein Schaffen im TV gesehen hatte.
Mirabelle hatte von diesem Herrn, dem Sohn des Malers Auguste Renoir, noch nie zuvor gehört, weshalb ich ihr kurz vor der Trance, die wir zu später Stunde ansetzten, ein Porträt von ihm vorlegte. Sie betrachtete es mit Sympathie und schickte sich an, ihre Gehirnhälften zu synchronisieren.
Nach einigen Minuten teilte mir meine Frau mit, innerlich französische Worte sprudeln zu hören, die sie allerdings nur fragmentarisch zu übermitteln imstande war. Es hieß irgend etwas mit ›....*pour le corps*...‹ und ›.....*et le transformation*...‹ und ›...*un contact*...‹ und ›*la muse est la* ...‹ und so weiter.

MIRA: *Der redet ja rasend schnell. Und alles französisch. Da komm' ich nicht mit.*

RENÉ: *Bitte die Quelle doch, auf Deutsch überzuwechseln. Oder laß das Gehörte durch eine Funktion des Höheren Selbstes übersetzen. Das haben wir ja schon öfter gemacht.*

Für einige Minuten herrschte wieder Funkstille. Dann folgte ohne Vorwarnung ein Prolog in Gedichtform, der mit französischem Akzent herüberkam. Die zweite der nachfolgenden Zeilen ist allerdings im ersten Moment schwer verständlich. Wir nehmen an, 'Renoir' meint darin, daß sich bei Menschen, die mit der Muse leben, diese Musik der Seele auch in einer ihnen eigenen Schönheit ausdrückt.

194

'RENOIR':   *Die Muse ist die Musik der Seele.*

Alle, die sie leben, sind sehr schön.
Ihre Körper haben sie bekommen,
um sich um das Leben zu bemühen,
um mehr Leben und mehr Freude
zu gewinnen.
Um Freude mußt Du Dich bemühen.
Freude mußt Du leben lernen,
Freude will erworben sein.

Das Schwerste im Leben ist, Freude zu bewahren. Über einen Schmerz hinwegzukommen, gelingt den Menschen. Aber die Freude für immer zu finden, damit haben sie größte Schwierigkeiten.
Ein Meister der Philosophie sagte: Wann immer Dein Herz traurig ist, verzichte nie auf die Freude. Denn Du wirst niemals sterben, wenn Du Freude empfindest. Die Freude ist der Sieg über das Leben und über das Sterben.

RENÉ: *Habe ich die Ehre mit 'Jean Renoir' zu sprechen?*

'RENOIR': **Mit seinesgleichen.**

RENÉ: *Es freut mich, daß Sie noch nicht wieder inkarniert sind, das erleichtert die Kommunikation ungemein.*

'RENOIR': **Mein Respekt vor dem Lebendigen ist sehr groß.**

RENÉ: *Aus dem Film über Sie, den ich vor einigen Tagen gesehen habe, gewann ich den Eindruck, daß Sie eine sehr schöne Kindheit gehabt haben. Und sich dadurch offensichtlich auch viel Freude bewahren konnten.*

'RENOIR': **Ja, ich war ein sehr geliebtes Kind. Aber auch ich habe meine Eltern bedingungslos geliebt.**

RENÉ: *Später haben Sie dann in der Welt der Filmschaffenden bleibenden Eindruck hinterlassen.*

'RENOIR': **Ja, denn die Lüge hat mich fasziniert, die Lebenslüge, die der Mensch produziert. Sie ist die einzige Aufrichtigkeit im Leben.**

RENÉ: *Also, ich selbst bin zwar erst ein Zauberlehrling in der Zunft der Filmemacher, aber ich hätte trotzdem gerne, daß Sie mir -*

'RENOIR' (unterbrechend): **Du glaubst noch nicht ganz an Deinen Zauber.**

RENÉ: *Doch, doch. Sagen wir, der Kuchenteig gärt bereits. Es fehlt nur noch an einigen wohlhabenden Köchen, die die Sache ausbacken helfen.*

'RENOIR': **Dann heißt es am Ball bleiben.**

RENÉ: *Ja, es sieht ganz gut aus, mit gewissen Möglichkeiten. Wir haben Kontakte mit Leuten in Hollywood gefunden, suchen aber noch -*

'RENOIR': **- Kontakte mit dem Jenseits!**

RENÉ: *Die haben wir auch. Speziell unsere Jenseits-Kommunikation mit Ihnen wird, so hoff' ich doch, unter Filmfachleuten Interesse finden. Darum wäre es schön, wenn Sie zum Themenkreis Kino und Kinomachen, zum Film der Zukunft et cetera, aus Ihrer heutigen Sicht vermelden würden, worum es geht.*

'RENOIR': **Worum es geht? Nun, der Wohlstand der Menschen ist doch nicht an Ihrem Geldbeutel zu messen. Es ist die seelische Freude, die den eigentlichen Reichtum des Menschen ausmacht. Instinktiv wissen das die Menschen, aber sie richten sich nicht immer danach.**
Letztlich sind es die einfachen Dinge, die den Menschen ihr Leben erweitern. Freude hat mit Weite und Größe zu tun, mit Verzicht auf Frustration und mit Loslassen-Können. Und Heiterkeit hat viel mit dem uralten Wissen des Vertrauens zu tun.
Wenn wir in die Kirche gehen, sind wir alle traurig. Wenn die Menschen ins Kino gehen, dann sind sie berührt. Egal, was sie betrachten, sie sind beeindruckt, und darum geht es: den Geist und die Seele zu nähren, und so das Menschenleben zu vergrößern.

RENÉ: *Welche Art von Filmen würden Sie heute machen, wenn Sie losgelassen würden?*

'RENOIR': **Gotische! Ich habe die Gotik sehr geliebt. Das Gotische hat für mich etwas Reines, es hat viel von Stille und Innehalten. Es ist dieses Sich-Verlieren in die Einfachheit, in die Kristallisation des Seins.**

Ich würde die Menschen vielleicht auf etwas anderes hinweisen als auf sich selbst, auf etwas Höheres. Die Psyche hat mich immer zutiefst bewegt. Mehr als die Verhaltensweisen meiner Freunde und Mitmenschen würde mich jetzt das Höhere in der Existenz ansprechen, das würde ich versuchen zu vermitteln. Die Sehnsucht des Menschen nach dem Unsichtbaren und seine Freude daran, aber auch das Mißtrauen dem gegenüber.

RENÉ: *Würde es Sie eventuell reizen, an einer Co-Produktion zwischen Diesseits und Jenseits mitzuwirken? Zum Beispiel mit einem Drehbuch-Exposé?*

'RENOIR': **Wenn 'Marlene Dietrich' mitmacht.**

RENÉ: *Das klingt ja schon nach einer halben Zusage. Also, Sie machen mit?*

'RENOIR': **Sie möchten ein Experiment!**

RENÉ: *Gern und immer, ich bin zu vielen Untaten bereit. Vielleicht könnten Sie diese höhere, geistige Weite und dieses Freude-Auslösen im Zuschauer in ein Script hineinverpacken.*

'RENOIR': **Ich meinte, wir sollten die Menschen darauf aufmerksam machen, welchen Wert Freude in ihrem Leben hat.**

RENÉ: *Sie wissen ja, Hollywood und Konsorten verlangen heute nach Dynamik und allem Möglichen, um die sogenannten Einspielergebnisse gewährleistet zu sehen. Wenn sich das mit Ihrem Script vereinbaren läßt, könnte schon praktisch etwas daraus werden.*

'RENOIR': **Durchaus, das ist der Trend.**

RENÉ: *Ich habe vor kurzem ein erstes Drehbuch beendet, das diesen Kriterien standhalten sollte.*

'RENOIR': **Ein Gehversuch!**

RENÉ: *So könnte man sagen. - In meiner Fachliteratur werden Sie übrigens oftmals zitiert. Deshalb auch meine Frage, wie Sie die Drehbuchstrukturen der Zukunft sehen? Gibt es da neue Konzepte?*

'RENOIR': **Ich glaube an die klassische Form der Drehbuchführung.**

RENÉ: *Nennen Sie mir doch ein paar wichtige Momente, die ein guter Drehbuch-autor beachten sollte.*

'RENOIR': **Den Überraschungseffekt, das unerwartete Ende. Die Ent-spannung und Anspannung. Ja, es ist wie vor einem Höhepunkt, dann die nächste Entspannung und Anspannung und wieder ein Höhepunkt. Es muß immer diese Wellenbewegung geben, dieses Auf und Ab, das sich an der menschlichen Psyche orientiert. Es ist, wie wenn man einen ständig hungrigen Geist füttert.**

RENÉ: *Ist Ihnen zu Lebzeiten C.G.Jung ein Begriff gewesen?*

'RENOIR': **Oh ja.**

RENÉ: *Haben Sie ihn nur gelesen oder auch persönlich getroffen?*

'RENOIR': **Das hätte ich gern.**

RENÉ: *Wir stehen seit vielen Jahren mit ihm in Kontakt. Deshalb würde es mich freuen, wenn Sie sich mal bekannt machen. Vielleicht könnten wir ein-mal gemeinsam ein Drehbuch entwickeln?*

'RENOIR': **Das wäre schön und sicher auch sehr interessant.**

RENÉ: *Sie waren ja lange in Amerika. Was hat Sie an der dortigen Filmindustrie fasziniert?*

'RENOIR': **Die Leute. Sie waren teilweise so blank, solch unbeschriebene Blätter. Es war immer wieder ein Erlebnis zu sehen, wie auf diesen un-geschriebenen Blättern schließlich Milliarden von Wesen entstanden, mit allen menschlichen Seiten und Zügen.**

RENÉ: *Welchen Stellenwert, glauben Sie, wird das Kino im Entertainment der Zukunft haben?*

'RENOIR': **Es wird noch immer so weitergehen. Es wird nie aus der Mode kommen.**

RENÉ: *Worin begründet sich das? Daran, daß es soviel mit der Traumwelt zu tun hat?*

'RENOIR': *Es ist auch die erlebte Gemeinsamkeit. Sie können sich gemeinsam mit vielen Menschen einen Film ansehen und trotzdem gleichzeitig anonym bleiben.*

RENÉ: *Und wird sich an der Machart der Filme oder am Betrachtungsmodus etwas ändern?*

'RENOIR': *Ja natürlich, die Technologie. Es wird viel in 3D gemacht werden, aber das wird das zweidimensionale Kino nicht verdrängen. Vielleicht wird auch das Bild noch größer werden.*

RENÉ: *Werden die Zuseher weiterhin in Reihen davor sitzen?*

'RENOIR': *Ich denke schon. Vielleicht gibt es bald auch Liegesessel und andere Einrichtungen.*

RENÉ: *Herr Renoir, wie haben Sie Ihren persönlichen Abgang ins Jenseits erlebt? Ist es eine filmreife Story?*

'RENOIR': *Ich hatte Schmerzen. Es war gut, befreit zu sein.*

RENÉ: *Und die Ankunft drüben, wie war die?*

'RENOIR': *Schön! Ich war sehr ruhig und friedlich. Es war sonnig.*

RENÉ: *Welche Vorstellung vom Jenseits hatten Sie vor Ihrem Ableben?*

'RENOIR': *Ach, ich hatte viele verschiedene und wußte nicht, welche davon die richtige ist.*

RENÉ: *Und welche hat sich als stimmig erwiesen? Ich frage, weil sich gemäß unseren Studien das jeweils zuvor im Bewußtsein vorherrschende individuelle Konstrukt über das Nachher vom Kosmos zumindest in gewisser Weise bestätigt wird.*

'RENOIR': *Es war eine enorme Erweiterung meiner seelischen Empfindungen und auch der sensorischen Wahrnehmungen. Mir war, als wäre mir eine Binde von meinen Augen genommen worden, auch von meinen Ohren und all meinem Empfinden. Dann merkte ich, daß diese scheinbar neuen Empfindungen eigentlich schon immer zu mir gehört haben. Und daß mich dieser Körper eigentlich nur als Informationsquelle für die Welt durch die Gegend geschleust hat. Es war mir, als hätten die Menschen eher die Möglichkeit gehabt, mich wahrzunehmen als ich sie - als sei der Körper etwas, das den anderen die Möglichkeit gibt, mich mehr wahrzunehmen, und weniger für mich gedacht war. Denn an meiner Wahrnehmung der Welt änderte sich nichts, außer, daß sie sich enorm erweiterte. Es war ein multiples Erlebnis.*

RENÉ: *Haben Sie vor, sich je wieder zu inkarnieren?*

'RENOIR': **Ja doch, wenn es mich reizt. Es müßte schon eine gute Gelegenheit sein. Man weiß ja nie, was auf einen trifft.**

RENÉ: *Welche Filmemacher, historische oder heutige, bewundern Sie besonders? Nennen Sie möglichst welche, die wir kennen.*

'RENOIR': **Walt Disney.**

RENÉ: *Der war schon unser Gast. Sind Sie ihm auch begegnet?*

'RENOIR': **Wir sind zusammen.**

RENÉ: *Was treibt er denn so? Er wird es wahrscheinlich ohnehin wissen, ansonsten richten Sie es ihm bitte aus, daß er derzeit eine sehr schlechte Presse hat. Jetzt sucht man seinen Schatten unter dem Teppich hervorzukehren.*

'RENOIR': **Ach, das stört ihn nicht. Darum ging es ja nicht. Das ist doch so oder so sein Problem. Es geht doch darum, was er in der Welt geschaffen hat. Ohne seinen Schatten hätte er auch die grausamen Szenen nicht machen können.**
Mich fasziniert auch Hölderlin. Wenn er Filme gemacht hätte, dann wäre die Filmwelt in Bewegung geraten.

RENÉ: *Vielleicht setzen Sie sich mit ihm wegen eines Scripts zusammen.*

'RENOIR': **Dichter machen Filme, die vor ihrem geistigen Auge erscheinen, und viel länger sind, als das, was wir auf der Leinwand produzieren. Sie ziehen die Menschen wahrhaft in ihren Bann.**

RENÉ: *Hölderlin war doch zudem, soweit ich mich erinnere, ein ziemlicher*

Grenzgänger der Psyche, der immer drohte abzustürzen, und wahrscheinlich erst dadurch sein Genie hervorkehren konnte.

'RENOIR': *Ja, natürlich.*

RENÉ: *Haben Sie während Ihrer Erdenzeit gelegentlich Kontakte zum Jenseits gepfllegt?*

'RENOIR': *Die Kreativität war wohl mein Kontakt zu dieser Welt. Ich war lieber voll im Diesseits, im Hier und Jetzt zu Hause und sinnierte über das Leben und das menschliche Gemüt. Ich studiere es auch jetzt noch. Man möchte sich schließlich weiterbilden. Ja, ich beschäftige mich mit Philosophie, Psychologie und anderem.*

RENÉ: *Vielleicht möchten Sie aus diesem Blickwinkel etwas Neues zur Filmtheorie beitragen?*

'RENOIR': *Man sollte sich immer auf das Undiskutierte, Unerkannte, Weggeschaute, Abgeschminkte oder Übertünchte beziehen, auf alles das, womit sich der Mensch im Leben nicht beschäftigen kann oder möchte. Es in den Raum stellen, diskutieren und den Menschen helfen, sich davon ›nicht‹ befreien zu können. Ihn in Mitleidenschaft ziehen und ihn zähmen. Natürlich, der Mensch ist ein wildes Tier, das ist er immer gewesen. Und ich zähle mich auch dazu.*

RENÉ: *Das klingt wie ›er wird es auch immer bleiben‹.*

'RENOIR': *Das kann ich nicht sagen. Ich weiß es nicht.*

RENÉ: *In gewisser Weise muß wohl diese Freiheit, wenn der Mensch sie mal vollends gefunden hat, immer auch diese Wildheit beinhalten, vielleicht in einer kultivierteren Form.*

'RENOIR': *Es müßte offen stehenbleiben. Denn Wildheit ist auch Echtheit, Freiheit, Unberührtheit und Unverdorbenheit. Aber das gibt es auch wieder nicht, denn der Mensch entsteht durch Erfahrung. Kann er sich die Ursprünglichkeit seiner existenziellen Reaktionsfähigkeit bewahren, bleibt er gesund. Diese wiederum aber ist stark geprägt vom Umfeld, in dem er aufwächst.*

RENÉ: *Zurück zu einem eventuellen Script. Mich würde es reizen, etwas zum Traumleben an sich zu machen. Allein würde ich mich da aber voll übernehmen. Doch wenn Jung, der ja ein Kenner dieses Metiers ist, sich mit Ihnen, der Sie ein Filmprofi sind, zusammen an das Thema wagen würde, das wär' schon eine starke Sache.*

'RENOIR': **Es würde sich auszahlen, darüber nachzudenken.**

RENÉ: *Und ich werde darüber sinnieren, wie sich ein Financier dafür finden läßt.*

'RENOIR': **Es kommt darauf an, wie solch ein Projekt aufgebaut wird. Ich würde jedenfalls inspirierend wirken. So etwas braucht viel Herz und Einfühlungsvermögen.**

RENÉ: *Ihr französischer Akzent gefällt mir.*

'RENOIR': **Oh ja, bitte schön. Ich genieße auch die deutsche Sprache.**

RENÉ: *Was macht Ihr berühmter Vater? Ist er auch bei Ihnen drüben?*

'RENOIR': **Ja. Er ist zuhause in der Bibliothek, um zu studieren.**

RENÉ: *Malt er denn nicht mehr?*

'RENOIR': **Nein, er studiert und liest. Er möchte sich Wissen aneignen.**

RENÉ: *Was sagen Sie zu den Erfolgen Steven Spielbergs?*

'RENOIR': **Ja, sehr schön. Großartig. Er hat sich auch verändert.**

RENÉ: *Haben Sie den Film über Schindlers Liste gesehen?*

'RENOIR': **Natürlich, wer denn nicht. Er ist ganz gut, hätte aber noch trauriger sein können.**

RENÉ: *Ich bin völlig überrascht, daß Sie soviel mit mir plaudern. Gehen wir nochmals zum Filmemachen zurück.*

'RENOIR': **Ja, eine Brise Frivoles gehört auch hinein, in diesen Film-suppentopf.**

RENÉ: *Sozusagen als Würze?*

'RENOIR': *Ohne das Spiel des Menschen mit seiner Sexualität, ohne diese machtvolle Kraft wird es kein guter Film.*

RENÉ: *Und wieviel Crime zum Sex muß sein? Die Dosierungen scheinen sich ja mit der Zeit zu verändern?*

'RENOIR' (lachend): *Ja, das auch. Alles, was nicht in die Hose paßt, muß raus.*

RENÉ: *Wenn wir schon bei den Würzmitteln sind, welche Zutaten empfehlen Sie denn sonst noch?*

'RENOIR': *Nur keinen Senf. - Also, dieses Problem der Einsamkeit des Menschen, sein Verlassenheitsgefühl, seine Ängste, Frustrationen und Verhaltensweisen, die nichts mit seiner Moral zu tun haben, all das muß hinein. Und die Zweigespaltenheit des Menschen, das Gefühl, wie er sein müßte, und das Gesicht, das er wirklich trägt.*

RENÉ: *Ich hätte gerne eine kritische Analyse meines ersten Drehbuchs bekommen, ich weiß nur nicht, wie wir das praktisch anstellen könnten. Das Medium hat es ja gelesen. Sie könnten mein Werk vielleicht geistig etwas durchblättern und mir nächstens einen Kommentar abgeben? Oder auch gleich?*

'RENOIR': *Anstrengend ist das mit Ihnen. Zuallererst müssen Sie sich selbst die Frage stellen, was will ich mit diesem Film erreichen? Zweitens, was will ich am Menschen verändern? Drittens, womit will ich ihn aussöhnen? Und viertens, welche Ängste möchte ich aufzeigen? Und als letztes fragst Du Dich, ob die Arbeit Freude macht. Habe ich ein Glücksgefühl? Erhebt mich das Drehbuch und das Endprodukt?*
Gehst Du nach Deinem Gefühl, dann weißt Du, wo Du Fehler machst. Es ist das Unbewußte, das Dir die Antwort gibt, das Dir sagt, wo Du richtig liegst und wo nicht. Aber Du mußt zu Dir selbst gnadenlos ehrlich sein und darfst Dich nicht von Deinem Verstand verwirren lassen. - Ich muß jetzt gehen.

RENÉ: *Okay. Also, ich hoffe, Sie bald wieder zu treffen und bedanke mich. Bis zum nächsten Mal. Bon soir, sagt man, glaube ich.*

'RENOIR': *Bonne nuit!*

RENÉ: *Ach, es ist ja schon Null Uhr Dreißig. Schlafen Sie auch schön, falls Sie das tun.*

Die Hinweise 'Renoirs' waren mir eine willkommene Hilfe, meine in Arbeit befindlichen Drehbücher nochmals gründlich durchzusehen.
Wir sind gerne bereit, zusammen mit interessierten diesseitigen Filmschaffenden weitere fachspezifische Gespräche mit 'Jean' zu arrangieren. Vielleicht ergibt sich so manch unerwartete Koproduktion.
Presse und TV feierten übrigens gerade Renoirs hundertsten Geburtstag.

vormals
›möglicherweise‹

HERMANN HESSE
deutscher Schriftsteller
2.7.1877 - 9.8.1962

Kontaktversuchs-Protokoll vom 1.6.94
Kommunikation deutsch

Anläßlich seines 25. Todestages erschien ein großer Verlagsprospekt im Zeitungsformat mit einem tollen, ganzseitigen Foto Hesses auf der Titelseite. Dieses legte ich Mira vor, als sie sich auf die Trance vorbereitete. Sie fühlte sich in 'Hesse' ein und schloß die Augen. Schon nach kurzer Zeit kam ein Gedicht durch.

MIRA: *Ich hör' den Satz: ›Laßt den Menschen siegen‹.*

Kurze Pause. Die veränderte Stimmung im Raum wurde stärker.

›HESSE‹:   *Wenn die Blüten vom Himmel fallen,*
werde ich glücklich sein.
Mit ihrem Zauber werden sie mich erfreuen,
mit ihrer Liebe werden sie mich umhüllen.
In allem, was ich liebe, werden sie sein.

RENÉ: *Herr 'Hesse', es ist mir eine Ehre, Sie begrüßen zu dürfen. Möchten Sie unseren Lesern erzählen, wie Sie Ihr Hinübergehen auf die andere Seite erlebt haben?*

'HESSE': *Es war eine Erleuchtung. Und wie so vieles in meinem Leben, hat mich diese Erfahrung an den Rand des Seins gebracht. Eine Woge, deren Aussichten Du nicht kennst, diese Scheu vor dem Unbekannten, macht es dem Lebenden schwer, weil er nicht weiß, ob die Liebe endet. In diesem Kummer verharren wir, bis wir erkennen, daß wir selbst das Leben sind.*
Nach dem Dahinscheiden verändert sich alles. Innen und außen verkehrt sich. Das Außen wird zum Innen und wir berühren das Leben.

206

'Hesse' sprach leise, langsam und getragen. Seine durch Mira manifestierte Stimme hatte etwas sehr Berührendes und Erhebendes an sich. Aus der Schwingung konnte man von Anfang an spüren, daß sich hier eine hochentwickelte, alte Seele kundtat.

RENÉ: *Und das Jenseits selbst, wie hat sich Ihnen das dargestellt?*

'HESSE': **Die Erlaubnis, vom Leben erfaßt zu werden, steht in der eigenen Seele geschrieben. Alles, was dazu zu sagen ist, ist noch niemals gesagt worden - weil mit Worten nicht aussprechbar. Was sich besprechen läßt, ist diese Gleichzeitigkeit von Sein und Nicht-Sein, von Berührt-Sein und Berühren, wenn wir das Verschwimmen der Grenzen der Wahrnehmung als Wirklichkeit erfahren.**

RENÉ: *Was war das Markanteste am neu erfahrenen Bewußtsein?*

'HESSE': **Angstfrei zu sein.**

RENÉ: *Haben Sie drüben Freunde getroffen?*

'HESSE': **Viele. Das Abenteuer des Lebens endet nicht mit der Erkenntnis der Verbundenheit. Es ändert sich die Einstellung. Man wird fähig und fähiger, berührt zu werden und diese Berührungen angstfrei geschehen zu lassen, ohne sogleich Blockaden zu errichten.**

RENÉ: *Wenn Sie auf Ihr letztes Leben zurückblicken, was steigt Ihnen da zuerst auf?*

'HESSE': **Erfüllende Liebschaften, die mich glücklich gemacht haben und mich für den Rest meines Lebens segneten.**
Alles, was ich erreichen wollte, wußte ich, finde ich und findet sich in mir. Hier müßte ich es entwickeln, mich auf die Erfüllung vorzubereiten, hier liegt der Schlüssel zur Ganzwerdung meines eigenen Seins.

RENÉ: *Wissen Sie etwas von Ihren noch zuvor liegenden Leben?*

'HESSE': **Was ich auch immer war, zählt nicht. Die Quelle der Inspiration, das Vorhandensein der Verbundenheit alles Lebendigen und Existenten hat mich zu dem gemacht, was ich bin. Wir enden doch nie, fangen nur immer neu an.**

RENÉ: *Herr 'Hesse', haben Sie so etwas wie eine zentrale Botschaft an unsere Leser, beziehungsweise an Ihre zahlreiche Leserschaft?*

'HESSE':

Wie still es ist,
wo nichts mehr ist,
was mich durchdringt.
Wie leer,
wo alles mir zerfällt.
Wie lose
bin ich ohne Leben.
Ein Nichts.
Doch alles muß
und will gedeihen.
Ich nehm' es,
um zu sein.

RENÉ: *Sie haben doch zu Lebzeiten C.G.Jung gekannt, mit ihm Briefe gewechselt und soviel ich hörte, sogar eine Analyse bei ihm gemacht. Haben Sie 'Jung' wiedergetroffen?*

'HESSE': **Wir sind zusammen. Der Schlüssel damals war, meine Traurigkeit als die Notwendigkeit zu erkennen, im Leben mit Ängsten und Beklommenheiten anders als bisher umzugehen. Und diese nicht mehr als Begrenzung, sondern als Stützen zu sehen und zu erleben. Indem man ihnen so die Gewalt nimmt, enthüllt sich einem der Halt, der hinter dem Negativen liegt.**

RENÉ: *Wie kam es denn zu Ihrem starken Interesse am östlichen Wissen?*

'HESSE': **Es war die Ruhe und der Frieden, den diese mich erfüllenden Menschenbeziehungen ausgestrahlt haben. Ihre Zufriedenheit und innere Einstellung zum Sein beeindruckten mich.**

RENÉ: *Vermutlich liegen auch frühere Ihrer Leben in asiatischen Gefilden?*

'HESSE': **Vielleicht. Aber es müßte nicht sein.**

Ich blätterte den vorliegenden Verlagsprospekt in der Mitte auf, wo doppelseitig ein Hesse-Poster von Andy Warhol abgedruckt ist. Warhol hatte darauf Hesses Konterfei - meines Erachtens graphisch meisterlich gekonnt - in einen feuerspeienden Artisten verwandelt.

RENÉ: *Wie gelungen finden Sie diese Warhol-Graphik über Sie?*

'HESSE' (zögernd): **Gut.**

RENÉ: *Haben Sie 'Warhol' drüben schon getroffen?*

208

'HESSE': *Kurz.*

RENÉ: *Haben Sie vor, wieder einmal ein irdisches Kleid anzunehmen?*

'HESSE' (nach einer kurzen Pause): *Vielleicht.*

RENÉ: *Ist es Ihnen möglich, uns Ihre Gotteserfahrung zu beschreiben?*

'HESSE': *Nein.*

Mit seinen kurz angebundenen Antworten brachte mich 'Hesse' etwas aus dem Konzept, sodaß ich zu meinem Hilfsmittel griff.

RENÉ: *Herr 'Hesse', ich habe hier diesen berühmten Fragebogen aus den 20er Jahren und möchte Ihnen daraus ein paar Fragen stellen. Zum Beispiel möchte ich Ihre Lieblingsblume kennenlernen.*

'HESSE': *Die Narzisse.*

RENÉ: *Wer ist Ihr Lieblingsmaler?*

'HESSE': *Keiner.*

RENÉ: *Und Ihr Lieblingsvogel?*

'HESSE': *Hab' ich keinen.*

RENÉ: *Haben Sie ein Motto?*

'HESSE': *Nein.*

Hesse' war scheinbar nicht sehr angetan von meinem Fragespiel. Auch zuvor war er auf meine spekulativen Wünsche nicht so recht eingestiegen, also dachte ich, mich besser verabschieden zu sollen.

RENÉ: *Herr 'Hesse', möchten Sie uns noch irgend etwas mitteilen?*

'HESSE': *Nein.*

RENÉ: *Nun, dann möchte ich mich herzlich von Ihnen verabschieden. Vielleicht erzählen Sie uns noch, was Sie dann machen, wenn Sie von uns gehen.*

'HESSE': *Ich weiß es nicht.*

RENÈ: *Dürfen wir Sie eventuell später nochmals sprechen? Und vielleicht dann auch erfahren, was Sie nachher tun werden?*

'HESSE' (schmunzelnd): ***Vielleicht. Auf Wiedersehen.***

Einige Tage später geschah, wie schon so oft in unserem Leben, etwas Verwunderliches: Mira fand auf der Straße ihres Einkaufsweges einen kleinen Bund seidiger Narzissen!

'HERMANN HESSE'
2. Kontaktversuch, Protokoll vom 19.7.94
Kommunikation deutsch

Sechs Wochen später, kurz vor Abschluß des Manuskripts, empfahl ich Mira, Herrn 'Hesse' nochmals zu kontaktieren, um ihm noch etwas Raum in diesem Buch zu geben. Mein Wunsch wäre es gewesen, ein bißchen Literatur von drüben zu bekommen, doch 'Hesse' hatte andere Ambitionen.
Diesmal channelte Mira Herrn 'Hesse' nicht akustisch, sondern zog sich mit Klemmbrett und Papier in ihr Zimmer zurück. Sie legte die von ihr gefundenen Seiden-Narzissen vor sich hin und versuchte, sich auf 'Hesse' zu fokussieren. Lustigerweise kam ihr ständig 'C.G.Jung' in den Sinn, sodaß sie ihn nach zwanzig Minuten - wenn er schon in der Nähe war - einfach bat, ihr doch beim Kontaktknüpfen mit 'Hesse' zu helfen. Dann lief der Schreibkontakt schließlich an.

'HESSE':   *Viele Gesichter habe ich gesehen,*
                 im Dunkeln wie im Lichte,
                 es war wie im Vorübergehen
                 - ich blieb nicht stehen.

Es entstand eine kurze Pause, in der Mira 'Hesse', an einem kleinen hölzernen Schreibtisch sitzend und mit einem alten Federkiel schreibend, visuell wahrnahm.

'HESSE':   *Wieviele Nächte brach mein Herz*
                 vor Sehnsucht, die nichts stillte.
                 Ich wollte Dich erspähen, ersehnen.
                 Das alles ist bereits geschehen.

Nur mündlich teilte 'Hesse' Mira erklärend dazu mit, daß obiges Kurzpoem ihren inneren Animus betreffe. Eine Transformation in dieser Hinsicht hatte in Miras Evolution dieser Tage besondere Bedeutung.

'HESSE': *Der heilige Raum ist in Dir. Du mußt nur suchen, um zu finden. - Heute will ich nicht lange sprechen. Du bist zu beschäftigt mit Dir selbst. Ich will Dir Ruhe geben und nicht allzuvieles diktieren.*

Mira erzählte nach der Trance, daß sie an dieser Stelle den Eindruck hatte, daß alles etwas holprig vor sich ginge, aber nicht wußte warum. Sie dachte schon, ihre Fähigkeit des bewußten Mitschreibens wäre eingerostet.

'HESSE': *Verzeih' meine Umständlichkeit. So bin ich der geblieben, der ich war als Junge.*

Die Stille belehrte mich.
ES sprach und ES erhob mich.
Etwas Spezielles in mir
erlaubte zu wissen
und etwas Anderes erlaubte mir
es Deiner Seele mitzuteilen.
Wie Blüten,
die sich öffnen und schließen,
und die welken und vergehen.

Zu Beginn der nächsten Übermittlung begann sich Miras Hand und Kugelschreiber fast zwanghaft während der Niederschrift in Form einer Spirale über das ganze Blatt zu bewegen.

'HESSE':

Alles Ringen war vergeblich. Im Kampf verlor ich, um letztlich als Sieger hervorzugehen im Werden und Vergehen. Vieles blieb ein Rätsel.

Mira mußte zwischendurch nun dringend aufs ›Örtchen‹, wollte aber den Kontakt nicht unterbrechen. 'Hesse' half ihr aus der Situation.

'HESSE': *Geh' und komme wieder, ich bleibe solange stehen. Sorge Dich nicht, ich warte.*

Mira konnte sodann vom WC aus die astrale Figur 'Hesses' innerlich auch optisch im Zimmer nebenan klar wahrnehmen. Er hatte ein weißes, faltenreiches Hemd und eine dunklere, naturfarbene Hose an. Die hellsichtige Schau hielt aber nur einige Sekunden an.
Meine Frau begab sich wieder auf ihren Platz am Bett und stellte fest, daß eine der seidenen Narzissen plötzlich auf dem Polster lag. Vielleicht ist sie ihr auch nur beim Aufstehen dorthin gefallen, aber wer weiß. Auf einem neuen Blatt schrieb sie das innerlich Gehörte weiter.

'HESSE':

Im Vorübergehen
habe ich sie alle gesehen
- nur ER blieb stehen.

Liebste Mira.

Ich schreibe Dir einen Brief. Weißt Du, ich schreibe gerne und gar nicht poetisch, wenn ich etwas sagen will. Für das Kennenlernen von mir nimm Dir Zeit. Dränge nicht, aber bleibe offen für mich. Alles geht langsam, weil ich ein Feigling bin - im Erobern physischer Gesetze. Weil ich hier zuhause bin, will ich den Brief beenden, weil ich Dich als Lilie kennenlernen will. Ich will mich länger an Dir erfreuen, weil - wie Du weißt - Blumen, die gepflückt werden, sterben.

Verliere nie den Nährboden unter Deinen Füßen, weil nur er Dich als Blume hält. Weil Deine Wurzeln es fühlen, was Du liebst. Und weil Du liebst, was Du brauchst. Weil, wer sich fürs Leben entscheidet, vieles verliert, aber das Wahre erhält. Vieles, das Du verlierst, nährte Dich nicht.

Verloren ist es nicht,was Du nicht suchst. *
Finde heraus, was Du suchst.

Frei wie im Himmel bist Du, wenn die Liebe Dich führt.

In Liebe   Hermann

Daraufhin entschwand 'Hesse'. Doch die seelenruhige Stimmung, die er Mira brachte, verblieb noch stundenlang.

◆

* Dieser Aphorismus erinnerte uns übrigens sehr stark an eine Serie ähnlicher Durchgaben, die wir in unserer Trainingszeit erhielten. Möglicherweise hat auch 'Hesse' damals schon inkognito am Funkverkehr teilgenommen.

vormals
›möglicherweise‹

BHAGWAN SHRI RAJNEESH

indischer New-Age-Guru

11.12.1931 - 19.1.1990

Kontaktversuchs - Protokoll vom 31.5.94
Kommunikation deutsch

Ich suchte zur Einstimmung in meinen Unterlagen ein Foto von Bhagwan und fand das Cover einer alten deutschen Stern-Illustrierten, auf der Osho, wie sich der Meister in den letzten Jahren nannte, im Zusammenhang mit einem Leitartikel über seinen ›Sektenstaat‹ abgebildet war. Mira und ich scherzten vorerst ein bißchen über ihn und versuchten uns dann, mit Ernst in die Sache zu versenken.

MIRA: *Er ist jetzt gekommen. Ich hab' kurz im Bild gesehen, daß er sich vor jemand verbeugt hat, mit gefalteten Händen, wie er es immer gemacht hat. Jetzt seh' ich in vielen Reihen zahllose Anhänger vor ihm stehen, die schauen aber genauso aus wie er, und haben auch alle das gleiche an. Jetzt verbeugen sich alle genauso wie er vorhin vor ihm.*
Ich seh' ein neues Bild mit seinem übergroßen nackten Fuß vor mir. Der verändert sich immer mehr zu einem einfachen, kahlköpfigen, indischen Mönch. Ja, es ist wieder der Bhagwan, jetzt steht er mit einem Bambusstock in der Hand in einem Reisfeld im Wasser und hat so einen chinesischen Strohhut auf. Er sagt: ›**Was Du jetzt wahrnimmst, ist nur eine Erinnerung an etwas, das nicht mehr existiert, aber aus der Du schöpfen kannst**‹, *oder so ähnlich. Ich kann es nicht mehr ganz genau wiederholen. Weiter sagt er:* ›**Wir alle leben von der Erscheinung, von der Illusion der Erscheinung. Das Wort kommt ja schon von Schein. Und der Schein trügt.**‹ *Er sagt:* ›**Solange man im Leben steht, nimmt man alles als Realität an. Erst nach dem Tod sieht man, wie relativ alles ist, wie sehr alles nur Erinnerung und ein flüchtiges Erlebnis des Geistes ist. Fortbestand und Dauer bestehen nur im Bewußtseinswandel.**‹ *Ich weiß nicht, was das jetzt heißt, aber er sagt noch:* ›**Neue Seelen bringen mich hervor**‹.

RENÉ: *Laß' ihn doch näher kommen und direkt sprechen.*

MIRA: *Warte. Er sagt:* ›**Die schlimmste Eigenschaft im Menschen ist die Rachsucht. Schlechtes Gewissen, Trauma und Krankheit, alles entsteht daraus. Die Wurzel liegt im Nicht-Vergeben- und Nicht-Verzeihen-Können, sich selbst oder anderen**‹.

Ich verbeugte mich mit gefalteten Händen vor seinem unsichtbaren Wesen und hegte den inneren Wunsch, daß er direkt sprechen möge.

RENÉ: *Namaste 'Bhagwan'. Ich weiß nicht, oder soll ich Osho sagen?*

'Bhagwan' verbeugte sich mit Miras Körper ebenso vor mir, und zwar so ehrwürdig in seiner altbekannten Geste, daß ich die Echtheit des Kontakts spüren konnte. Eigentlich wußte ich es innerlich schon, als Mira das erste Bild schilderte, daß er da ist. Denn besser könnte man die Einheit nicht darstellen, die Bhagwan/Osho zu Lebzeiten zu vermitteln suchte.

RENÉ: *'Bhagwan', ich freue mich, daß Du bei uns zu Gast bist, und hätte Dir gerne ein Dutzend Fragen gestellt. Unter anderem, wie Du Deinen Übergang erlebt hast? Das möchten sicher viele Leute wissen, ich inklusive.*

'RAJNEESH': **Ich war schon zuvor einige Male bewußtlos geworden. Aus einer Bewußtlosigkeit dann zu erwachen und keinen festen Körper mehr zu besitzen, das war es schon. An mehr erinnere ich mich nicht. Diese Nicht-Erinnerung hängt mit dem physischen Körper zusammen. Durch Endorphine, die ausgeschüttet wurden, entstand eine Bewußtseins-lähmung.**

RENÉ: *Warum wurden diese Endorphine bei Dir ausgelöst?*

'RAJNEESH': **Aus Angst vor Schmerz. Es ist eine unwillkürliche Schutz-funktion des Körpers.**

RENÉ: *Welche Krankheit hattest Du denn gewählt, um hinüberzugehen? Das ist aus der Presse nicht ganz klar zu entnehmen gewesen.*

'RAJNEESH': **Mein Blut war schlecht, es war infiziert. - Ich hatte AIDS. Sagen wir, ich hatte das, was man als AIDS bezeichnet - über 15 Jahre lang.**

RENÉ: *Kannst Du uns erklären, warum Dich gerade diese Kranheit traf?*

'RAJNEESH': **Aus Versagen! Ich hatte Versagensängste. Das hat mich alles sehr gestresst damals. Ich glaube, letztlich hat es meine Arroganz erzeugt.**

RENÉ: *Wenn Du heute in Dein vergangenes Leben zurückblickst, würdest Du sagen, daß Du Dein Ziel erreicht hast?*

'RAJNEESH': **Ich fühle und sehe mich als Bettler, wenn ich an dieses Leben denke.**

RENÉ: *Könntest Du das bitte etwas erläutern?*

'RAJNEESH': **Ich habe doch ständig gebettelt. Ich habe Gott angefleht, ich habe doch höchste Erwartungen gehabt, auch an mich selbst.**

RENÉ: *Du hast dennoch vieles toll in Bewegung gebracht.*

'RAJNEESH': **Das wäre auch ohne mich passiert. Dann wäre es eben ein anderer gewesen.**

RENÉ: *Als Du dann im Jenseits angekommen bist, wie hast Du es vorgefunden? Anders, als Du es Dir vorstelltest?*

'RAJNEESH': **Schwer zu sagen, es war sehr zweischneidig. Einerseits war ich befreit, andererseits war ich nicht zufrieden.**

RENÉ: *Womit? Mit der Erfahrung des Jenseits?*

'RAJNEESH': **Nein, mit meiner Rolle, die ich auf diese Weise beendet habe. Ich wußte sofort, da ist etwas nachzuholen. Das hat mich nicht in Euphorie versetzt.**

RENÉ: *Und hast Du das inzwischen nachgeholt?*

'RAJNEESH': **Das müßte ich in einem Erdenleben aufholen. Es ist eine ganz persönliche Erfahrung, die ich da noch machen werden muß.**

RENÉ: *Haben Dich drüben befreundete Wesen in Empfang genommen, oder wie war das?*

'RAJNEESH': **Kennst Du den Witz mit dem Nachzügler?**

RENÉ: *Nein, ich glaube nicht.*

'RAJNEESH': **Sie fragen ihn, ›Willst Du noch einen Nachtisch?‹ aber er schämt sich zu sehr, um um den Nachtisch zu bitten. Nach der Schule kommt er um die Ecke, und da steht ein Bettler vor ihm. Er schämt sich** *wieder, daß er dem Bettler kein Geld geben kann. Der Bettler wird bitterböse, weil er ihm nichts in den Hut steckt, fuchtelt herum und beschimpft ihn wild. Da läuft der junge Mann dem Bettler davon, aber der Bettler läuft ihm nach und prügelt ihn völlig zusammen. Da liegt er nun niedergebrochen auf der Straße und stirbt. Als er ins Jenseits kommt, brüllt ihn der liebe Gott an: ›Siehst Du, das hast Du nun davon - weil Du Deinen Nachtisch nicht gegessen hast!‹.*

'Bhagwan' lachte hellauf. Ich lachte mit, wußte aber nicht so recht worüber.

RENÉ: *Nun, das ist schon eine sehr tragische Sache. Was ist denn die Moral von der Geschicht'?*

'RAJNEESH': **Tja, man soll auf keinen Genuß verzichten, der einem ange-boten wird.***

RENÉ: *Aha. - 'Bhagwan', wie ist das, hat sich Dein - ich hoffe Du erlaubst, daß ich per Du mit Dir bin - hat sich Dein Bewußtsein jetzt markant verändert, ich meine in Relation zu Deinem vorherigen diesseitigen?*

'RAJNEESH': **Weißt Du, ich denke das Bewußtsein von uns allen verändert sich ständig, permanent, markant und überhaupt nicht.**

RENÉ: *Dann möcht' ich anders fragen. Was treibst Du jetzt drüben so haupt-sächlich?*

'RAJNEESH' (lächelnd): **Ich besorge mir den Nachtisch!**

Ich konnte mich eines herzhaften Lachens nicht enthalten.

RENÉ: *Sind Dir Leben vor Deiner letzten Geburt bekannt?*

'RAJNEESH': **Ich muß ein Rolls Royce-Besitzer gewesen sein.**

RENÉ: *Die gibt es aber noch gar nicht solange.*

'RAJNEESH': **Die sind für mich erfunden worden.**

RENÉ: *Da könnte allerdings etwas daran sein. Das war aber kein Nachtisch - eher schon eine Hauptmahlzeit. - Ich bin sicher, daß da schon einige wesent-*

---

* Wir glauben, daß in 'Bhagwans' Parabel noch mehr verborgen ist, nämlich eine Gleichung über Geben und Nehmen. Wer Dinge freudig anzunehmen weiß, ist doch auch eher bereit zu geben. Der Leser möge dies als Anregung nehmen, um in der Sache noch tiefer zu graben.

liche Leben gelaufen sein müssen, bevor man zu solch einer Einlage, wie Du sie geliefert hast, reif wird.

'RAJNEESH': *Eigentlich wäre ich gerne Martin Luther King geworden. Ich glaube, er hat es besser gemacht als ich.*

RENÉ: *Mit ihm werden wir uns übrigens auch mal zu unterhalten versuchen.*

'RAJNEESH': *Eine gute Idee.*

RENÉ: *Wie bald hast Du denn wieder vor, irdisches Gewand anzunehmen?*

'RAJNEESH': *Hmm, wenn ich irgendwo Saxophonist sein kann. Saxophon würde ich gerne spielen können.*

RENÉ: *Ich auch. Dann könnten wir im Duett ein paar heiße Sachen jammen.*

'RAJNEESH' (singend): *Oh, when the saints go marchin' in!*

RENÉ: *Welche Musik hörst Du denn heutzutage?*

'RAJNEESH': *Ragas auf der Sitar, Harfe, Mozart, den Deuter*, verschiedenste Arten. Ich liebe auch Gospel-Songs. Aber mehr höre ich Instrumente denn Stimmen. Ich bin sehr still geworden.*

RENÉ: *Wir haben 'Mahalia Jackson' auf der Gästeliste. Möchtest Du noch jemand vorschlagen?*

'RAJNEESH': *Gruppen liebe ich. Ich meine nicht Gruppensex, ich meine Gruppendynamik, Gruppenarbeit, Gruppen.*

RENÉ: *Und auch Groupies?*

'RAJNEESH' (lächelnd): *Ja, alles mit Gruppen.*

RENÉ: *Damals hat es doch irgendwelchen Stunk mit einer engen Anvertrauten von Dir gegeben.*

'RAJNEESH': *Mit einer?!*

---

* Georg Deuter war (oder ist) erklärter Sannyasin. Er komponiert seit seinem Zusammentreffen mit Bhagwan sehr meditative Instrumentalmusik.

RENÉ: *Soweit ich mich erinnere ist eine Deiner Geliebten schließlich mit der Presse gegen Dich vorgegangen, ich glaube sie hieß Leela*.*

'RAJNEESH': **Ja, ja, sie war grün und lila vor Neid.**

RENÉ: *Ich möchte auch Dir die obligate Frage stellen, ob Du eine Message hast, die Du an Deine Fans überbringen willst?*

Kurze Denkpause.

'RAJNEESH': **Vertraut, aber vertraut nicht blind!**

RENÉ: *Meine letzte Frage wäre: ›Kannst Du uns Deine Gotteserfahrung beschreiben‹?*

'BHAGWAN' (euphorisch): **Ekstase! Ekstase!**

RENÉ: *Warum so kurz und bündig? Wir möchten doch ein Buch aus den Dialogen machen.*

'RAJNEESH': **Das hat sich verändert, ich bin nun etwas weniger redselig.**

RENÉ: *Damals hast Du allerdings wirklich alles ausgiebig kommentiert. Aber Du hast ja auch einen prominenten Merkur im Kosmogramm**, soviel ich weiß.*

'RAJNEESH': **Ja, und es gibt immer den Ausgleich, nicht wahr? Ich halte jetzt gerne meine Klappe.**

RENÉ: *Dein Horoskop hat mich übrigens des öfteren beschäftigt. Mich faszinierte daran, daß man Deine aktuellen Probleme erkennen konnte, Dein Rückenleiden und verschiedenes mehr.*

'RAJNEESH': **War ich Dein Versuchskaninchen?**

RENÉ: *Nein, sagen wir, es hat mir Dein Meister-Dasein relativiert.*

'RAJNEESH': **Du willst sagen, es hat mir die Meistermaske vom Gesicht gerissen.**

---

* Wir haben nachrecherchiert, daß diese ehemalige Ashramleiterin Sheela hieß.

** Bhagwans Horoskop zeigt den Merkur im siebten Haus im Trigon zum Neptun.

RENÉ: *So drastisch möchte ich es nicht ausdrücken. Es war mir eine wichtige astrologische Erfahrung.*

'RAJNEESH': **Es ist noch kein Meister vom Himmel gefallen. Hab' ich das je behauptet?**

RENÉ: *Ich weiß nicht. Jedenfalls hast Du oft, was Du sagtest, kurz darauf wieder ad absurdum geführt. Und das mit einer künstlerischen Rafinesse ohnegleichen. Man konnte Dir nichts anhaben. Da hab' ich es genossen, Deine Verletzlichkeit im Horoskop doch zu erkennen.*
Mit wem trifft Du Dich denn drüben so? Mit irgendwelchen bekannten Größen, die wir vielleicht auch kennen?

'RAJNEESH': **Kürzlich mit dem Papst Johannes. Er hat sich bei mir erkundigt: ›Warst Du denn nun gut oder schlecht?‹. Ich habe darauf gesagt: ›Ich war echt!‹. Sagt er darauf: ›Ach, deshalb bist Du so vorzeitig gealtert und so krank gestorben‹.**

RENÉ: *Möchtest Du speziell Deinen Sannyasins etwas sagen? Es gibt ja immer noch viele, und einige werden das Buch wohl in die Hände bekommen. Eine Botschaft von Dir würde dann in der Szene ihre Kreise ziehen.*

'RAJNEESH': **Hmm. - Der Wind zerstreut alles.**

RENÉ: *Was war denn das, vor fünf oder sechs Jahren? Da bist Du einige Male intensiv in den Träumen des Mediums herumgegeistert. Was hast Du da inszeniert?*

'RAJNEESH': **Ach, ich komme zu jedem, der offen ist für mich.**

RENÉ: *Meine Fragen habe ich alle gestellt, aber es wäre schön, wenn Du uns noch mehr erzählen möchtest.*

'RAJNEESH': **Über den Weihnachtsmann? - Was willst Du denn hören?**

Ich nahm rasch diesen historischen Fragebogen zur Hand, um mich zu inspirieren.

RENÉ: *Welche historische Gestalt hat Dich am meisten fasziniert?*

'RAJNEESH': **Fasziniert? Ja, im negativen Sinne war ich es von Hitler.**

RENÉ: *Gibt's auch was Positives? Was siehst Du zum Beispiel in näherer Zukunft auf unseren Planeten zukommen?*

'RAJNEESH': *Die Menschen werden stärker ihre natürlichen Fähigkeiten erkennen, auch dazustehen lernen, und sie auch stärker durchsetzen wollen. Es werden viele besondere Kinder geboren werden, hellsichtige Kinder, schöne Kinder. Und die Naturgeister werden mehr beachtet werden. Die Menschen werden sie lieben.*

RENÉ: *Woher hast Du denn damals bloß dieses enorme Wissen genommen, aus dem Du Deine Reden und Bücher fabriziert hast? Ich weiß, Du hattest eine riesige Bibliothek, aber das konntest Du doch unmöglich alles gelesen haben, geschweige denn im Kopf behalten.*

'RAJNEESH': *Aber es gibt doch Computer, und auch Taktik und Spezialisten.*

RENÉ: *Aha. - Welches Deiner vielen Themen ist Dir am meisten am Herzen gelegen? Worin siehst Du die Essenz Deiner Arbeit?*

'RAJNEESH': *Ich möchte sagen, es ist die Synthese der Menschlichkeit. Ich glaube, es war mir ein persönliches Bedürfnis, die Menschen verständnisvoller vereint zu sehen. Und das können sie doch nur, wenn sie sich auch auf der Tier-Ebene annehmen. Solange der Mensch seine Natur verleugnet, wird es immer wieder Krieg geben.*
So wollte ich ihn durch diese Erfahrungen bewußt passieren lassen, wie durch ein Tor nach dem anderen. Aber bevor man den Passierschein für das nächste Tor bekommt, muß man durch die davorliegenden Passagen gegangen sein. Wenn man durch einen Raum gehen möchte, kann man nicht verschwinden und hinten wieder auftauchen. Man muß bewußt durch die Tür gehen und den Raum wachsam durchschreiten und erleben. Wenn man aber seine Augen vor dem, was man in diesem Raum wahrnehmen könnte, verschließt, wird man sicher schnell die Orientierung verlieren.
Es war ja auch diese Orientierungslosigkeit der Menschen, die in mir die philosophischen Fragen erzeugt hat. Und diese Verwirrung, dieses ›Warum‹ der Mensch so verwirrt ist, habe ich als Instrument meiner Show genommen. Es sollte niemandem gelingen, sich durch eine äußere Anhänglichkeit vor der Tatsache der inneren Verwirrung zu drücken. Darauf habe ich sehr geachtet.
Diese innere Verwirrung entsteht durch das Betreten von inneren Räumen bei gleichzeitigem Schließen der Augen. Zuerst wirst Du orientierungslos, und dann wirst Du süchtig. Du suchst den Ausgang. Meist aber bleibst Du gefangen im Raum, wenn Du die Augen vor dem verschließt, was sich darin befindet. Dann suchst Du den Ausweg in der falschen Ecke, sei es mit Drogen, Alkohol oder Essen, was auch immer. Es ist diese Gefangenschaft in einem Raum mit Dir selbst.

Es waren die verschiedenen Möglichkeiten, wie jemand bewußt aus diesen Räumen treten lernen kann, die ich gesucht habe. Und die Therapeuten habe ich als Wegweiser empfunden. Es waren nicht alle gleich gut. Einige waren doch eine kleine Hilfe, aber ich mußte mir schon eingestehen, daß es letztlich nur das Göttliche Selbst ist, das den Menschen durch diese Türen führt und führen kann.

RENÉ: *Also, ich war ja auch ein paar Tage in Poona und hab' Deine Show wirklich toll gefunden.*

'RAJNEESH' (lächelnd): ***Ich auch!***

RENÉ: *Sie hat ja auch vielen geholfen, ein weiteres Stück ihres Weges zu gehen. Ich jedenfalls möchte Dich in meiner persönlichen Historie nicht missen. Du hast einfach dazugehört. Und einer mußte ja den Job machen, wie Du schon sagtest.*

'RAJNEESH': ***Jetzt bin ich dessen müde. Ich spreche nun nicht mehr so gerne.***

RENÉ: *Deshalb bedanke ich mich ganz besonders, daß Du Dir Zeit genommen hast, hier bei uns doch noch ein paar Worte zu verlieren. Vielleicht darf ich Dir gelegentlich noch ein paar weitere Fragen stellen.*

'RAJNEESH': ***Gerne.***

RENÉ: *Dann: ›Namaste‹.*

Ich verbeugte mich und 'Bhagwan/Osho' erwiderte mit stiller Geste meinen Gruß.
In einem Telefonat mit dem Osho-Verlag, der uns dankenswerter Weise die Signatur Shri Rajneeshs zur Verfügung stellte, erfuhren wir, daß die letzten Worte Oshos übersetzt etwa lauteten: ›Ich gehe in meinen Leuten auf‹. Das deckt sich stark mit 'Bhagwans' eingangs erwähntem Satz ›Neue Leute bringen mich hervor‹.

PS: Siehe auch 'Bhagwans' Übermittlungen zum Thema ›Sex im Jenseits‹, die wir in einer Minibroschüre publizierten. Sie Können diese beim Verlag anfordern!

vormals
›möglicherweise‹

ANTOINE DE SAINT-EXUPÉRY
französischer Schriftsteller
29.6.1900 - ca. 31.7.1944

Kontaktversuchs-Protokoll vom 18.8.94
Kommunikation französisch / englisch / deutsch

Da wir unsicher waren, ob die vorgegebene Seitenzahl von unseren Über-mittlungen auch gefüllt wird, haben wir kurz vor Drucklegung noch ein letztes Gespräch geführt, um Text in Reserve zu haben. Dabei kamen wir auf den Autor des ›kleinen Prinzen‹*, da wegen seines 50. Todestages gerade die Feuilletons der Zeitungen voll mit ihm waren. Mira konzentrierte sich auf ein bekanntes Foto, das den fanatischen Flieger in seiner Pilotenuniform zeigt, schloß die Augen und harmonisierte ihre Gehirnhälften.
Nach der Trance erzählte meine Frau, daß sie 'Exupéry' mit schweren schwar-zen Lederstiefeln heranstapfen sah. Er hat übrigens dann, je mehr er präsent war, desto schneller gesprochen, sodaß ich kaum Zeit fand, ihn mit Fragen zu unterbrechen.

'EXUPÉRY': **Bonjour.**

RENÉ: *Bonjour Monsieur.*

'EXUPÉRY': **Parlez vouz français?**

Da ich kaum ein Wort Französich spreche, versuchte ich auf Englisch über-zugehen, was nachfolgend allerdings Deutsch wiedergegeben ist.

RENÉ: *Nein, es tut mir leid. Bitte sprechen Sie Englisch oder Deutsch. Oder wir verwenden einen zwischengeschalteten Übersetzer, falls Sie einen zu Hilfe rufen können. Wenn Sie Französisch sprechen, kann ich es zwar auf-nehmen und später übersetzen lassen, aber so keinerlei Fragen stellen.*

---

* ›Der kleine Prinz‹ ist bis heute als Märchen für Erwachsene ein Bestseller geblieben.

Nach einer eher kurzen Pause ging es plötzlich auf Deutsch weiter, allerdings mit einem starken französischen Akzent und verzerrter Satzstellung, die ich nachfolgend etwas korrigierte.

'EXUPÉRY': *Das Leben braucht seine Zeit, um zu reifen.*

RENÉ: *So ist es. Diese Erfahrung kann ich inzwischen auch unterstreichen. Wie lange sind Sie denn schon drüben, Herr 'Exupéry'? Solange wie allgemein vermutet wird?*

'EXUPÉRY' nickte.

RENÉ: *Darf ich fragen, auf welche Weise Sie hinübergegangen sind?*

'EXUPÉRY': *Ich bin samt meinem Flugzeug ertrunken.*

RENÉ: *Und wie ist das passiert? Sind sie abgestürzt? Was ist damals genau geschehen?*

'EXUPÉRY': *Ich wollte eine Weltreise machen. Es war mir aber verboten, auf dieser Linie zu fliegen. So bin ich geheim gestartet und unter der Höhe und zwischen den Linien geflogen. Das hat dann einen Propellerschaden in der Luft erzeugt und hat mich in das Wasser getragen.*

RENÉ: *Ich versteh' nicht ganz. Heißt das, Sie sind zu nieder geflogen?*

'EXUPÉRY': *Sie hätten mich sonst doch gefunden, was ich machte war ja streng verboten.*

RENÉ: *Was war ihr Ziel? Wo sind Sie denn hingeflogen?*

'EXUPÉRY': *Ich wollte auf die Bahamas.*

RENÉ: *Warum gerade dorthin?*

'EXUPÉRY': *Ich hatte die Idee, mich dort für den Rest meines Lebens niederzulassen.*

RENÉ: *Und wie weit sind Sie gekommen?*

'EXUPÉRY': *Bis an diesen magischen Punkt. Als ich dort ankam, haben meine Magneten* nicht mehr richtig angezeigt und ich bin in diesen Strudel des Bermudadreiecks geraten.*

---

* Er meinte wahrscheinlich seinen Magnetkompaß.

RENÉ: *Was war das für eine Maschine, mit der Sie da geflogen sind?*

'EXUPÉRY': **Mit einer ....* Es war eine** Privatmaschine. Ein kleines umgebautes Flugzeug, aber es war nicht gut ausgerüstet für den weiten Flug. Ich bin damit von Frankreich aus gestartet.**

RENÉ: *War das am 31. Juli 1944?*

'EXUPÉRY': **Ich denke, ja.**

RENÉ: *Gemäß Zeitungsberichten, die ich vor mir habe, sind Sie von Korsika aus zu einem Aufklärungsflug gestartet, und zwar mit einem Flugzeug der Marke P38-Lightning. Angeblich sind Sie damit auch abgestürzt.*

'EXUPÉRY': **Nein, ich bin damit nach Frankreich geflogen. Und von dort aus habe ich mich nicht mehr gemeldet.**

RENÉ: *Warum haben Sie das getan?*

'EXUPÉRY': **Ich wollte von dort abhauen.**

RENÉ: *Mit einem anderen Flugzeug?*

'EXUPÉRY': **Ja, mit der kleineren Maschine.**

RENÉ: *Und warum wollten Sie das tun?*

'EXUPÉRY': **Ich wollte gehen, mich aus dem Staub machen. Ich glaube, ich bin verrückt geworden.**

RENÉ (amüsiert): *Vielleicht ganz im Gegenteil.*

'EXUPÉRY': **Nein, ich hatte oft in meinem Leben plötzliche Ausbrüche von verschiedensten Zuständen, welche mich erschreckt haben, aber auch inspirierten. Ich konnte dann schon klar denken, aber ich war nicht mehr mit dem, was man die Realität nennt, verbunden. Auch hatte ich starke Träume, in denen ich immer an Plätze geflogen bin, die nicht auf dieser Welt waren. Da bin ich dann gesessen, habe die Planeten betrachtet und hatte das, was Du heute außersinnliche Wahrnehmung und Telepathie nennst, auch das, wozu man heute in der Parapsychologie Teleporta-**

---

* Mira konnte die Typenbezeichnung nicht richtig übermitteln.

** Die Tonaufnahme bzw. Aussprache ist leider undeutlich. Es könnte auch ›meine‹ heißen.

tion* sagt. Diese Dinge waren so mächtig in meinem Leben, daß sie mich oft vergessen ließen, daß ich ein menschliches Wesen mit einem Körper war. Ich meine, ich war schon richtig im Kopf, ich konnte technische Dinge gut behalten und habe alle Tests wundervoll bestanden. Aber ich war eben ein etwas Verrückter und nicht so sehr verbunden mit der physischen Realität.

RENÉ: *Ich versteh'. Genies machen ja immer Gratwanderungen.*

'EXUPÉRY': *Ich habe auch selber ein Flugzeug ohne jemandes Hilfe konstruiert. Ich hatte damals das Gefühl, andere Wesen würden mir helfen. Mir ist vieles in dieser Richtung passiert. Auf meinen Flügen habe ich mehrmals Außerirdische getroffen, die mich auch mitgenommen haben. Als sie mich zurückbrachten, hatte ich in meinem Bewußtsein Zeitsprünge und das Gefühl, Jahre auf einem anderen Planeten verbracht zu haben. Aber niemand hatte mich vermißt. All meine Uhren waren stehengeblieben und das hatte mich in unglaubliche Zustände versetzt. Als ich es dann niederschrieb, habe ich es in einer kindlichen Form dargestellt. Du wirst es mir nicht glauben, aber ich habe das tatsächlich erlebt.*

RENÉ: *Sie meinen die Geschichte des kleinen Prinzen?*

'EXUPÉRY': *Ja, ich war auf diesem Planeten und habe dieses Wesen wirklich getroffen. Später habe ich ihn dann den kleinen Prinzen genannt.*

RENÉ: *Wie heißt er denn wirklich?*

'EXUPÉRY': *Er hatte keinen Namen, zumindest hat er mir nie einen genannt. So etwas wie Staatsbürgerschaftsnachweise kennen diese Leute nicht.*

RENÉ: *Und welcher Planet war es?*

'EXUPÉRY': *Ich bin nicht ganz sicher. Was ich zuerst besucht habe, war die Venus. Ich habe sie wirklich aus der Nähe gesehen. Später habe ich dann mit Sternforschern gesprochen, die mir sagten, daß es nicht möglich sei, das von unten zu sehen, was ich gesehen hatte. Ich denke noch immer, daß es eine Tatsächlichkeit war, die ich da erfahren hatte, aber in der Verfassung außerkörperlicher Wahrnehmung. Die Wesen waren groß und schön, hatten aber kein menschliches Gesicht. Sie hat-*

---

* paranormales Versetzen eines (feinstofflichen oder physischen) Körpers an zumeist ferne Orte.

227

ten dreieckige Gesichter und lange Hälse, das habe ich aber in meinen Büchern nicht dargestellt. Es würde einem Menschen doch etwas zu fremdländisch erscheinen und sein Herz würde dann vielleicht nicht so betroffen sein, wie es meine Seele gewesen ist, als ich mit diesen Wesen zusammen war. Sie hatten mich berührt und ich liebte sie. Ich hatte auch die sogenannte Telepathie mit diesen Menschen erfahren. Ich wußte einfach, wie sie fühlen und was sie denken, aber ihre Sprache konnte ich doch nicht sprechen. Sie konnten wahrscheinlich auch kein Französisch erkennen. Aber es war eben das, was man das universale Gesetz nennt, welches alle Wesen hervorbringt und diese Wesen sich auch untereinander auf einer höheren Ebene erfahren läßt.

RENÉ: *Und Ihr Tod, wie ist der im Detail vor sich gegangen?*

'EXUPÉRY': **Da war diese Magnetgeschichte auf dem Bermudadreieck. Viele Menschen sind hier umgekommen, aber die meisten sind nur in einer anderen Dimension gelandet. Manche der Leute, von denen man die Wracks und auch deren Körper gefunden hat, sind wirklich an einem Schock gestorben. Andere aber haben den Schock überstanden und ihre Körperzellen sind in einen höheren Zustand übergegangen. Diese leben jetzt auf einem anderen Planeten.**

RENÉ: *Und wie ist es mit Ihnen weitergegangen?*

'EXUPÉRY': **Ich habe mich immer magnetisch von diesem Punkt angezogen gefühlt. Ich hatte auch eine Begegnung mit außerplanetarischen Wesen, die mir erzählten, daß dieser Platz auf der Erde von Außerirdischen kontrolliert werde. Sie haben diese Magneten eingesetzt, um die physikalischen Gesetze in der Erdachse und auf der Meeresoberfläche zu verändern.**

RENÉ: *Und wo ist dieser Punkt genau?*

'EXUPÉRY': **In der Mitte des Triangels vor Bermuda.**

RENÉ: *Wie könnte man diesen Punkt mit irdischen Methoden orten?*

'EXUPÉRY': **Er beginnt, wo in manchen Fällen, - es passiert nicht immer, nur zu bestimmten Zeiten - sich die Magnetnadeln der Schiffskontrolle etwas verändern. Wenn Du aus diesem Punkt wieder 'rausgehst, werden sie wieder normal.**

RENÉ: *Wie groß ist diese magnetische Fläche etwa?*

'EXUPÉRY': **Es sind an die 500 Quadratkilometer.**

RENÉ: *Können diese Außerirdischen ihr Magnetfeld auch zeitweise ausschalten?*

'EXUPÉRY': **Das tun sie auch, es würde sonst eine Katastrophe geben. Der Seeweg würde blockiert und große Unglücke geschehen. Viele Schiffe könnten nicht fahren und die Menschen würden leiden. Das möchten sie nicht verursachen.**

RENÉ: *Das heißt, es wird eher selten eingeschaltet?*

'EXUPÉRY': **Hin und wieder. Es wird manchmal auch spontan eingesetzt, wenn sich bestimmte Menschen darin befinden.**

RENÉ: *Welche Außerirdischen sind es denn, die das alles kontrollieren?*

'EXUPÉRY': **Ich weiß das selbst nicht so genau, ich habe mit diesen nur einen kurzen Kontakt gehabt. Ich sage nur, was mir andere Leute erzählt haben. Ich bin nicht persönlich informiert und Du solltest auch wissen, daß ich nicht alles weiß.**

RENÉ: *Davon geh' ich aus. Sie sind also mit dem kleinen Flug -*

'EXUPÉRY' (unterbrechend): **Ich bin dort abgestürzt.**

RENÉ: *Sie sagten eingangs, das Flugzeug war umgebaut?*

'EXUPÉRY': **Ich hatte vieles darin verändert, vieles hineingemacht, was dann anderen Gesetzen folgte. Das war auch ein Geheimnis, das ich gut versteckt habe. Manchmal habe ich ganze Armaturenbretter ausgewechselt, kurz bevor ich geflogen bin.**
Ich hatte auch ein spezielles Funkgerät, das mich mit ein paar Freunden verbunden hat, mit denen ich einen geheimen Code vereinbart hatte. Auch eines für die Verbindung mit anderen Planeten habe ich gebaut, das aber nur funktionierte, wenn ich in einem guten telepathischen Zustand war.

RENÉ: *Oh! Das heißt, Sie könnten uns vielleicht bei einem ähnlichen Projekt zur Seite stehen.**

---

* Ich meinte unser ›ParaFax‹-Projekt. Mehr darüber im Epilog.

'EXUPÉRY': *Vielleicht. Du mußt aber wissen, daß ich nicht immer so gut darin bin. Ich bin doch ein Verrückter.*

Gemeinsames Gelächter.

RENÉ (erheitert): *Ja, wer denn nicht. Da können wir uns ja die Hand geben. Wenn wir mit Ihnen sprechen, gehören wir doch auch zu dieser verrückten Clique.*

'EXUPÉRY': *Ich liebe diese Leute und alles, was mit Menschlichkeit zu tun hat. Ich liebe ausgeflippte Leute, mit denen habe ich mich immer sehr beschäftigt.*
Ich war und bin ein Abenteurer, deshalb bin ich geflogen, aber ich wollte nicht nur auf diesem einen Planeten bleiben. Es ist einfach wunderschön, auch andere zu erkunden. Ein ganzes Leben würde nicht ausreichen, um alles von mir Erlebte zu erfragen. Ich war nicht sehr eng verbunden mit dieser Erde.

RENÉ: *Sie sind also in diese magnetische Gegend ge-*

'EXUPÉRY' (unterbrechend): *Ja. Alles hat sich gedreht. Meine Anzeigen haben verrückt gespielt und dann haben die Propeller blockiert und ich bin mit einer rasenden Geschwindigkeit nach unten gestürzt und auf dem Meer aufgeplatscht. Es drehte mich stark, und ich dachte noch, ich könnte überleben und auf dem Wasser bleiben. Mehr weiß ich nicht mehr. Ich glaube, daß es mir dann zuviel geworden ist. Ich habe wohl beim Aufprall mein Bewußtsein völlig verloren.*

RENE: *Wissen Sie nun, was damals weiter geschah?*

'EXUPÉRY': *Nicht genau. Da waren Außerirdische in der Nähe.*

RENÉ: *Was war, als Ihr Bewußtsein dann wieder auftauchte?*

'EXUPÉRY': *Als ich gestorben war, bin ich nicht mehr lang in meinem Körper geblieben. Ich weiß, daß sie manchen Leuten geholfen haben, ihr Bewußtsein wiederzufinden. Und wenn sie dann wieder gehen konnten, haben sie sie samt ihren Körpern hinübergenommen. Das haben sie auch gemacht, um Leute zu untersuchen. Aber ich glaube, vor mir hatten sie einen Liebesrespekt. Sie haben mich nicht in ein Kontrollabor gesteckt und mit Elektronen versetzt. Da waren andere Freunde, die mich davor beschützt haben. Weißt Du, man braucht auch ein wenig Vertrauen in*

230

seine Schutzwesen, um vor diesen anderen Außerirdischen, diesen Kontrolleuren, beschützt zu sein.

RENÉ: *Wie tief ist das Meer dort, wo Sie abgestürzt sind?*

'EXUPÉRY': **Es hat an dieser Stelle einen Felshochsprung und es gibt daneben ein sehr, sehr tiefes Loch, das eine unglaubliche Tiefe erreicht. Aber diese Schlucht ist dort nicht breiter als einige Meter, doch die große Tiefe beträgt gut fünf Kilometer. Es gibt im Meer aber auch Stellen bis an die zehn Kilometer Tiefe.**

RENÉ: *Also die Maschine stürzte auf einen Sprung.*

'EXUPÉRY': **Es ist eine Spalte, die sich tief in das Erdinnere fortsetzt. Aber durch den Felsen gestützt war genügend Trägersubstanz vorhanden.**

RENÉ: *Und das Flugzeug liegt jetzt auf dem Felsvorsprung?*

'EXUPÉRY': **Es ist zerschellt und zerbrochen. Es hat sich immer mehr aufgelöst.**

RENÉ: *Sie meinen, es wird nichts mehr zu finden sein?*

'EXUPÉRY': **Man könnte in einer größeren Tiefe vielleicht noch einen Flügel finden oder andere Einzelteile, aber es gibt dort viele Haie. Ich glaube nicht, daß es günstig wäre, danach zu suchen. Es würde auch nichts beweisen können.**

RENÉ: *Gibt es irgendetwas, das Ihren Weg des Verschwindens nachweisbar machen könnte?*

'EXUPÉRY': **Ich weiß nicht. Ich habe ja falsche Tatsachen vorgetäuscht und bin auf dieser heimlichen Linie sehr gefährlich geflogen. Ich denke nicht, daß es sich nachweisen läßt.**

RENÉ: *Leben noch irgendwelche Ihrer Freunde, die davon Bescheid gewußt haben könnten?*

'EXUPÉRY': **Hmm. Doch, ja natürlich. Soviel ich weiß, lebte kürzlich noch der Professor, ein dickleibiger Herr. Aber ich habe mit den Leuten von damals keine telepathische Verbindung mehr aufgenommen. Weißt Du, ich wollte sie nicht belasten und außerdem gefällt mir das Geheimnis.**

RENÉ: *Es gibt da einen Satz im* ›Kleinen Prinzen‹, *der heißt etwa:* ›Und es wird aussehen, als wäre ich tot‹.

'EXUPÉRY': **Ich liebte es, auf diese mysteriöse Weise zu verschwinden. Aber, weißt Du, guter Freund, ich bin nun selbst ein kleiner Prinz. Ich habe es in meiner Verrücktheit wahr gemacht.**

Seine amikale Art hat mich spontan ins Du-Wort wechseln lassen.

RENÉ: *Antoine, wir stellen bekannten Leuten von Drüben immer eine Reihe spezifischer Fragen. Ich möchte auch von Dir wissen, -*

EXUPÉRY: **Ich weiß, Ihr macht auch diese telepathischen Geschichten.**

RENÉ: *Ja. Ich möchte Dir ein paar unserer Standardfragen stellen. Sind Dir frühere persönliche Inkarnationen bekannt?*

'EXUPÉRY': **Ein bißchen. Ich weiß ganz eindeutig, daß ich schon vorher ein Außerirdischer war, also bin. Schon als Junge bin ich mir komisch vorgekommen. Meine Mutter hat immer gesagt,** ›du bist ja wie ein Frosch‹. **Und sie hatte mir auch den Spitznamen Frosch gegeben. Das hat mich fürchterlich aufgeregt, denn ich dachte, sie hätte eine Mißachtung gegenüber anderen Lebensformen. Das hat in mir auch dieses andere Bewußtsein aufgeweckt, und auch das Gefühl, fremde Bewußtseinsebenen erkunden und lieben lernen zu wollen. Von da an habe ich dieses beschränkte Bewußtsein der Leute gehaßt.**

RENÉ: *Und als Du dann Deinen Körper verlassen hattest, wie hast Du das neue Bewußtsein und die neue Umwelt erfahren?*

'EXUPÉRY': **Es war ein wunderbares Gefühl von Freiheit.**

RENÉ: *Was war optisch wahrnehmbar?*

'EXUPÉRY': **Verschiedene Dinge, ich schwebte im kosmischen Raum, im Universum. Es war nicht viel anders als in meinen außerkörperlichen Reisen, doch ich war nun viel bewußter dabei.**

RENÉ: *Sind auch andere Wesen aufgetreten?*

'EXUPÉRY': **Zuerst habe ich schon Wesen im Meer gesehen. Sie waren wie leuchtende Korallen und quallenartige Wesen, die eine Art Musik**

232

zu mir hergeleuchtet haben, die mich zu Tränen gerührt hat. Sie hatten mich tief innen berührt. Sie haben auch zu mir gesprochen und sagten, ›Antoine, Du bist okay und im Himmel. Sieh' das als Dein Glück an und habe Vertrauen‹. Dieses Vertrauen hatte ich dann auch. Sie haben mich aus dem Meer herausgebracht, also, in meinem Feinkörper. Meinen dichten Körper würdest Du nicht mehr finden, denn mich hat ein Hai halb gefressen, aber es hat nicht weh getan. Und die Reste sind in eine Tiefe gesunken, die mich wahrscheinlich aufgelöst hat.*

RENÉ: *Mit welchen Wesen bist Du jetzt so zusammen?*

'EXUPÉRY': **Mit manchen da, mit manchen dort. Ich mache gerne weite Reisen.**

RENÉ: *Wohin ging Deine letzte Reise? Schaust Du Dich auch auf dem Erdball um?*

'EXUPÉRY': **Ja, ich war zuletzt in Ruanda und habe mir das Drama dort angeschaut. Ich gehe viel an traurige Plätze, und genieße es, wieder verschwinden zu können. Aber mein Herz blutet.**

RENÉ: *Hast Du eine zentrale Botschaft an die Menschen?*

'EXUPÉRY': **Ja, daß sie doch an mehr glauben können, als sie glauben, daß sie glauben dürfen!**

RENÉ: *Meine letzte Frage an unsere Gäste geht immer darum, ob sie die Differenz zwischen ihrem irdischen -*

EXUPÉRY (unterbrechend): **Das Bewußtsein ist einfach grenzenlos und unsterblich. Es ist dazu da, sich zu verändern, aber es endet nie. Es ist ein grenzenloses Abenteuer.**

RENÉ: *Wie siehst Du denn den Unterschied zwischen dem irdischen und Deinem jetzigen Gottesbewußtsein?*

'EXUPÉRY': **Ich erlebe jetzt eine Realität, von der ich immer geträumt habe und die mich auch sehr beglückt. Doch auf meinen Reisen vermisse ich manchmal Freunde, die so aussehen wie ich. Freunde, mit denen ich auf meiner Welle in telepathischer Weise reden könnte und die mir diese Freude des Herzens vermitteln. Trotzdem, hier gibt es nicht die-**

---

* Interessanterweise sind diese letzten Sätze englisch durchgekommen.

233

sen Gram und diese schaurige Traurigkeit, nicht telepathisch sein zu können und dadurch an diese tristen Zustände gekoppelt zu bleiben, wie auf Erden.

RENÉ: *Es gibt eine französische Champagnerfirma namens Roederer, deren Chef versucht hat, Dich mit einer großen Suchaktion im Meer zu finden. Willst Du dem Herrn irgendetwas mitteilen?*

'EXUPÉRY': **So findet er mich nicht mehr. Ich befinde mich in seinem Herzen.**
Weißt Du, wenn große Träume sich in der Wirklichkeit erfüllen sollen, mußt Du auch ein großer Spinner sein, denn um Träume in die Wirklichkeit umsetzen zu können, mußt Du Dich über diese Realität hinwegsetzen. Du darfst auch keine Angst vor dem Sterben haben. Zuerst wirst Du als Verrückter angesehen und siehst selbst in Dir einen Idioten, aber wenn sich die Träume dann erfüllt haben, bist Du in der Wahrheit. Nur so kannst Du herausfinden, ob das grenzenlose Bewußtsein existiert und in welchen verschiedenen Formen es existent ist. Natürlich ist es ein Risiko. Aber ich habe das Risiko immer geliebt. Es ist diese Neugierde, was wohl hinter den nächsten Grenzen ist.
Als Jesus sagte, ›seid wie die Kinder‹, meinte er doch, Du sollst genauso neugierig wie ein Kind bleiben. Kinder wissen auf Erden meist nicht mehr, von wo sie herkommen. Sie waren vielleicht auch noch nie auf diesem Planeten, bevor sie in einen Erdenmutterleib stiegen. Es ist unser einziges kosmisches Heimatrecht, selbst herauszufinden und zu erfahren, woher wir kommen und wohin wir gehen dürfen. Ich lebe weiter meine Faszination für das Unerkannte und Unerforschte. Es ist für mich das Mysterium des Lebens.

RENÉ: *Da liegen wir ja auf einer Welle.*

'EXUPÉRY': **Ich bin auch gekommen, weil mir das eine große Freude macht.**

RENÉ: *Wie hast Du denn reagiert, als Du mitbekamst, daß wir daran dachten, mit Dir zu sprechen?*

'EXUPÉRY': **Als Du mich gerufen hast, habe ich es wahrgenommen und das Bewußtsein erkennt sich. Es ist nicht so, daß meine Person reagiert, es ist unsere gemeinsame Bewußtseinsenegie, die kommuniziert. Stell Dir vor, daß Elektronen, sagen wir in einem Glas, wenn sie etwas aussenden, also einen Impuls an einen anderen Ort bringen wollen -**

Du kannst es auch metamorphisches Feld nennen - sich erkennen und gewissermaßen selbst Teleportation betreiben. Es ist, als ob Deine eigene Wellenlänge zu Dir selbst zurückkommt, als wärst Du durch einen unsichtbaren Stab mit dem anderen Ende verbunden, und der Stab hätte einen Sensor, der aufleuchtet und etwas berührt, das ohnehin ein Teil von sich selbst ist. Das ist es auch, was diese Natürlichkeit der Telepathie von außerirdischen Wesen bedingt.

RENÉ: *Hmm. Das ist eine interessante Erklärung. - Angeblich hast Du zu Freunden vor Deinem Verschwinden gesagt, daß Du sterben möchtest. Ist das wahr?*

'EXUPÉRY': *Ja, das wollte ich. Ich wollte nicht mehr bleiben, wo ich bin. Ich wollte einfach gehen.*

RENÉ: *Du bist also an diesem Tag nach Frankreich geflogen und dort -*

'EXUPÉRY' (unterbrechend): *Ich bin von Korsika aus nach Frankreich aufgezogen und von dort wollte ich dann auf die Bahamas und bin aber fälschlich im Bermudadreieck gelandet.*

RENÉ: *Hat ein kleines Flugzeug denn überhaupt soviel Sprit?*

'EXUPÉRY': *Eben nicht. Ich habe zwischendurch getankt, aber es hat nicht ausgereicht. Es sind dann merkwürdige Dinge passiert, denn ich bin die allerletzte Strecke meines Lebens ohne Treibstoff geflogen. Ich habe Alkohol an Bord gehabt, eine Kiste Whisky. Es war das einzige Gepäck, das ich in meinem Flugzeug hatte. Denn ich wußte nicht, ob ich es ertragen könnte, zu sterben, ohne betrunken zu sein. Aber dann habe ich ihn als Treibstoff verwendet.*

RENÉ: *Und das hat funktioniert?*

'EXUPÉRY': *Ja, aber das ist nicht mehr mit rechten Dingen zugegangen. Ich glaube, daß mir Außerirdische dabei geholfen haben. Weißt Du, ich war ein absoluter Spinner. Ich meine, ich habe die verrücktesten Dinge getan oder sie haben sich einfach ereignet, oft geschahen auch beim Fliegen Dinge, die normal nicht geschehen könnten.*

Kurze Denkpause.

RENÉ: *Jetzt bin ich irgendwie sprachlos und weiß nicht, was ich Dich noch fragen sollte.*

235

'EXUPÉRY': *Wir werden uns dann vielleicht nicht mehr wiedersehen. Ich verabschiede mich jetzt, es war mir ein großes Vergnügen.*

RENÉ: *Es wäre aber toll, wenn wir Dich doch wiedersehen würden.*

'EXUPÉRY': *Aber vielleicht werde ich es nicht wollen. Oder ich werde doch einen Sinn darin finden, aber ich bin ein Abenteurer und kann nichts versprechen und möchte mich jetzt abwenden. Ich bedanke mich und auf Wiedersehen.*

RENÉ: *Auch wir bedanken uns bei Dir auf das allerherzlichste.*

Mira brauchte einige Zeit, bis sie wieder voll in ihrem Körper war und ihre Glieder bewegen konnte. Sie war selbst von dem Kontakt fasziniert. Bezüglich der Unterwasser-Wesen, von denen 'Exupéry' sprach, haben wir uns nach der Trance an den Film ›The Abyss‹ erinnert, in dem auch solche Unterwasser-Intelligenzen vorkamen.
Ich besorgte wiederum eine Kurzbiographie, in der ich zu unserem Erstaunen las, daß Monsieur Exupéry in jungen Jahren in einer Flugzeugarmaturenfabrik gearbeitet hat, was mit seinen Mitteilungen, daß er die Armaturen des Flucht-flugzeuges gegen bessere auswechselte, mehr als konform geht. Auch eine weitere Information gibt zu denken: Saint-Ex, wie er von Freunden genannt wurde, sollte wegen seines für einen Piloten schon zu fortgeschrittenen Alters von seinen Vorgesetzten keine weiteren Flüge mehr genehmigt bekommen. Obwohl es schon eine beschlossene Sache war, sagte man ihm nicht, daß dieser letzte Flug auch offiziell sein allerletzter sein würde. Verbürgt ist aller-dings, daß er über die kurz bevorstehende Landung der Alliierten informiert wurde. Er hat es also entweder geahnt oder irgendwie erfahren, daß es mit der Fliegerei zu Ende sein würde oder die Kriegswirren haben den Anstoß zu seiner Flucht gegeben.

(›diplomatische‹ Astralsignatur, siehe Seite 244)

vormals
›möglicherweise‹
EDGAR CAYCE
amerikanisches Trance-Medium
18.3.1877 - 5.1.1945

Kontaktversuchs-Protokoll vom 13.6.94
Kommunikation deutsch

Herrn 'Cayce', bekannt als der schlafende Prophet, hatte ich schon einmal vor etwa zehn Jahren - in unserer Trainingsphase - fünf Minuten sprechen dürfen. Damals war er allerdings sehr streng zu mir und verbot mir Zauberlehrling regelrecht, ihn einfach herbeizuzitieren. Trotzdem gab er mir dazumal, bevor er eiligst wieder ging, ein paar interessante Meditationsübungen durch. Nunmehr scheint uns der Seher als erfahrene Channeler zu akzeptieren, da er diesmal eher locker lässig mit mir kommunizierte.

MIRA: *Ich hörte so eine elektronische Stimme, die rief: ›Edgar Cayce, bitte kommen‹. Und er hat zurückgerufen: ›**Ich schlafe noch!**‹.*

RENÉ: *Er kann ja ruhig schlafwandeln. Wir würden ihn ohnehin in seiner ›Schlafender-Prophet-Verfassung‹ brauchen.*

MIRA: *Er sagt: ›**der ....* hat auch versucht, ihn anzuzapfen, aber da ist er lieber nicht hingegangen**‹.*

RENÉ: *Also ist er schon da?*

MIRA: *Jetzt kann ich ihn wieder nicht wahrnehmen.*

RENÉ: *Dann bitte ihn, näher heranzukommen. Was sagt der Roberto zur La-ge, wie stehen die Dinge?*

---

* 'Cayce' nannte den Namen eines Pseudo-Okkultisten, mit dem ich vor langen Jahren eine gruselige Erfahrung gemacht hatte: Ich holte ihn nach Mitternacht auf einem menschenleeren Bahnhof ab, als ihm am Bahnsteig der Koffer aufsprang und ein Dutzend eher ›schwarzmagischer‹ Bücher herausfiel.

MIRA: *Der Roberto sagt:* ›wir brauchen mehr Gelassenheit‹. *Jetzt höre ich den Song* (nachsingend)*:* ›Red, red vine‹. *Hah, da hat doch irgendwer drüben ein Jenseitsradio eingeschaltet.*

Mira begann das Lied immer mehr mitzusummen.

RENÉ: *Hoffentlich bist Du in keine Endlosschleife geraten.*

MIRA: *Mich fängt's schon wieder überall so entsetzlich zu jucken an. Muß ich ihn gleich fragen, was das ist.*

RENÉ: *Tu' das. - Herr 'Cayce', kommen Sie bitte auf einen Sprung vorbei!*

MIRA: *Irgend ein Tonband sagt immer wieder:* ›Alle Leitungen sind im Augenblick besetzt. Bitte hängen sie nicht auf.‹ *- Jetzt meldet sich ein 'Christian Morgenstern'.*

RENÉ: *Ja bitte, wir hören.*

'MORGENSTERN': *Im Garten Eden wollte eine Knospe ruh'n.*
Sie wollte nicht mehr ihre Arbeit tun,
denn der Regen schlug so heftig an ihr Kreuz,
daß die Schöne bekam Schmerzen bereits.

RENÉ (lachend): *Herr 'Morgenstern', es ist ja ganz nett, aber Sie sind ein andermal an der Reihe. Halten Sie sich bitte etwas zurück, wir brauchen Platz für Herrn 'Cayce'!*

MIRA: *Also irgendwie ist das schwierig heute, es kommt einfach nichts. Ich glaub', ich geb' auf.*

RENÉ: *Nein, nein, wir geben nicht auf. Geh' noch etwas tiefer in Trance.*

MIRA: *Jetzt seh' ich einen traumhaft schönen Sternenhimmel. Aber es tut sich rein gar nichts. Ich glaub', ich bin da in einem verrückten Himmel gelandet.*

RENÉ: *Warten wir noch ein bißchen.*

MIRA: *Der Roberto sagt,* ›ich bin von diesen heutigen Hausschwingungen so irritiert, die tun meinen Nerven nicht gut. Ich soll besser eine Pause machen‹.

An diesem Abend hatten sich, wie schon des öfteren, von einer nahen Disko-
thek irgendwelche Baßschwingungen über die anliegenden Häuserwände
bis zu unserem Apartment übertragen. Als ich selbst mehr darauf achtete
und mein Ohr gegen die Wand drückte, wurde sogar mir unangenehm übel.
Wir brachen die Trance ab, und fuhren einige Minuten später im Nebenzim-
mer fort, und es klappte auf Anhieb.

'CAYCE': *Vieles von dem, was man verabschiedet, hat eine Wiederkehr,
weil man bestimmte Dinge nicht erledigt hat. Wenn man Gott um Verzeihung bittet, läßt sich vieles erledigen, und viel Leid auf dieser Welt
würde getilgt werden, bevor das Karma zuschlägt. Denn nichts ist vor
den Augen Gottes unverzeihlich, außer der Reu'losigkeit.*

RENÉ: *Wie bittet man denn Gott am besten um Verzeihung?*

'CAYCE': *Indem man einsieht, daß man Fehler gemacht hat, und sieht,
worüber man tief innen traurig ist und was man gerne gutmachen möchte. Es ist wie eine Opfergabe, die man bringt, indem man sich selbst und
dem anderen verzeiht. Viele Leben werden nur gelebt, um einem einzigen
Menschen verzeihen zu lernen. Zumeist sich selbst.*

RENÉ: *Ist das Herr 'Cayce', mit dem ich jetzt kommuniziere?*

'CAYCE': *Wenn Sie so wollen.*

RENÉ: *Ich bedanke mich für ihr Kommen. Also, ich möchte Sie gerne als Mitarbeiter für ein spirituelles Buchprojekt gewinnen, das wir -*

'CAYCE' (unterbrechend): *Die Jenseitspost!*

RENÉ: *Ja, sozusagen. Wir haben mit einer Menge Prominenter Gespräche
geführt und mußten zu unserem Leidwesen feststellen, daß die Damen und
Herren über ihre vorherigen, vor dem berühmten Leben liegenden Leben,
sehr wenig Bescheid wissen. Da hat unser jenseitiger Helfer Roberto vorgeschlagen, daß es nicht schaden könnte, Sie darüber zu befragen.*

Plötzlich kam eine andere Stimme durch, die ich schnell wiedererkannte.

'MORGENSTERN':   *Ri, ra, rutsch,
         ich fahre mit der Kutsch',
      ich fahre mit der Jenseitskutsch',
         futsch, futsch, futsch.*

RENÉ: *Herr 'Morgenstern', gehen Sie bitte aus der Leitung. Hier werden ernst-hafte Gespräche geführt.*

'CAYCE': **Hat denn Roberto Schwierigkeiten, Ihre Fragen zu beantworten?**

RENÉ: *Er meinte, er sei nicht der richtige Geist für diese Dinge. Und, nachdem Sie so ein Topmedium waren, liegt es doch irgendwie nahe, Sie zu fragen. Vielleicht wollen Sie auch im Jenseits Ihre mediale Power nicht einrosten lassen. Ein jenseitiges und ein diesseitiges Medium zusammenzukoppeln, wäre doch auch für Sie eine interessante Angelegenheit.*

'CAYCE': **Das wäre also der Über-Clou für Sie?**

RENÉ: *Irgendwie schon. Haben Sie so etwas schon einmal gemacht?*

'CAYCE': **Nein. Es haben nicht viele Verkörperte solch unverschämte Ansprüche.**

RENÉ: *Probieren kann man's ja, dachte ich. Später hätte ich dann noch ein anderes Thema zu besprechen, und zwar, wie wir das Medium fähig machen könnten, auch unbewußt zu channeln, damit konkrete Daten akkurater übermittelt werden können?*

'CAYCE': **Mit Schlafpulver oder Holznarkose vielleicht.**

RENÉ: *Herr 'Cayce', haben Sie sich neuerdings da drüben mit irgendeinem Komiker vereinigt?*

'CAYCE': **Ja, mit meinem inneren Clown.**

RENÉ: *Vorerst ginge es mir um die Hintergründe, warum es zu den berühmten Leben gekommen ist? Vielleicht könnten Sie aus der Perlenkette der wiederkehrenden Leben ein paar Highlights herauspicken?*

'CAYCE': **Wenn ich einen guten Preis für die Perlen kriege.**

RENÉ: *Also, ich glaub', daß unsere Arbeit schon ihre Früchte tragen wird, woran Sie dann mitnaschen könnten. Vielleicht nehmen wir gleich den erstbesten an die Reihe. Wir hatten ein sehr amüsantes Gespräch mit 'Louis Armstrong', der seiner ehemaligen Frau noch immer nachweint. Könnten*

Sie für uns ins Akasha* blicken und ein paar Fragmente aus seinen früheren Leben, die eventuell Bedeutung für sein Armstrong-Leben hatten, in einen konkreten Zusammenhang stellen?

'CAYCE': **Da müßte ich wohl ein Seminar veranstalten.**

RENÉ: *Welche Art Seminar?*

'CAYCE': **Reinkarnationstherapie für Jenseitige.**

RENÉ: *Ich versteh'. Aber Sie könnten ruhig ein paar Sachlagen vorweg re-cherchieren, als Demonstration sozusagen.*

'CAYCE': **Ich will so etwas nicht machen, ohne die bestimmte Person um ihre Einwilligung zu fragen.**

RENÉ: *'Marilyn Monroe' war für das Okkulte durchaus aufgeschlossen. Vielleicht sollten wir sie herbeibitten und mit ihr gemeinsam einen Versuch ma-chen?*

'CAYCE': **Dafür reicht die Kraft nicht. Vielleicht ist es eine gute Idee, wenn ich zu ihr spreche und sie es dann Euch erzählt?**

RENÉ: *Wir hätten es lieber gerne live mitbekommen.*

'CAYCE': **Es ist besser, wenn wir Jenseitigen uns zusammentun. Diejenigen, die es haben möchten, können mit meiner Hilfe nachforschen und Ihr könnt sie dann befragen. Es ist mir nicht sehr angenehm, ohne deren Mithilfe solche Dinge zu tun. Es könnten auch sehr unangenehme Dinge aufkommen, die sie gar nicht veröffentlicht haben wollen.**

RENÉ: *Es wäre jedenfalls eine schöne Abrundung unserer Interviews. Wir werden auch 'C.G.Jung' bitten - nach Erlaubnis der Jeweiligen - ein kurzes psychologisches Statement über jeden abzugeben. Ich denke, wenn es die Leute interessiert und sie dadurch ein bißchen mehr Weitblick zum Thema Inkarnation bekommen, ist es doch im Sinne der Sache. Dann würden wir die Serie sogar fortsetzen und auf Ihre weitere Mitarbeit hoffen.*
Wie wäre es, wenn Sie vorerst in unsere beiden Vorleben etwas hineinschauen, um das Thema probeweise zu exerzieren.

---

* So wird in der indischen Philosophie das universale Weltbewußtsein genannt.

'CAYCE': *Wissen Sie, was Sie da wünschen?*

RENÉ: *Ich bin auf alles gefaßt!*

'CAYCE': *Das müssen sie auch.*

'Cayce' sprach sodann über einige meiner und Miras durchlebter Inkarnationen, auch über das Warum und Wieso wir in diesem Leben so intensiv zusammen sind.
Es sei nur soviel gesagt, daß es sich bei mir um knappe hundert Leben handelt und Mira schon ein Dutzend mal öfter als ich wiederkehrte. Naturgemäß, da die Evolution üblicherweise mittels Problemen voranschreitet, bringt solch ein Blick in den Rückspiegel mehr dunkle als helle Flecken zu Tage. Insgesamt sind uns im Rahmen unserer bisherigen eigenen Recherchen zusammen mehrere Dutzend persönliche Leben in groben Umrissen und ein halbes Dutzend ziemlich umfassend bekannt. Weiteres darüber lassen wir jedoch nicht in diese Publikation einfließen, wir sind ja keine Berühmtheiten, um die es hier geht.
Leider hatte mitten in der 'Cayce'schen Rückschau das Tonband gewendet, wodurch ein paar Sätze verloren gingen. Zudem ist uns beim Abtippen auch noch ein technischer Fehler passiert, wodurch sich nocheinmal eine Minute der Aufzeichnung unrettbar verflüchtigte. An dieser gelöschten Stelle meinte Herr 'Cayce', daß die sinnvolle Erfüllung unseres Wunsches bezüglich der Vorleben unserer Stargäste ein eigenes Buch bedingen würde, und schlug dafür sogleich den Titel ›*Who was Who*‹ vor.

RENÉ: *Ja, das ist ein wahrlich griffiger Titel. Aber derzeit wollen wir ja nur Akzente aus deren Leben einbringen, um darzustellen, wie die persönliche Evolution arbeitet.*

'CAYCE': *Ich verstehe schon. Ich bin ja auch kein Heiliger gewesen.*

RENÉ: *Aber im Cayce-Leben haben Sie doch das Heilige sehr in den Vordergrund gestellt.*

'CAYCE': *Ich habe versucht, anderes wiedergutzumachen.*

RENÉ: *Für meinen Geschmack waren Sie gar zu biblisch unterwegs.*

'CAYCE' (lachend): *Es war eine unbewußte, praktische Überlegung, um mich mit den Beschränkungen des Lebens abzufinden.*

243

RENÉ: *Jedenfalls freut es mich, daß wir einen erneuten Kontakt gefunden haben. Ich kann mich erinnern, daß wir vor sehr langer Zeit - ich weiß zwar nicht, ob es damals identisch war - versucht haben, Sie zu sprechen. Soweit ich mich vage erinnere, sind Sie für ein paar Minuten gekommen, waren eher kurz angebunden und schimpften mürrisch, wie solche spirituellen Grundschüler es wagen können, sie herbeizurufen.*

'CAYCE': **Es war eine Prüfung für Ihr Selbstwertgefühl.**

RENÉ: *Aha. Jedenfalls hab' ich's überwunden.*

'CAYCE': **Schön. Auf Wiedersehen.**

RENÉ: *Das wär' toll. Ich bedanke mich.*

Es ist schließlich einige Tage später zu einer Rückschau 'Cayces' für 'Marilyn Monroe' gekommen (siehe Seiten 37-41). Weitere Vorlebensbetrachtungen haben wir bis auf weiteres nicht angestrebt, da sich inzwischen herausstellte, daß es die Seitenvorgabe für dieses Buch gesprengt hätte.
Die seltsame Kreuzchen-Unterschrift unter Cayces Portrait kam übrigens medial via Mira zustande. Da die amerikanische A.R.E.-Organisation von den Cayce-Nachfahren eine strikte Order hat, keine Handschriften Cayces nach außen zu geben(das Sekretariat gab als Begründung an, daß keine graphologischen Analysen erwünscht seien), baten wir den jenseitigen 'Cayce' in einer allerletzten Kurzsitzung für dieses Buch um ein Autogramm. Der löste das Problem in seiner Weise diplomatisch, mit dem Kommentar, *›daß er damit sowohl uns als auch seinen Verwandten gegenüber gerecht werde‹.* Als ich nachfragte, was denn aus seiner irdischen Signatur herausgelesen werden könne, meinte er lakonisch: *›Verschiedenste Dinge allzu menschlicher Natur!‹.*
Auch über Jules Vernes Sehergabe konnte ich 'Cayces' Meinung erfahren:
›Verne war ein hellsichtiges Medium, eine eigene Art von Prophet, einer jener begeisterten visionären Menschen, die - wenn sie sich spielerisch darauf einlassen - ganze Universen zimmern können, die dann auch physisch eintreten. Es ist inneres Wissen, das Verne mit der Kraft der Vision zu verbinden verstand und versteht.
Während ich selbst mehr auf die menschliche Ebene bezogen war, arbeitete Verne mehr auf der sozial-kulturellen.

vormals

›möglicherweise‹

EDWARD BACH

englischer Arzt

24.9.1886 - 27.11.1936

Kontaktversuchs-Protokoll vom 11.1.94
Kommunikation deutsch

Während einer kurzen medialen Besprechung mit unserem jenseitigen Hausarzt Dr. Rabe, der mehr für die internen physischen Belange von Diagnose und Therapie in unserer Familie zuständig ist, meldete sich indirekt auch (ein) Doktor 'Bach', mit dem wir schon öfters konferierten, mit einem Hinweis zur Einnahme einer bestimmten Blütenkombination zu Wort. Ich nutzte die Chance, den zweiten Teil der Session für ein Interview mit ihm zu verwenden. Sowohl Dr. Rabe als auch (dieser) Dr. 'Bach' sind übrigens, gemäß eigener Aussagen, Mitglieder der jenseitigen Studiengruppe rund um 'C.G.Jung'.

RENÉ (zu Mira): *Richte Dich noch einmal auf Herrn 'Bach' aus. Er hat uns ja zuerst schon etwas mitteilen lassen. Laß ihn, wenn möglich, direkt sprechen.*

'BACH':   *Die Wollust ist der Blüte erster,*
ihr zweiter Schritt erfolgt hinab.
Aus jeder Blüte sprießt der Same
im Morgen strahlend hellen Lichts,
bis dann am Abend dieser bricht.
So will die Stimme meines Herzens
froh und gut erforschet sein,
bevor ich tief bekümmert
mich im Frieden dieses Seins
kann geborgen lassen sein.

RENÉ: *Ich begrüße Sie. Herr 'Bach'. Es gibt in Amerika - in Kalifornien - eine Gruppe, die ›Kalifornische Blütenessenzen‹ herstellt. Möchten Sie dazu etwas sagen?*

'BACH': *Was soll ich sagen?*

RENÉ: *Etwa, ob Sie darin eine Erweiterung Ihrer Arbeit sehen? Würden Sie es zum Beispiel als förderlich betrachten, wenn ich Sie zu diesen, ich glaube 72 weiteren Blüten, ein bißchen interviewe, damit Sie Ihre Erkenntnisse dazu einbringen und damit das Ganze auf ein vielleicht tieferes Fundament stellen?*

'BACH': **Das tiefste Fundament ist die Einfachheit. Alle Anstrengung ist verloren und vergeudet. Mit dem Kopf wird nach etwas gesucht, das eigentlich das Herz begehrt. Die Antwort ist einfach, und die Wege sollten es auch sein.**
Ist nicht alles in dieser Welt auf dasselbe Gesetz gestellt? Ob Du dem Hohen oder dem Niederen dienst, es kommt auf Dein Bewußtsein an. Ob Du reich oder arm bist, es kommt auf Deine Einstellung an, wie es Dir damit ergeht! Nicht die Tatsächlichkeit eines Gewinns macht Dich augenblicklich und wie von selbst glücklich. Vielmehr das Gefühl, das Du dazu hegst und die Gedanken, die Du damit verbindest.
Weniger wie schön Du tatsächlich bist oder wie gesund, sondern wie sehr Du Dich darüber freuen kannst, macht letztendlich das Glück aus, nicht wie vollkommen Deine Ehe ist, sondern als wie sinnvoll Du sie betrachtest.
Es ist die Einfachheit, die Ruhe erzeugt und nicht das Tummeln in der Vielfalt. Darin kannst Du schwelgen, wenn Du aus der Stille trittst. Doch, sie zu benützen, um der Welt zu entfliehen, wird sie Dir kein Glück bescheren. Denn letztlich willst Du immer wieder Ruhe und Frieden finden. Diese aber findest Du nur, indem Du stille bist und einfach wirst.

RENÉ: *Es gibt ja inzwischen eine ganze Palette von Essenzen aller Arten.* * *Welche würden Sie denn nun empfehlen, um mit ihnen zu arbeiten?*

'BACH': **Die 38 Blüten und nicht mehr.**

RENÉ: *Sie meinen, die Kalifornier und die anderen sind zu weit gegangen?*

'BACH': **Was heißt zu weit? Natürlich kann man alles machen.**

RENÉ: *In einem früheren Gespräch sagten Sie doch mal, daß man eigentlich alle Blüten nehmen könnte.*

'BACH': **Ja, natürlich kann man das. Indem Du auf die Wiese gehst und Dich ins Gras legst, hast Du sie alle.**

---

* Es gibt inzwischen eine beinahe schon unüberschaubare Menge von verschiedensten Blütenessenzen auf dem Markt. Von Alaska-Essenzen angefangen über Australische, Deutsche, Hawaiianische, Kalifornische, Neuseeländische, Schweizerische, Orchideen- bis hin zu Alpenblumen-Essenzen und neuerdings sogar auch Getreidekreis-Essenzen finden sich nun schon tausende dieser Wässerchen, die nur noch zur Verwirrung beitragen.

RENÉ: *Ich möchte wissen, ob Sie durch Ihre jenseitigen Erkenntnisse Ihr Blütensystem jetzt anders sehen oder es irgendwie neu gestalten wollten?*

'BACH': **Das wär' eine Spielerei.**

RENÉ: *Das heißt, man sollte es als perfekt betrachten?*

'BACH': **Die zwölf Grundbedingungen für eine ausgeglichene Seele reichen, um einen Menschen ins Gleichgewicht zu bringen. Alles andere sei seiner Schöpferkraft überlassen.**

RENÉ: *Diese zwölf Grundbedingungen, die hätte ich gern gewußt!*

'BACH': **Erstens, die Liebe.**
Zweitens, daraus resultiert Verständnis,
aus Verständnis resultiert Verzeihen,
aus Verzeihen entsteht Dienen,
aus Dienen entsteht Ehre,
aus Ehre entsteht Pflicht,
aus Pflicht entsteht Verantwortungsbewußtsein,
aus Verantwortungsbewußtsein entsteht Frieden,
aus Frieden entsteht Gewahrsein oder Wahrheit,
aus Wahrheit entsteht Demut,
aus Demut entsteht Gelassenheit,
und aus Gelassenheit entsteht Selbstlosigkeit.
Aus Selbstlosigkeit entsteht Genügsamkeit,
aus Genügsamkeit entsteht Freude,
aus Freude entsteht Schöpferkraft,
aus Schöpferkraft entsteht Selbstbewußtsein,
aus Selbstbewußtsein -

'Bach' stoppte abrupt seine Aufzählung und schmunzelte via Mira sanft, als ob er einen Kommentar von mir hören wollte.

RENÉ: *Ja? - Ich glaube, wir haben jetzt aber schon an die fünfzehn oder sech-zehn Punkte, wenn ich richtig mitgezählt habe.*

'BACH': **Zu den zwölf Grundstimmungen kommen sechsundzwanzig erweiterte Seelenstimmungen.**

RENÉ: *Beim Selbstbewußtsein waren wir stehengeblieben.*

‚BACH' (lächelnd): **Daraus leiten sich alle anderen Kreativitäten ab.**
Aus Selbstbewußtsein entsteht Einfachheit und Kindlichkeit,
das Bewußtsein der Kindschaft.

248

> **Aus der Kindschaft heraus entsteht die Treue,**
> **aus der Treue heraus entsteht der Mut.**

RENÉ: *Könnten Sie das letztere genauer erläutern?*

'BACH': **Nur, wenn ich mir selbst treu bin, kann ich wirklich mutig sein. Aus Mut entsteht Gerechtigkeit, und so weiter.**

RENÉ: *Woraus entsteht denn Reichtum?*

'BACH': **Reichtum? Aus Freude!**

RENÉ: *Aha. - Herr 'Bach', wir haben da so ein Projekt namens ›ParaFax‹*. Wir möchten damit die Essenz der durch uns empfangenen Übermittlungen weltweit und instant publik machen. Also, wir möchten, wenn Sie mitmachen, die Essenz der Durchgaben von Ihrer Seite und von anderen jenseitigen Freunden aus den verschiedensten Bereichen bekannt machen. Da stellt sich die Frage, unter welchem Etikett wir -*

‚BACH' (unterbrechend): **Ich bin ein Archetypus.**

RENÉ: *Welcher Archetypus?*

'BACH': **Derjenige, von dem auch Bach getragen wurde.**

RENÉ: *Hmm. Wie sollen wir Sie nun nennen, ich meine, mit welchem Etikett dürfen wir Sie denn -*

‚BACH' (unterbrechend): **Archus Bachus!**

RENÉ: *Archus Bachus? Also, unser Konzept war, Sie eventuell 'Dr. Edward' zu nennen, der über Bachblüten et cetera referiert. Das wäre juristisch nicht so leicht angreifbar, aber die meisten Leute würden doch in einer eindeutigen Richtung -*

‚BACH' (unterbrechend): **- fündig.**

RENÉ: *Ja, genau. Kurz und bündig, 'Dr. Edward'. Wären Sie damit einverstanden, Archetypus 'Dr. Edward' zu heißen?*

'BACH': **Ich weiß nicht.**

RENÉ (schmunzelnd): *Tja, verhindern könnten Sie es ohnehin schwerlich.*

---

* Näheres darüber im Nachwort.

'BACH': *Sagen Sie das nicht. Mein Archetypus hat mehr Macht, als Sie denken.*

RENÉ: *Abgesehen davon, daß Sie uns ruhig noch andere Namen vorschlagen können, würde mich schon interessieren, was Sie unternehmen würden?*

'BACH': *Einen Aufstand.*

RENÉ: *Welche Art Aufstand denn?*

'BACH': *Nun, einen Aufruhr. - Ja, eine der noch ungenannten Qualitäten ist wohl nicht zuletzt der Humor.*

RENÉ (belustigt): *Nicht zuletzt? Was ist denn dann das Allerletzte?*

'BACH': *Es gibt kein Letztes!*

RENÉ: *Ach so. - Womit beschäftigten Sie sich denn zuletzt?*

'BACH': *Ich ruhe einfach und genieße den Frieden.*

RENÉ: *Sie sind sozusagen in dieser Stimmungskette, die Sie vorhin aufzählten, beim Frieden hängengeblieben?*

'BACH': *Bei der Freude über den Frieden.*

RENÉ: *Hmm. - Wollen Sie mir irgend jemanden vorschlagen, den ich vielleicht noch in unsere Gesprächskreise einladen sollte? Wen würden Sie gern -*

‚BACH' (unterbrechend): *Schopenhauer.*

RENÉ: *Warum gerade diesen Herrn?*

'BACH': *Er ist ein edler Geselle.*

RENÉ: *Sind Sie öfter mit ihm persönlich zusammen, oder meinen Sie seinen Archetypus?*

'BACH': *Auf ein Bierchen waren wir zusammen!*

RENÉ: *Haben Sie die Hopfenpflanze schon näher untersucht, die Blütenessenz meine ich?*

'BACH': *Freilich, nicht nur ich.*

250

RENÉ: *Ja, das stimmt, eigentlich ist da eine Massenuntersuchung im Gange. Aber diese Essenz wird nicht gerade tropfenweise eingenommen.*

'BACH': **Das sollte sie doch wohl besser.**

RENÉ: *Wie würden Sie denn diese Blüte einstufen, jetzt ganz im Ernst gefragt?*

'BACH': **Als verdummend, ja sogar als verblödend. Sie lullt ein, sie wird dem Neptun untergeordnet. Sie bringt Dich aus Deiner Materialisation. Deswegen sind mit Neptun schlecht aspektierte Menschen nicht gut auf Bier zu sprechen.**

RENÉ: *Das kann ich aus eigener Erfahrung bestätigen. Ein zweites Gläschen ist bei mir eines zuviel und legt mich flach. Und was sagen Sie zum Pendant auf der alternativen Seite, zur Cannabis-Blüte?*

'BACH': **Das ist ein zweischneidiges Schwert. Sie schärft den Intellekt, aber untergräbt das Selbstwertgefühl. Haschisch macht arrogant, ja ,in einer gewissen Weise, überheblich.**

RENÉ: *Was macht denn dann Opium, ich meine die Mohnblüte?*

'BACH': **Sie macht sehr aggressiv. Opium läßt alle Körperfluide aus der Peripherie zurückweichen und aus den Nerven wird die Energie abgezogen. Es wirkt betäubend, schmerzlindernd, einschläfernd und aus dem Körper stoßend.**

RENÉ: *Was ist es genau, das abhängig macht?*

'BACH': **Die Nerven-Geschichte. Es ist schmerzvoll, wenn die Energie wieder in die Nerven zurückkommt, das will verhindert werden. Es ist, wie wenn man ein Blutgefäß abdrückt, wie wenn man einen eiskalten Finger in Wärme steckt, das schmerzt eigenartig. Das ist auch der Grund, warum die Menschen nach Morphium empfindlicher sind, als vorher.**

RENÉ: *Kurzfristig oder für immer?*

'BACH': **Es kommt darauf an, wielange es genommen wird. Aber jedesmal, nachdem man das Mittel aussetzt, wird die Schmerzschwelle niedriger.**

RENÉ: *Weil wir schon von Heroin oder Opium gesprochen haben -*

'Bach' versuchte Miras im halben Lotus gekreuzte Beine langsam auszustrekken und kommentierte es lächelnd.

‚BACH' (unterbrechend): **Auch meine Schmerzschwelle steigt!**

RENÉ: *Oh, strecken Sie sich ruhig aus.Was würden Sie Heroinsüchtigen, die entzugsbereit sind, zwecks medikamentöser Unterstützung anraten?*

'BACH': **Die Gartenraute, Buschwindröschen, Kalzium in gesunder Form. Nichts Extrahiertes, wie Nüsse, Samen -**

Da das Tonband hier wendete, sind einige Worte unwiederbringlich der Technik zum Opfer gefallen.

'BACH': **- die Notfallmischung, Rockwater, Hibiskusblüte, Lachesis, und die Notfallcreme auf den Solar Plexus. Die Farbe Grün und Gelb gegen den Brechreiz, der bei Entzugserscheinungen auftritt. Gelb im Halsbereich und Grün im Solar Plexus, Blau auf den Fußsohlen und Wassertreten. Immer wieder Wassertreten.**

RENÉ: *Im Kneippschen Sinne?*

'BACH': **Es muß nicht so kalt sein. Immer wieder ins Wasser treten, damit die Energie abgezogen wird. Und Kristallenergie. Mit Kristallen in jeder Form arbeiten, auch zum einnehmen, Kristallwasser trinken. Silizium-, Urbaustoffe. Alles, was Urbaustoff enthält, wie Spirulina-Algen und so weiter.**

RENÉ: *Wenn Sie schon so genau antworten, möchte ich Sie zum AIDS-Komplex auch noch befragen. Was möchten Sie dazu anraten?*

'BACH': **Eiskalte Duschen täglich, drei bis fünf mal täglich auf warmem Körper.**

RENÉ: *Darf ich fragen, warum?*

'BACH': **Das gibt einen Nervenschock, eine Erinnerung an das Nicht-Aufgeben, an das Hierbleiben, eine ganz starke Aktivierung des Blut-kreislaufes und einen Reiz für das Gehirn, mit Überlebensenergie zu antworten. Und Laufen, viel Joggen. Dann Notfalltropfen und eine ein-malige Blutwäsche, um die Information aus dem Blut zu schwemmen. Kann auch mit Blutabnahmen und Eigenblutspritzen verbunden sein - es wird ihnen keiner abnehmen, aber es würde helfen.**

RENÉ: *Können Sie uns erklären, warum es helfen würde?*

'BACH': **Bei AIDS-Kranken stockt es in den Adern, das alte Blut wehrt sich gegen die Erneuerung. Das alleine ist der Grund, warum der Virus** *stabil sitzen bleibt, nicht weil der Virus nicht mehr herauszubringen ist, sondern weil es in diesen Menschen einen Code gibt, sodaß gewisse Blutzellen sich nicht erfrischen bzw. absterben und hängenbleiben. Normal erneuert sich das Blut ja innerhalb von drei Monaten vollständig.*

RENÉ: *Es gibt bei diesen Leuten also Zellen, die uralt werden und trotzdem nicht sterben?*

'BACH': **Die halten sich halb und halb und sterben dann ab, aber werden nicht ausgeschieden. Und in genau diesen Zellen haust dieser Virus.**

RENÉ: *Aha, die hängen sozusagen als halbe Leichen herum.*

'BACH': **Das Immunsystem zersetzt sie nicht und bringt sie nicht in die Ausscheidungsorgane. Der Erneuerungsprozeß ist unterbrochen. Es ist wie eine Tonkassette, die an einer Stelle stecken blieb.**

RENÉ: *Würden Sie darüber noch mehr ins Detail gehen, wenn wir mit geeigneten medizinischen Forschern -*

‚BACH' (unterbrechend): **Der Unterschied zu Krebs ist, daß dieser die aggressivere Form der Selbstzerstörung ist und AIDS die passive Form davon.**

RENÉ: *Noch ein anderes Thema. Wir hatten mit den orthodoxen Jungianern schon eine Reihe juristischer Probleme zu bewältigen, deshalb -*

‚BACH' (unterbrechend): **Warum tun Sie sich das an?**

RENÉ: *Nun ja, es ist in der hiesigen Welt leider notwendig, ein bißchen mit Etiketten zu arbeiten, um -*

'BACH' (unterbrechend): **- zu kämpfen.**

RENÉ: *Nein, um die Öffentlichkeit zu erreichen. Dazu muß man einfach geschickt vorgehen, um - äh - Finden Sie, daß die Bachianer, ich nenne Ihre offiziellen Vertreter jetzt mal so, Ihre Sache gut vertreten?*

'BACH': **Die vertreten ihre Sache. Machen Sie doch etwas Neues.**

RENÉ: *Was meinen Sie? Haben Sie einen Vorschlag?*

'BACH': **Sehen Sie alles als etwas Neues an.**

RENÉ: *Das tu' ich, ja, aber es ist ja doch eingebettet in eine Historie, wenn etwas Neues entsteht.*

'BACH': **Ja, es ist wie eine Wiedergeburt.**

RENÉ: *Ich könnte mir vorstellen, daß die Amerikaner, die diese erweiterten Blütenessenzen entwickelt haben, also, daß diese Leute sich gerne mit Ihnen unterhalten würden. Sicherlich auch viele Leute, die sich mit Ihren Original-tinkturen beschäftigen. Ja, und -*

'BACH' (unterbrechend): **Lassen Sie doch den Dingen Ihren Lauf. - So, gibt es noch etwas? Sonst gehen wir.**

Das ›Wir‹ bedeutete wohl, daß Dr.Rabe noch im Hintergrund auf Herrn' Bach' wartete. Vielleicht wollten Sie gemeinsam nach Hause gehen.

RENÉ: *Okay, dann bedanke ich mich. Ich hab' ohnehin schon ziemlich viel Information zu verarbeiten.*

'BACH': **Schlafen Sie wohl.**

RENÉ: *Sie auch, falls Sie das in Ihrem friedlichen Environment nötig haben sollten. Auf Wiedersehen.*

Mira kam aus der Trance zurück und sinnierte.

MIRA: *Ist der Bachus nicht der Dingsbums des Alkohols? Mit dem kann er dann leicht verwechselt werden.*

RENÉ: *Der Bacchus ist der griechische Weingott, aber den schreibt man mit zwei c!*

MIRA: *Archus Bachus. Vielleicht sollten wir ihn echt so nennen? Dann haben wir keine Troubles mit irgendwelchen Offiziellen.*

RENÉ: *Am besten, wir drucken das ganze Gespräch über das Namensproblem mit ab und warten einfach, was passiert.*

Zum diesem Zeitpunkt hatten wir noch kein Buch geplant und daher auch nicht die spezifischen Fragen nach dem Übergang etc. gestellt. Allerdings ging uns schon die ›ParaFax‹-Idee durch den Kopf (siehe Nachwort).

vormals
›möglicherweise‹

OSKAR SCHINDLER
deutscher Fabrikant
28.4.1908 - 9.10.1974

Kontaktversuchs-Protokoll vom 3.2.94
Kommunikation deutsch

Dieser Tage war in den Massenmedien ständig irgend etwas über den Judenretter Schindler zu hören. In der Presse klang aber immer auch durch, daß man kaum etwas Genaues über ihn weiß. So kam ich auf den Gedanken, mit ihm darüber einfach direkt zu reden. Mira ist ohnehin an den Nachrichten nicht sehr interessiert, daher bestand auch kaum Gefahr, daß übermittelte Inhalte von ihr unbewußt produziert würden. Ich zeigte ihr vor der Trance nur ein Illustriertenfoto von Herrn Schindler. Erst als sie schon tief in mediale Trance gegangen war sprach ich mehr Details über mein Vorhaben aus.

RENÉ: *Wir wollen nun mit der Bewußtseinsenergie der ehemaligen Inkarnation namens Oskar Schindler zu reden versuchen. Oskar Schindler, das war ein Mann, der im zweiten Weltkrieg, während der Nazizeit - obwohl er offiziell selbst ein Nationalsozialist gewesen ist - dennoch mit verschiedensten Tricks etwa 1200 Juden das Leben gerettet hat. Über diesen Mann ist von Steven Spielberg ein Film gedreht worden, der derzeit in aller Munde ist. Es wäre eventuell auch für die Vergangenheitsbewältigung sinnvoll, gemeinsam mit dem heutigen Bewußtsein Oskar Schindlers eine Rückschau zu halten. Du bittest nun Dein Höheres Selbst, je nachdem wie entwickelt die Schwingung Oskar Schindlers ist, ihn näher oder weniger nahe an Deine Aura heranzulassen. Zusätzlich gibst Du Deinem Höheren Selbst den Auftrag, jedwede Frequenz des Holocaust-Horrors von Deinem empfangenden Bewußtsein abzuwenden. Und Deine Schutzwesen bitten wir, nur die Kommunikation mit 'Oskar Schindler' selbst durchzulassen.*

Es vergingen einige Minuten, in denen Mira ihre Trance noch vertiefte.

RENÉ: *Haben sich schon spezifische Energien bemerkbar gemacht?*

MIRA: *Zuerst habe ich kurz ein ziemlich lebendiges Bild von wahrscheinlich ihm gesehen. Irgendwie ist jetzt herübergekommen, daß er* ›**ein weicher Mann war, eigentlich unfähig zu irgendwelchen Morden und sonstigen Brutalitäten. Er sagt, daß er aus sich heraus sehr sensibel war, nicht aus Opportunität oder so. Er sei ein ganz gewöhnlicher Mensch gewesen und einfach den Menschen sehr gesonnen**‹.

RENÉ: *Nachdem er damals so markante Erfahrungen gemacht hat und ihn nun die gesamte westliche Kulturwelt kennt, könnte er durch seinen heutigen Blickwinkel sicherlich zum Verständnis seiner Zeit beitragen. Meine erste Frage an ihn wäre, wie er jetzt das Phänomen Faschismus generell sieht?*

Es verstrich eine kurze Pause.

'SCHINDLER': **Faschismus ist ein Hängen an der Vergangenheit und eine Weigerung, sich zu ändern, eine Art überdimensionale Sentimentalität.**

RENÉ: *Herr 'Schindler', haben Sie die Aktivitäten rund um die Spielberg-Produktion von* ›Schindlers Liste‹ *mitbekommen? Haben Sie dieses Geschehen näher verfolgt?*

Miras Körper nickte.

RENÉ: *Würden Sie den Film als halbwegs authentisch bezeichnen?*

'SCHINDLER': **Wenn man es direkt miterlebt hat, kann man das nicht einfach bejahen.**

RENÉ: *Worin sehen Sie die gröbste Verzerrung der Wirklichkeit in Ihrer Filmbiographie? Ich meine Verzerrungen, die auch cineastisch nicht mehr tolerabel sind.*

'SCHINDLER': **Die Menschen erfuhr ich nicht in dieser Art menschlich, wie sie im Film dargestellt werden.**

RENÉ: *Meinen Sie nun die Opfer oder die Täter?*

'SCHINDLER': **Beide. In Wirklichkeit waren die allermeisten der Waffenträger unglücklich und nicht für den Krieg.**

257

RENÉ: *Worin meinen Sie, liegt die Ursache, warum nicht mehr Menschen dagegen aufgestanden sind, obwohl doch viele gewußt haben müssen, was vorging?*

'SCHINDLER': **Weil viele, insbesondere der Opfer, blind waren vor dem, was rund um sie passiert ist. Sie wollten sich nicht damit auseinandersetzen.**

RENÉ: *Woraus aber resultierte diese Blindheit? War es eine unbewußte Angst, oder einfach Mutlosigkeit, oder ein wirkliches Nicht-Sehen der Vorgänge?*

'SCHINDLER': **Es war zumeist ein Nicht-Sehen-Wollen, teilweise auch ein Nicht-Sehen-Können und natürlich Angst.**

RENÉ: *Ist irgend etwas Wichtiges in der heutigen historischen Sichtweise vergessen worden? Meinen Sie, daß etwas hinzugefügt werden muß, um das Bild ganz zu machen?*

'SCHINDLER': **Nun, daß eine ganze Reihe dieser Rechtsbrecher immer noch leben und vielerorts die Unterdrückung heute genauso schlimm ist wie damals. Nur, daß im Gegensatz zu damals Mord meist in kleinen Raten geschieht. Heute zieht er sich oft über halbe Leben hin, wenn nicht übers ganze gegebene Leben.**

RENÉ: *Halten Sie das, was Herr Wiesenthal tut, also die verstreuten und versteckten Kriegsverbrecher überall aufzuspüren und sie dem jetzt herrschenden Recht zuzuführen, für richtig?*

'Schindler' schien mit dem Kopf des Mediums zu nicken.

'SCHINDLER': **Es ist oft mehr eine Propaganda.**

RENÉ: *Aber Sie sind auch nach dieser - von meiner Generation aus gesehen doch sehr lang zurückliegenden Zeit - dafür, diese Verbrechen einer Verurteilung zuzuführen?*

'SCHINDLER': **Es ist gewissermaßen auch im Sinn der Rechtsverbrecher!**

RENÉ: *Wie meinen Sie das?*

'SCHINDLER': **Die haben so oder so ein schlechtes Gewissen.**

RENÉ: *Meinen Sie, diese Leute verlangen unbewußt ohnehin selbst danach?*

'SCHINDLER' (nickend): **Mmhmm.**

RENÉ: *Ich habe vor einigen Jahren in Florida mit hoher Wahrscheinlichkeit einen solchen versteckten Kriegsverbrecher der mittleren Garde getroffen. Er führt eine kleine Pension in Sarasota, in der ich nächtigte.*

'SCHINDLER': **Die schlafen alle nicht gut, wo sie auch immer stecken.**

RENÉ: *Ich habe nichts weiter unternommen, weil ich nichts allzu Genaues wußte. Aber es wurde durch seine unverhohlenen Erzählungen irgendwie offensichtlich. Meinen Sie, ich sollte diesem alten Mann noch Verfolger auf die Fährte setzen?*

'SCHINDLER': **Wie Sie möchten.**

RENÉ: *Hmm. - Ich nehme fast an, daß Sie in diesem sogenannten Jenseits auch mit ermordeten Juden Kontakt gefunden haben oder mit von Ihnen Geretteten?*

'SCHINDLER': **Das habe ich.**

RENÉ: *Wollen Sie uns ein paar wichtigere Begegnungen schildern?*

'SCHINDLER': **Mit Hitler.**

RENÉ: *Darüber hätten wir gerne mehr gewußt. Wie steht es um die Psyche des ehemaligen 'Hitler' heute?*

'SCHINDLER': **Ich habe diese sogenannte Wesenheit in einem Zustand vorgefunden, den man als schlafähnlich bezeichnen könnte. Er war von einer Schar anderer, sehr bestialischer Wesen umringt.**

RENÉ: *Könnte man die als Schimären seines Unbewußten bezeichnen?*

'SCHINDLER': **Als ich ihn sah, hat er sich ständig die Ohren vor ihren Zuflüsterungen zugehalten.**

RENÉ: *Also, er hat sie abgewehrt?*

'SCHINDLER': **Er konnte es nicht mehr ertragen.**

RENÉ: *Sind es Wesen, die ihn vielleicht schon zu Lebzeiten mehr oder minder beeinflußt oder auch direkt zu Taten aufgefordert haben?*

'SCHINDLER': **Möglicherweise sind es Energien, die ihn auch früher benützt haben.**

RENÉ: *Haben Sie eine Idee, zu welcher Art von karmischer Schuldabtragung das Wesen Hitler vom Kosmos geführt wird?*

'SCHINDLER': **Es geschieht bereits. Was er nun durchmacht, daß er ständig diesen eindringlichen Stimmen zuhören muß, ist eigentlich nichts anderes. Obwohl er die Ohren zuhält, hilft ihm das dennoch nicht zu verdrängen.**

RENÉ: *Herr 'Schindler', wenn Sie aus Ihrer Perspektive auf unseren Globus blicken, sehen Sie da auch andere dominante Politiker, die vorwiegend Hitler'sche Frequenzen verbreiten?*

'SCHINDLER': **Natürlich gibt es die.**

RENÉ: *Was würden Sie den heutigen Jugendlichen - die jene Greueltaten nicht mehr direkt miterlebt haben - an Lebensweisheit mit auf den Weg geben wollen?*

'SCHINDLER': **Ich möchte der Jugend raten, ihr Schicksal selbst in die Hand zu nehmen und den eigenen Herzen zu vertrauen. Sie soll sich nicht zu sehr von Forderungen und Kritiken eines Regimes unterkriegen lassen.**

RENÉ: *Ich weiß nicht, inwieweit wir Ihre Äußerungen in die Welt setzen können, aber wir werden unser Bestes versuchen. Ihre Ansichten könnten vielleicht auch zur späten Vergangenheitsbewältigung bei manch uneinsichtigem Älteren beitragen.*

'SCHINDLER': **Ich habe gleich bewältigt, indem ich gleich etwas getan habe.**

RENÉ: *Inwieweit sehen Sie heute eine Gefahr der Wiederkehr solch extremer faschistischer Dimensionen?*

'SCHINDLER': **Eine Tendenz ist schon gegeben, aber die Welt ist so weit fortgeschritten, daß sich auch starke Gegenkräfte mobilisieren würden.**

Es ist jetzt mehr der Atomkrieg als einzelne Persönlichkeiten, von dem die Menschheit bedroht ist.

RENÉ: *Hitler war damals die große Galionsfigur, aber waren nicht Figuren in der zweiten Garde oder im Hintergrund vielleicht sogar noch gefährlicher?*

'SCHINDLER': **Sie unterstützten ihn ja. Die stehen alle in einer Reihe vor dem Richterstuhl.**

RENÉ: *Woher haben Sie den Mut genommen, so zu handeln, wie Sie es taten?*

'SCHINDLER': **Ich bin ein ganz normaler, einfacher Mann. Es war nichts Besonderes, nur meine Menschlichkeit. Ich mußte es einfach tun. Es ent-spricht meiner Natur und war auch gar nicht so schwierig. Ich hätte so-gar mit dem Leben bezahlt.**

RENÉ: *Das heißt, Sie waren innerlich auch bereit, dafür zu sterben?*

'SCHINDLER': **Ja. All das Elend mit ansehen zu müssen, war nicht schön.**

RENÉ: *Was fällt Ihnen im Zusammenhang mit dem Holocaust zur Religion ein?*

'SCHINDLER': **Es ist doch offen ersichtlich, daß sie hier keine Retter-rolle spielte. Sie hat einfach versagt, was aufzeigt, daß sie wirklich ein Versager ist.**

RENÉ: *Gibt es etwas in Ihrem Leben, das nicht allgemein bekannt wurde, aber eventuell recherchiert werden könnte?*

'SCHINDLER': **Vielleicht, daß ich Hundeliebhaber war.**

RENÉ: *Hatten Sie denn persönlich Hunde?*

'SCHINDLER': **Ein paar, von verschiedener Sorte. Da war einmal Bello, er ist jetzt bei mir.**

RENÉ: *Sind Sie seit Ihrem Übergang in Ihre jetzige Dimension schon mal mit Diesseitigen in Kontakt gestanden?*

'Schindler' schüttelte Miras Kopf.

RENÉ: *Was dachten Sie denn über unsere Ambition, mit Ihnen reden zu wollen? Oder anders gefragt, warum haben Sie diese Kontaktmöglichkeit angenommen?*

'SCHINDLER': **Weil ich bin ein gutmütiger, williger Mensch bin.**

RENÉ: *Gibt es irgend etwas, das sie Herrn Spielberg sagen möchten?*

'SCHINDLER': **Ja, man könnte die ganze Tragik noch menschlicher bringen. Es entstand damals ein Grauen, in das sich die Menschen heute nicht so recht hineinversetzen können. Aber letztendlich gab es sogar Grenzen, hinter denen diesen Opfern auch der Tod kein Problem mehr war. Es ist meist ziemlich schnell gegangen. Kinder hat man auch betäubt. Viele der Leute waren tatsächlich froh, daß sie gestorben sind oder getötet wurden. Sie hatten vieles verloren. Viele hatten nichts, absolut nichts mehr! Das Leben hatte oftmals auch keinen Sinn mehr. Die Todesangst hatte für manche Menschen eine solche Dimension erlangt, daß der Tod selbst für sie eine Erlösung war. Diese Verfolgungsängste zuvor waren schlimmer als alles andere.**
Es hört sich grausam an, aber die Konfrontation mit dem Tod war nicht das Schlimmste. Aber das Bewußtsein, ermordet zu werden anstatt zu sterben, war furchtbar. Die Aggression, die sich im Innern aufgestaut hatte, weil irgendwelche Mächte in Form von Persönlichkeiten und Gesetzen den eigenen Todeszeitpunkt bestimmt haben, war schmerzvoller als das Sterben selbst.

RENÉ: *War dieses extreme Zu-Tode-Bringen vielleicht für gar nicht so wenige auch eine spirituelle Erfahrung, die ihnen zumindest persönliche Evolutionsschritte gebracht hat.*

'SCHINDLER': **Viele haben sich tatsächlich ernsthaft über Leben und Tod Gedanken gemacht.**

RENÉ: *Wie sind Sie damals selbst zum Leben nach dem Tode gestanden?*

'SCHINDLER': **Ich habe immer gehofft, daß es das gibt, um auch einen Sinn in all dem finden zu können. Ich habe mich auch mit Psychologie beschäftigt.**

RENÉ: *Spielen Sie mit dem Gedanken, wieder auf diesen Planeten zu kommen?*

'SCHINDLER': *Im Moment nicht.*

RENÉ: *Sie werden wahrscheinlich den Spielberg-Film schon in irgendeiner Weise wahrgenommen haben - ich selbst kenne nur kleine Ausschnitte aus dem TV. Herr 'Schindler', wenn Sie etwa die Möglichkeit hätten, einen Satz als Prolog und noch einen als Epilog auf die Leinwand setzen zu können - mich würde interessieren, was Sie hinschreiben würden?*

Kurze Pause.

'SCHINDLER': *›Der Krieg hat die Herzen der Menschen zum Leuchten gebracht‹. Und: ›Die Angst vor dem Krieg und dem Ermordet-Werden hat ihre Herzen verkümmern lassen‹.*

RENÉ: *Den ersten Satz sollten Sie etwas erklären. Ich versteh' nicht ganz, inwiefern der Krieg die Herzen zum Leuchten bringt?*

'SCHINDLER': *Die Menschen haben plötzlich ihre Herzen entdeckt. Sie konnten sich nicht mehr um so viel Materielles kümmern, da waren sie letztlich nur noch mit ihrem Herz konfrontiert. Es war nur mehr da, was für das Herz gezählt hat. Aber gleichzeitig geschah natürlich das andere, es existierten beide Extreme.*

RENÉ: *Die meisten Herzen konnten sich dann letztlich doch nicht von ihren Fesseln befreien?*

'SCHINDLER': *Oh, das würde ich nicht sagen. Viele haben sich noch in der Todesstunde befreit. Die Gewaltanwendung selbst war das wirklich Schreckliche.*

RENÉ: *Es wird immer eine Zahl von sechs Millionen Ermordeten genannt, gleichzeitig wird diese Zahl von den reaktionären Kräften schwer angezweifelt. Was sagen Sie dazu?*

'SCHINDLER': *Ich weiß es nicht. Man hatte versucht, die Liquidationen zu zählen, und zugleich hat man versucht, alles geheim zu halten. Es ist nichts wirklich belegt. Hunderte und Tausende sind da und dort heimlich umgebracht worden und erscheinen offiziell nicht. Viele sind wie Freiwild ermordet worden und die Täter wurden nie bekannt. Oftmals haben die Mörder das ausgenutzt.*

RENÉ: *Wie kann eine menschliche Psyche soweit kommen, daß sie fähig wird, Zigtausende umzubringen? In einer Fernsehdiskussion wurde kürzlich gemeint, das war nur möglich, weil man die Juden nicht mehr als Menschen, sondern vielmehr als vertilgenswerte Insekten betrachtet hat.*

'SCHINDLER': ***Ich kann das nicht glauben.***

RENÉ: *Wie sonst kann ein Mensch dazu fähig werden?*

'SCHINDLER': ***Es ist Größenwahnsinn.***

RENÉ: *Hmm. - Würden Sie sich gegebenenfalls bereit erklären, mit Herrn Spielberg via diesen Channel ein direktes Trance-Gespräch zu führen?*

'SCHINDLER': ***Wenn ihn die Qualität der Übermittlung zufriedenstellt.***

RENÉ: *Möchten Sie vielleicht zum Abschluß Ihr erbauendstes Erlebnis in dieser tristen Zeit aus der Erinnerung heben?*

'SCHINDLER': ***Für mich war es eine Liebesgeschichte, aber auch die war mehr tragisch als eine sehr erbauende Erfahrung.***

RENÉ: *In den Massenmedien werden Sie zumeist als Pseudo-Nazi-Lebemann dargestellt. Finden Sie sich mit dieser Bezeichnung getroffen?*

'SCHINDLER': ***Natürlich habe ich meine Karte unterschrieben. Das haben ja viele gemacht.***

RENÉ: *Sie meinen die Mitgliedschaft in der Partei.*

'SCHINDLER': ***Ja. Doch ein Lebemann war ich nicht.***

RENÉ: *Sie sind nun spät aber doch wegen Ihrer massiven Hilfsbereitschaft weltweit bekannt geworden. Gibt oder gab es vielleicht auch andere Menschen, die damals in diesem Ausmaß Leben gerettet haben, ohne aber jemals aufzufallen?*

'SCHINDLER': ***Davon weiß ich nicht, aber von einigen Fabrikbesitzern. Man hatte ihnen ja die Juden verkauft, auch viele Kinder. Einzelne Reiche haben dann Leben gerettet, nicht Tausende, aber vier, fünf Leben doch***

264

oftmals. Es hat auch einen regelrechten Menschenschmuggel gegeben, der sehr gefährlich war. Dennoch gab es immer wieder Leute, die sich sehr einsetzten.

RENÉ: *Ich weiß nicht, was ich Sie zu diesen Ereignissen noch fragen könnte.*

'SCHINDLER': **Das war alles auch sehr langweilig damals. Es ging nur um Macht und Ausrottung.**

RENÉ: *Was sagen Sie zur heutigen Neo-Nazi-Bewegung? Birgt sie eine ernsthafte Gefahr in sich, in damalige Dimensionen auszuufern?*

'SCHINDLER': **Nein, was damals gewesen ist, können sie nicht wieder installieren, diesen Massenmord werden sie nicht nochmals veranstalten können, das würde ihnen nicht erlaubt werden. Aber viele von den heutigen sind natürlich von damals Wiedergeborene.**

RENÉ: *Ich habe mich mit den Ursachen des Faschismus ein wenig befaßt und bin zum Schluß gekommen, daß der Hauptgrund in der Blockade bio-energetischer Strömungen im Menschen zu finden ist.*

'SCHINDLER': **Die entstehen aber doch erst aus einem faschistischen Gedankengut, das eben da ist. Ein Mensch, der nicht die Anlage dazu hat, kommt nicht in eine solche Verwicklung.**

RENÉ: *Hmm. Wie würden Sie denn die Ebene bezeichnen, auf der Sie jetzt existieren?*

'SCHINDLER': **Ich weiß nicht, darüber denke ich nicht soviel nach. Es gibt da nur Schwingungsebenen.**

RENÉ: *Ist diese Kommunikation jetzt eine interessante neue Erfahrung für Sie?*

'SCHINDLER': **Durchaus.**

RENÉ: *Ich werde unser Gespräch mit einem Freund ins Englische übersetzen und irgendwie versuchen, es Herrn Spielberg und der Öffentlichkeit zugänglich zu machen. Mich würde es auch freuen, wenn ein Gespräch zwischen Ihnen und Steven Spielberg zustande käme.*

'SCHINDLER': *Wenn er möchte*.

RENÉ: *Wir werden sehen. Also, auf vielleicht baldiges Wiedersehen.*

'SCHINDLER': *Auf Wiedersehen.*

Dieses damals topaktuelle Gespräch hätten wir beispielsweise, wenn wir unser ›ParaFax-Bulletin‹ schon installiert gehabt hätten, sofort aufs Essentielle komprimiert und innerhalb von Stunden an alle Abonnenten weitergefaxt. So mußten Sie nahezu ein Jahr lang darauf warten. In Buchform dauert es einfach oft zu lange, zu gerade brisanten Themen Stellung zu nehmen.

vormals
›möglicherweise‹
CARL GUSTAV JUNG
schweizer Psychiater
26.7.1875 - 6.6.1961

Kontaktversuchs-Protokoll vom 6.3.94
Kommunikation deutsch

Das Gespräch mit 'Schindler' ist zwar phänomenal gut verlaufen, hatte aber bezüglich der Ausleuchtung psychologischer Hintergründe seine Schwächen. Das wäre von Herrn 'Schindler' allerdings auch zuviel verlangt gewesen, daher dachten wir vier Wochen später an ein Zusatzgespräch mit 'C.G.Jung', um diesen Fragenkomplex erneut zu umkreisen. Den Film selbst allerdings hatten wir noch immer nicht gesehen, da er in Österreich zu dieser Zeit erst in den größeren Städten angelaufen war. Dieses ›Reading‹ setzten wir, unserer Kinder wegen, erst spätabends an.

'JUNG': *Ich kann heute nicht lange bleiben. Das Medium ist schon sehr müde.*

RENÉ: *Okay, machen wir es kurz. Herr 'Jung', in diesen Wochen läuft nun auch in Europa und wie zuvor in den USA der Spielberg-Film ›Schindlers Liste‹ an. Haben Sie schon Gelegenheit gefunden, den Film irgendwo mitanzusehen?*

'JUNG': *Nein.*

RENÉ: *Also, es geht darin um die Greuel der Nazi-Ära und die raffinierten Taten eines Oskar Schindler, der über 1000 Juden das Leben rettete. Was viele Menschen bis heute nicht begreifen können, ist die tatsächliche Existenz solcher menschlicher Bestien, wie zum Beispiel der des KZ-Lagerkommandanten Amon Göth vom Lager Krakau. Der spielt in diesem Film, wie es scheint, eine zentrale Rolle. Vielleicht können Sie unserem psychologischen Verständnis in dieser Hinsicht auf die Sprünge helfen.*

'JUNG': *Der Amon Göth ist als Kind mißbraucht worden und hat dann durch Perversion sein eigenes Leben gerettet. Aus Angst, selbst umzu-kommen oder ein Abhängiger zu bleiben, hat er den Spieß umgedreht und sich voll in das Naziregime integriert.*

RENÉ: *Welche Art von Archetypus stellt er denn dar?*

'JUNG': **Nein, das würde ich nicht empfehlen, es so zu sehen. Auffallend an diesem Massenmörder, und an vielen, die im engeren Sinn damit zu tun hatten, ist, daß Sie astrologische Planetenballungen zumeist tief im unbewußten Feld stehen haben.**

RENÉ: *Auch die Opfer?*

'JUNG': **Ja, viele. Vor allem Menschen, die Auslöser waren oder sind, ha-ben das.**

RENÉ: *Da hat es nun auch diesen Kontrapunkt zu Göth gegeben, diesen Herrn Schindler. Wie würden Sie dessen Psyche umreißen?*

'JUNG': **Er war eine Art natürlicher Alchemist für dieses Drama. Er hat viele Dinge verwandelt, umgewandelt, einfach auf eine ganz natürliche Weise transformiert. So, wie er es auch sagte.**

RENÉ: *Haben Sie unseren Kontakt mit ihm denn mitbekommen?*

'JUNG': **Am Rande. - Es ist überall geholfen worden, soweit es eben da-mals ging.**

RENÉ: *Wie geht es dem Wesen 'Amon Göth' heute? Reflektiert diese Be-wußtseinsenergie irgend etwas über ihre Taten?*

'JUNG': **Der ist in tausend Stücke zerlegt. Solche pervertierten Persön-lichkeiten lösen sich allmählich auf. Die psychischen Qualitäten von solchen Men-schen gehen schließlich in andere Körper über.**

RENÉ: *Können Sie das näher erklären?*

'JUNG': **Das heißt, es werden verschiedene Menschen geboren, die Teile dieses Karmas abtragen und auflösen.**

RENÉ: *Und wird die Wesenheit 'Göth' dadurch auch feinstofflich inexistent?*

'JUNG': **Ja, weil er auch Komponenten in sich getragen hat, die seine Persönlichkeit auflösen. Das gibt es.**

269

RENÉ: *Ist dies der sogenannte ›Zweite Tod‹, von dem die Hochesoterik gelegentlich spricht?*

'JUNG': **Ich spreche nicht gerne darüber, aber es ist auch eine Hoffnung.**

RENÉ: *Ich habe mir schon öfters darüber Gedanken gemacht, ob es dieses Faktum vielleicht auch auf der positiven Seite gibt. Kann es sein, daß sich manch hochentwickelte Bewußtseinsenergie in Klarheit dafür entscheidet, sich in alle Dimensionen zu zerstreuen?*

'JUNG': **Man könnte den Samadhi so sehen, aber es gibt auf dieser Ebene kein Gesetz, daß dies so sein muß.**

RENÉ: *Doch aus einer Freiwilligkeit heraus ist es möglich?*

'JUNG': **Wie es eben auch das Karma und das Schicksal der Welt bestimmen kann. Diese Energie hat dann einen Grad von Hingabefähigkeit erreicht, an dem es nicht mehr wichtig ist, Persönlichkeit zu haben.**

RENÉ: *Würden Sie meinen, daß uns ein globaler oder kontinentaler Holocaust, wie gehabt, nochmals ins Haus stehen kann?*

'JUNG': **Eher der in Form anderer Waffen als mittels einer Persönlichkeit oder von Menschen, die wieder ein derartig ausgeprägtes Machtimperium führen.**

RENÉ: *Herr 'Schindler' hat kurz erwähnt, daß er das Wesen 'Hitler', zumindest von seiner Perspektive aus, als ein von dämonischen Bestien geplagtes Wesen vorgefunden hat. Wie würden Sie die heutige Existenzialität des ehemaligen Hitler beschreiben?*

'JUNG': **Sie ist in dem Sinn noch vorhanden, als Hitler persönlich nicht so viele Morde selbst ausgeübt hat. Er hat sie befohlen und wäre persönlich wahrscheinlich gar nicht fähig gewesen, diese direkt zu begehen. Abgesehen davon, daß er schließlich sich und seine Geliebte in den Tod getrieben hat.**
Er war etwas höher entwickelt als dieser Göth, deshalb ist seine überlebende Kernpersönlichkeit nun fähig, sich dieser bedrohlichen Energien bewußt zu werden, von denen er sich hat treiben lassen. Dieser Energiekomplex 'Hitler' kann irgendwann selbst entscheiden, ob er sich auflösen, verwandeln oder anders abgetragen werden will. Je nachdem, wie sich diese Bewußtheit entwickelt.

RENÉ: *Diese dämonischen Energien, die zu Hitlers Machtrausch führten und nun seine Psyche beeinflussen wollen, waren das welche, mit denen er schon gekommen ist? Hat 'Hitler' gewußt, was er für ein Leben vor sich hat, oder wie kann man das sehen?*

'JUNG': **Jede Seele weiß ungefähr, was ihr in einer Inkarnation blüht. Aber wie genau er das wußte, kann ich nicht sagen.**

RENÉ: *Auch wenn er es nur ungefähr wußte, dem müssen doch karmische Vorgeschichten unterliegen, damit es soweit kommen konnte?*

'JUNG': **Er hat als verschiedene Persönlichkeiten gelebt, die nie viel Erfolg hatten und so kulminierte bei ihm dieser Wunsch, einmal etwas ganz Großes zu schaffen. Größenwahn zeichnet sich eben dadurch aus, daß man in keiner Weise mehr einschätzen kann, was man tut.**

RENÉ: *Gehen Sie mit Wilhelm Reichs These konform, wenn er in seiner ›Massenpsychologie des Faschismus‹ von den bioenergetischen Wurzeln der Reaktion spricht? Oder möchten Sie einen anderen Akzent dazu setzen?*

'JUNG': **Für sich gesehen hat er schon recht. Damals gab es jedoch noch andere Gründe, die das in sich rechtfertigten. Vor allem die verbreitete Analfixiertheit, die zu dieser Zeit gang und gebe war. Viele Faschisten sind in der Kindheit schwerstens unterdrückt und brutal überwältigt worden. Aus solchem Muster entsteht sehr leicht diese von Reich genannte emotionelle Pest.**

RENÉ: *Es scheint, als ob der Spielberg-Film die damalige Situation den Massen in gerade noch verkraftbarer Weise aufzeigt und eben auch diese massive Helferrolle von Oskar Schindler. Er wird aber, soweit ich hörte, immer irgendwie als Lebemann dargestellt, obwohl er selbst vor einigen Tagen im Gespräch mit uns sagte, daß er kein solcher war. Ich weiß nicht, vielleicht reflektiert er auch einfach nicht. Es ist zwar nicht so wichtig, aber was sagen Sie dazu?*

'JUNG': **Er war zu anständig für einen Lebemann und auch viel zu verantwortungsbewußt.**

RENÉ: *In den Zeitschriften, die ich gestern besorgte, steht auch wieder, daß er viele Frauen hatte und in Saus und Braus lebte und so weiter.*

'JUNG': **Er hatte viele Frauen gekannt, aber er hat sie nicht benützt. Ja, er hat auch den Genuß geliebt, aber er konnte durchaus auch ohne ihn**

*leben. Unter einem Lebemann verstehe ich vor allem einen verantwor-
tungslosen Menschen, der ist er aber nicht gewesen.*

RENÉ: *Was wird der Film, der sicherlich weltweit von vielen Millionen Menschen gesehen werden wird, in der Psyche der Zuschauer auslösen?*

'JUNG': **Ich habe den Film noch nicht gesehen. Ich denke, die Menschen
werden betroffen sein und sich viele Gedanken über den Faschismus
machen, was sehr positiv ist. Ich glaube, daß der Film gut ist.**

RENÉ: *Wir wollen uns den Film in den nächsten Tagen mal ansehen. Am
besten, Sie kommen ins Kino mit - aber ich kaufe nur zwei Karten!*

'JUNG': **Was glauben Sie, wieviele von herüben aus da noch zusehen?**

RENÉ: *Aha. Einer der agierenden Schauspieler hat übrigens in einem TV-
Interview erwähnt, daß er öfter fühlte, daß während dieser Produktion viele ermordete Judengeister zugesehen haben.*

'JUNG': **Ja, das haben sie sicher. Es wird auch in den Kinosälen schaurig
werden, weil sich das Unbewußte auf diese Dinge einstellt.**

RENÉ: *Okay, dann machen wir jetzt Schluß und reden nach dem Film darüber
weiter. Ich bedanke mich für heute.*

'JUNG': **Auf Wiedersehen.**

Zu einem weiteren Gespräch über dieses Thema ist es bislang nicht mehr
gekommen. Das obige Gespräch wurde zusammen mit dem 'Schindler'-
Dialog kürzlich ins Englische übersetzt und an Steven Spielberg weitergeleitet.
Eine Reaktion darauf ist bis Redaktionsschluß noch nicht eingetroffen.

'CARL GUSTAV JUNG'
Auszüge aus den Kontaktversuchs-Protokollen vom
14.6.94 - 3.1.88 - 12.7.94 - 31.1.90
Kommunikation deutsch / englisch

Nachdem wir diese Talk Shows unter anderem deswegen veranstalteten,
weil wir damit das Vorhandensein unserer intensiven Arbeit mit 'C.G.Jung'
über Umwegen einem größeren Leserkreis bekannt machen wollen, war
es meine Idee gewesen, Herrn 'Jung' zu Kurz-Psychoanalysen unserer
Gesprächspartner einzuladen. Doch 'Carl Gustav', unser langjähriger Freund

und Helfer in vielen Lebenslagen, spielte dabei nicht mit. Er hatte seine eigenen Ideen von Kooperation.
Zur Abhaltung einer Trance-Session mit 'C.G.' bedarf es keiner allzu langen Vorbereitung, das geschieht inzwischen beinahe spielerisch. Allerdings muß ich zumeist irgend etwas zu 'Jung' sagen, bevor er selbst zu sprechen beginnt.

RENÉ: *An Ihrem unvergleichlichen Lächeln sind Sie schon erkannt!*

'JUNG': **Hallo!**

RENÉ: *Wie Sie wissen, geht es uns auch darum, Ihre übermittelten Bücher zu promoten. Das würde uns etwas leichter fallen, wenn Sie bereit wären, -*

„JUNG' (unterbrechend): **- über die Erfahrung meines Jenseits zu sprechen?**

RENÉ: *Weniger darüber, das haben Sie ja ohnehin schon ausführlichst in unseren früheren Gesprächen* getan. Es geht mir eher darum, daß Sie über unsere berühmten Damen und Herren Gäste jeweils ein kompaktes Psychogramm erstellen.*

'JUNG': **Wer bin ich denn, daß ich das tun kann?**

RENÉ: *Nun, als 'C.G.Jung' können Sie sich das schon leisten, finde ich.*

'JUNG': **Ja? Weil ich 'C.G.Jung' bin, kann ich nicht alles tun! Das schickt sich nicht.**

RENÉ: *Ich denke, Sie werden schon einen galanten Weg finden.*

'JUNG': **Das ginge gegen mein Prinzip.**

RENÉ: *Warum denn? Was ist denn das für ein Prinzip?*

'JUNG': **Nicht hinter dem Rücken eines Patienten eine Analyse zu machen.**

RENÉ: *Das möchten wir ja auch nicht. Der Klient sollte davon wissen und vielleicht sogar von drüben aus dabei sein.*

'JUNG': **Eine Analyse mach' ich nicht.**

RENÉ: *Es Analyse zu nennen, würde zu weit gehen. Meine Vorstellung wäre vielmehr, daß Sie mit dem Einverständnis des Jeweiligen, mit so einer Art*

---

* Details zu unseren bislang darüber publizierten Büchern finden Sie im Anhang.

kurzer Blitzlichter das Wesen unserer Talk-Partner streifen. Zum Beispiel, welcher Archetypus von dem und dem repräsentiert wird und solche Dinge.

'JUNG': *Jetzt verkeilen sie mich aber in einer Ecke.*

RENÉ: *Ja, merken sie es schon? 'Jean Renoir' beispielsweise hat geäußert, daß er Sie gerne treffen würde, und einige andere auch.*

'JUNG': *Also, diese Idee wäre ein ziemlicher Pfusch, das ist das einzige, was ich dazu sagen kann.*

RENÉ: *Das klingt, als ob Sie eine bessere Lösung hätten? Ich meine aber doch, daß es für den Leser interessant wäre, was etwa in 'Janis Joplin' vorgegangen ist, als sie sich ihre Überdosis verpaßt hatte oder warum 'Louis Armstrong' eine Therapie verweigert, oder welche psychischen Muster Herrn 'Hesse' bewogen haben, Bücher zu schreiben, und mehr in dieser Richtung.*

'JUNG': *Ich weiß nicht. Das wäre vielleicht zu zweit gegangen. Das würde Therapeuten, Psychologen und Wissenschaftler interessieren, aber nicht die breitere Masse, wofür diese Arbeit ja angelegt ist. Für diese breite Schicht ist Ihr Wunsch zu anspruchsvoll.*
Sehen Sie, entweder ich gehe in die Tiefe, oder ich laß' es bleiben. Alles andere verschwimmt einem ja vor den Augen. Es würde ein seltsames Kunstwerk entstehen, aber auf diesem Gebiet möchte ich kein Künstler sein.

RENÉ: *Sehen Sie einen anderen Weg, wie Sie sich einbringen könnten?*

'JUNG': *Eine interessante Variante wäre es, eine Geschichte zu erzählen, die mir zum jeweiligen Gastsprecher einfällt, ein kleines archetypisches Märchen.*

RENÉ: *Das aber eine direkte Beziehung zu der jeweiligen Person hat?*

'JUNG': *Ja, natürlich.*

RENÉ: *Okay, find ich toll! Ich bin dafür.*

'JUNG': *Die Idee, für jeden ein eigenes Märchen zu kreieren, hatte ich doch schon vor langer Zeit einmal.*

RENÉ: *Darf ich Ihnen für einen ersten Einstand gleich das Stichwort Marilyn Monroe anbieten?*

'JUNG': *Ich hab' schon an sie gedacht, an das Mädchen mit den Schwefelhölzern.*

RENÉ: *Aber diese Geschichte gibt es ja schon.*

'JUNG': *Ich würde sie in geeigneter Weise abwandeln.*

C.G. hat es sodann auch gleich getan. In einer ausführlichen, originellen Adaption des obengenannten Märchens gab er dann doch noch psychische Strukturen unserer Talk-Gäste preis, aber eben auf seine dezente, direkte und dennoch unverletzliche Weise. Anschließend erklärte er auch noch bereitwillig all die symbolischen Details seiner Märchen-Kreationen. Auch auf Rajneesh, Chruschtschow und Hesse bezogene, verfremdete Versionen von Froschkönig (zwei Varianten) und Dornröschen übermittelte er noch im selben Gespräch. Für Chaplin kreierte 'Jung' seine Original-Mär ›Von der schwarzen Olive‹.
Wir müssen Ihnen, geschätzter Leser, aber leider hier mitteilen, daß diese symbolischen Geschichten 'C.G.Jungs' den Rahmen dieses Buches sprengten. Wir haben uns deshalb entschlossen, diese Psychogramm-Legenden unter dem Titel ›Im Märchenland CeGeJungs‹ in einer kleinen, selbsproduzierten, handgestrickten Sonder-Edition privat aufzulegen.*

Nach Übermittlung der ersten vier Märchen, die wir von diesem Manuskript nicht zuletzt deswegen abtrennten, damit nicht unsere hierin dokumentierten Dialoge ebenso als märchenhaft interpretiert werden, kam es in dieser Session noch zu einem kurzen Abschlußdialog, der doch hier herein gehört und aufklärt, warum wir die Inkarnations-Rückschau mit 'Edgar Cayce' in diesem Rahmen nicht weiter verfolgten.

RENÉ: *Und was halten Sie von der Idee, 'Edgar Cayce' zu bitten, Akzente aus den Vorleben der Promis einfließen zu lassen?*

'JUNG': *Ich glaube nicht, daß das sehr sinnvoll ist. Es ist doch eine Überforderung für die Massen. Man geht schnell zu weit und wie das so ist, dann kippt es.*

RENÉ: *Haben Sie eigentlich unsere Prominenten-Gespräche mitverfolgt?*

'JUNG': *Ja, doch. Aber nicht alle.*

RENÉ: *'Louis Armstrong' hatte ein bißchen Probleme mit seiner Frau. Ich hab' ihm deshalb eine Therapie bei Ihnen angeraten. Er aber meinte, das würde die Einstellung seiner Frau auch nicht ändern.*

---

* Wer daran interessiert ist möge uns schreiben. Den Bestelladresse finden Sie im Anhang.

275

‚JUNG' (lachend): *Das hat er doch sehr richtig gesehen. Er behandelt das Weiblichkeitsprinzip. Ich glaube, er fängt an, etwas mehr zu erfassen und in einer Tiefe zu berühren, was noch vielen Männern abgeht Die Männer haben es nämlich nicht so gerne, wirklich hinzuschauen. Ja, es ist auch schwer und schmerzvoll.*

RENÉ: *Was sagen Sie dazu, 'Hermann Hesse' hat als seine liebste Blume die Narzisse genannt, und Mira findet zwei Tage darauf Seiden-Narzissen auf der Straße?*

'JUNG': *Vielleicht sollte sie mehr mit ihm machen, sich von ihm inspirieren lassen.*

RENÉ:. *Ja genau, er soll ein bißchen neue Literatur übermitteln, das Gespräch mit ihm war ohnehin sehr kurz. Geben sie mir noch ein paar Tips: Welche Fragen sollte ich für das breitere Publikum stellen?*

'JUNG': *Es ist ohnehin aufregend. Was mich hier interessiert, ist, ob diese Leute auch andere Dimensionen im Jenseits erfahren, oder ob sie sich nur in einer Dimension befinden. Ich bin ja wissenschaftlich und geh' doch anders an die Sache heran.*

Zwischen 'C.G.' und uns gibt es inzwischen die enorme Anzahl von an die 500 tiefgründigen Jenseits-Dialogen, von denen sich eine Reihe auch mehr oder weniger auf die Todeserfahrung an sich bezogen. In einem lange zurückliegenden Live-Interview mit 'Jung', das Rainer Holbe, ein Esoterik-Reporter, 1988 für Radio RTL in unserer Wohnung abhielt, ging 'Jung' auch kurz auf seine eigene, persönliche Todeserfahrung ein. Nachfolgend ein kurzer Auszug aus diesem Gespräch, dessen Gesamtverlauf im zweiten Band unserer Channeling-Chronik ›Im Trance-Dialog mit 'C.G.Jung'‹, nachzulesen oder in jener bei uns erhältlichen Tonkassette anzuhören ist (Bestell-Details siehe Anhang).

HOLBE/RTL: *Es heißt, daß Sie ein so intensives Todeserlebnis hatten, daß also der Übergang von der einen zur anderen Dimension für Sie ganz besonders prägnant gewesen ist. Können Sie uns das vielleicht nochmals schildern?*

'JUNG': *Es war das stärkste Erlebnis, das ich jemals hatte. Die Ursache für diese Transformation bestand in dem angestauten Drang meines Unterbewußtseins, endlich diese Schwelle, über die ich in meinem ganzen Leben nicht hinauskam, zu übertreten. Ich war mir bewußt, daß der Tod eine der größten Chancen ist, die ich womöglich habe. Ich habe*

276

mich intensiv damit auseinandergesetzt, doch die Realität wollte mir nicht einleuchten.

Als der Augenblick nahekam, fühlte ich, wie sich sämtliche Inkarnationen, die ich jemals hatte, aus meinem Unterbewußtsein lösten und mit einer Detonation etwas in mir zersprang. Es war die Illusion eines beschränkten Bewußtseins. Ich war in einem Zustand - fassungslos ob dieses Traumes, dieses beschränkten Traumes, den ich fähig war, so lange durchzuhalten - es raubte mir alles. Ich fühlte eine große Leere, die Bilder und alles verschwamm - und so schwamm ich in dieser Suppe von Erlebnissen und Bildern. Gleichzeitig manifestierte sich außerhalb meines Bewußtseins, meines körperlichen Bewußtseins, eine Schwingung, die ich plötzlich noch intensiver verstand: die Repräsentation meiner Anwesenheit innerhalb allem und jedem, das mich umgab. Ich fühlte mich in den Bäumen, und diese Detonation ereignete sich auch.* Es war wie die Auflösung eines Rätsels, wie ein riesengroßer Orgasmus, der einzige und echte, den ich jemals in diesem Leben erlebte. Es fehlen mir die Worte, Ihnen diesen Übergang zu beschreiben.

HOLBE/RTL: *Ähneln sich die Todeserlebnisse der Menschen, oder erlebt jeder seinen ganz bewußten, individuellen Tod?*

'JUNG': *Ich kommunizierte mit vielen Wesen, die ich hier herüben traf, und alle waren sie erstaunt über die große Freiheit, die uns hier erwartet. Keiner von uns wußte anfangs, was wir damit anfangen sollten - es war zuviel! Doch im selben Augenblick war uns auch klar, daß wir alle etwas Ähnliches erlebt hatten - somit mußten wir ähnliche Wege gegangen sein und ähnliche Wünsche gehabt haben.*

HOLBE/RTL: *Was geschieht mit Menschen, die sich selbst töten?*

'JUNG': *Es gibt verschiedene Möglichkeiten, warum man sich seines physischen Körpers entledigt. Es gibt verschiedene Bewußtseinsstufen, und alle erleben sie das sogenannte Danach auf die verschiedenste Art und Weise. Alle - das Wort ›chancenlos‹ gibt es hier für uns nicht. Es geistert nur in den Seelen der Menschen, sie haben es selbst geprägt. Ich kann hier nicht auf alle diese Todesarten eingehen. Wahrscheinlich ist es so, daß viele Menschen in eine Art Ohnmacht gelangen, wenn sie sich selbst umbringen, weil sie glauben, nachher sei nichts. Es ist eine der stärksten Selbsthypnosen, die es gibt. Es gibt tatsächlich Menschen, die Jahrzehnte ohne Bewußtsein - das sogenannte Tagesbewußtsein - existieren. Wir selbst lebten lange Zeit in einem hypnotischen Zustand,*

---

* Im Garten des Küsnachter Wohnhauses Jungs schlug während seines Übergangs - offensichtlich synchron dazu - ein Blitz in C.G.s Lieblingsbaum ein.

einer komprimierten Konzentration auf einen Punkt, die wir immer wieder von uns schieben und deren Kern wir nicht berühren wollten.

Apropos Lügen! Es geht die Mär um, daß sich C.G.Jung zu Lebzeiten niemals eindeutig in Sachen Inkarnation geäußert habe. Dem ist nicht so, wiewohl in seinen historischen Werken nichts darüber zu finden ist. Durch die uns aus dem inneren Kreis der Jungianer zugekommene Korrespondenz und durch darauffolgende persönliche Kontakte mit intimen Kennern der Materie sind uns inzwischen Informationen aus erster Hand zugekommen, daß es von Jung diesbezügliche schriftliche Äußerungen gibt, die sehr positiv zur Wiedergeburtsthese standen, seine Ansichten jedoch aus seiner Autobiographie entfernt wurden, aber nicht von ihm selbst. Es ist leider an dieser Stelle nicht sinnvoll, noch konkreter zu werden, da wir ansonsten wiederum mit juristischen Querschlägen rechnen müßten, die zu publizieren uns inzwischen auch erschwert ist. Sofern uns jedoch von Freunden Jungs und 'Jungs' juristische Schützenhilfe garantiert wird, sind wir gerne bereit, unseren Kenntnisrahmen in dieser Causa öffentlich auszubreiten.

Die nachfolgende, letzte Session für dieses Buch, sozusagen ein gechannelter Epilog 'Jungs', kam - als das Manuskript schon beinahe fertig war - spät abends zustande. Mira gähnte während des Einstiegs in die Tiefen der Trance immer wieder, sodaß ich schon befürchtete, sie würde mir einschlafen.

'JUNG': *Nun, auch müde?*

RENÉ: *Schon, aber die Arbeit ruft.*

'JUNG': *Was gibt es Neues? Was steht in den Sternen?*

RENÉ: *Einiges. Wir haben inzwischen einen Vertrag abgeschlossen und auch das Manuskript ist fast fertig, weshalb wir nun eine mediales Nachwort gebrauchen könnten. Da drängt sich ja ein Dialog mit Ihnen förmlich auf, denn es gäbe da auch noch einige unklare Punkte zu besprechen.*
Was mich bei all diesen Interviews verwundert, ist, daß kein einziger in seinem Sterbeprozeß diese oft zitierte Tunnelerfahrung machte. Warum hat diese Lichtröhre, durch die man angeblich geht, niemand angesprochen?

'JUNG': *Diese Lichtschacht-Erfahrung haben speziell jene Menschen, die wieder zurück ins Leben gehen, die das Sterben nicht abschließen wollen.*

RENÉ: *Warum ist das so?*

278

'JUNG': *Weil sie dabei relativ bewußt bleiben. Sie sind an der Schwelle zum Unbewußten, aber die Körperverbindung ist noch nicht ganz abgerissen. In diesem Stadium wird das Nachher nur im Ansatz erlebt. Es sind noch andere Dimensionen zu durchschreiten.*
Diese Erfahrung des Lichts und dieser Geburt, dieser spirituelle Geburtskanal sozusagen, bringt ja auch eine gewisse Bewußtheit mit sich und hilft manchem sogar dabei, wieder ins Leben zurückzukehren. Das heißt nicht, das jene, welche die sogenannte Tunnelerfahrung nicht haben, nicht zurückkommen können. Aber es ist auch nicht so, daß sich alle nochmals Zurückkommenden dessen bewußt bleiben.

RENÉ: *Hatten Sie diesen Tunnel aus Licht erfahren?*

'JUNG': *Teilweise. Ich hatte ihn auch schon zuvor in Träumen erlebt.*

RENÉ: *Mich verwundert auch ein bißchen, daß faktisch jeder das Hinübergehen im Detail anders erlebt.*

'JUNG': *Jeder erlebt auch den Prozeß dieser Geburt in das Erdenleben hinein anders. Die Menschen haben eben grundverschiedene Reaktionsmuster und verschiedene Schwerpunkte, die sie auch erfahren möchten. Das hängt stark mit der individuellen Mond-Position im Radix-Horoskop zusammen, mit der gefühlsmäßigen Einstellung desjenigen zu allem. Auch mit der Besetzung des siebten Hauses hat es zu tun, weil dieses Haus auch viel über die Jenseits-Phantasien des Jeweiligen aussagt.*

RENÉ: *Ich dachte, das tut das achte Haus?*

'JUNG': *Auch, aber anders. Das achte Feld zeigt, wie sie gelebt werden. Im siebten sind mehr die Bedürfnisse und Phantasien aufgezeigt, die Vorstellungen über das ›Du‹, das dann auch das Jenseitige darstellt. Je nach Aspektlage erfüllt sich oder erfüllt sich diese Erwartungshaltung auch nicht. Es sind zum Beispiel die Erwartungen, daß man wünscht, daß einen nach dem Tod konkrete Personen empfangen oder die Anwesenheit von Licht. Oder verschiedenste andere Qualitäten werden erhofft, die auf einen zukommen, die einen ergänzen und einem helfen, aus der Isolation herauszutreten.*
Der Grund, warum Mira mit dem Jenseits zusammenarbeitet, liegt nicht zuletzt daran, daß sie ihren Jupiter im siebten Haus sitzen hat.

RENÉ: *Aha - Mir macht es den Anschein, als ob die verbreiteten kulturellen Wunschvorstellungen über das Jenseits - jede Religion kolportiert ja andere klerikale Tapeten, die man ein Leben lang vorgebetet bekam, sich* dann in den Jenseitsvisionen der orthodoxen Massen automatisch in den Vordergrund drängen. Was sagen Sie zu der Vermutung?

'JUNG': *Diese Frage ist nicht einfach zu beantworten, denn es ist noch lange nicht gesagt, ob derjenige, der kultiviert worden ist, auch unbewußt diesen Schritt vollzogen hat. Es sind doch die unbewußten Muster, die hier das Reden haben.*

RENÉ: *Ich meine, vereinfacht gesagt, ein Buddhist geht in einen buddhistischen Himmel ein, ein Christ in den christlichen, und so weiter.*

'JUNG': *Das muß gar nicht sein. Wenn einer beispielsweise den Saturn im zwölften Haus hat, dann muß es gar nicht diese Art von Erfahrung werden. Nein, es hängt auch damit zusammen, wo er in seiner Entwicklung steckengeblieben ist, auf welchen psychischen Ebenen er - wie 'Bhagwan' so schön gesagt hat - noch seine innere Räume durchschreiten lernen muß.*

RENÉ: *Einige unserer Gäste haben von einer völligen Bewußtlosigkeit gesprochen, in die sie gefallen sind. Warum passiert das?*

'JUNG': *Es erscheint mir, als würde sich das Bewußtsein mancher wie in ein Schneckenhaus zurückziehen. Wenn wir -*

RENÉ (unterbrechend): *Welche Rolle spielen dabei Drogen oder Medikamente, die kurz zuvor eingenommen wurden? Welche Auswirkungen haben Medikamente auf die Sterbeerfahrung?*

'JUNG': *Ja, die sind schon massiv. Es kommt natürlich auf die spezielle Droge an, aber - wollen sie jetzt gar eine Übersichtsliste von mir?*

RENÉ: *Nein, es geht mir mehr um ein mediales Nachwort. Das Todesmysterium aus Ihrer Sicht, aber auf die Ebene dieses Buches gebracht, also eher populär formuliert. Vielleicht mit ein paar Tips zur Sterbebegleitung versehen.*

'JUNG': *Frau Kübler-Ross wäre da geeignet.*

RENÉ: *Ich glaube, die Leute möchten eher wissen, wie diese Dinge von drüben gesehen werden.*

'JUNG': *Die idealste Sterbebegleitung ist immer noch das Dasein der Liebsten und das Reden über das Jenseits. Auch eine schöne begleitende Musik wäre angebracht und eine positive Einstellung natürlich. Wenn die Verwandten und Anwesenden zum Sterbenden sagen: ›Es wird Dir gut gehen‹ und ›Du wirst sehen, wir treffen uns wieder‹, dann ist das ganz anders, als würde er in der ewigen Hölle verschwinden, oder als würde sich das geliebte Wesen in nichts auflösen.*

Es hat auch einen starken Einfluß auf die Sterbefähigkeit, wie man sich im Leben mit seinen Mitmenschen verbindet, wie getragen und wie verstanden man sich fühlt. Natürlich spielt auch eine Rolle, wie entwickelt, ja, ich würde fast sagen, wie spirituell oder religiös die Menschen sind.

RENÉ: *Gibt es irgendwelche Übungen, um das Sterben schon zu Lebzeiten zu lernen?*

'JUNG': *Ich glaube, wir üben es doch alle ständig. Ja, es gibt auch Versenkungsübungen, in denen man sich vorstellt, daß man den Körper verläßt und jenseits von Raum und Zeit reist, aber so sind auch diese ganz normalen außerkörperlichen Erfahrungen, wie sie im Traum jedermann macht.*

Dennoch ist es immer noch ein großer Unterschied, ob man seinen Körper wirklich gänzlich verläßt oder nur außerhalb schwebt. Ach, es gibt gute tibetische Übungen, aber ich könnte jetzt nicht etwas allgemein Brauchbares nennen. Jeder hat da etwas anderes nötig.

Es geht speziell um die Bewältigung des Lebens, um eine Nach-Schau und ein Aussöhnen mit dem Leben. Das sind wesentliche Faktoren für einen friedlichen Sterbeprozeß.

Ein Mensch, der noch nicht gereift ist, stirbt wahrscheinlich um einiges schwerer als ein Mensch, der eine gewisse Selbstaufgabe gelernt hat, und ein Vertrauen in das Unsichtbare aufgebaut hat. Ja, es ist verständlich, warum das Sterben in einer Kultur, in der man nicht an das jenseitige Leben glaubt, so schwer ist.

RENÉ: *Sie haben sich ja schon viel umgesehen. In welcher Kultur finden Sie den Sterbeprozeß optimal zelebriert?*

'JUNG': *Es ist natürlich für einen Europäer nicht leicht nachzuvollziehen, aber ich denke schon, daß beispielsweise in Ländern wie Tibet, Bali oder Thailand, teilweise auch in Indien, die Einstellung zum Tod die richtigere ist. Psychologisch gesehen ist es jedenfalls die gesündere Ansicht. Es gibt natürlich auch dort Probleme und Überzogenheiten. Aber im Grunde wäre es sehr erstrebenswert, die jenseitige Welt auch im europäischen Raum vermehrt als Möglichkeit anzusehen.*

RENÉ: *Weil Sie das Sterben mit begleitender Musik erwähnt haben, stellt sich mir die Frage ›Mit welcher Musik wären Sie gerne hinübergegangen?‹.*

281

'JUNG': *Nun, vielleicht mit Ravels Bolero.*

RENÉ (erheitert): *Ja, damit wär' sicher ein dynamischer Abgang möglich.*

'JUNG': *Das Medium ist schon sehr müde.*

RENÉ: *Ja. Bevor Sie gehen, möchte ich Sie noch kurz bitten, Herrn 'Hesse' auszurichten, daß wir ihn nochmal, diesmal als Poet, brauchen könnten. Nachdem das Gespräch mit ihm als kürzestes ausgefallen ist, wäre es unsere Bitte, ob er nicht als Großmeister der Worte einen literarischen Exkurs zum Thema Jenseits übermitteln könnte. Also, wir stellen es ihm natürlich frei, aber es sollte doch zum Thema Todesmysterium passen.*

'JUNG': *Soviel ich weiß, gibt es dazu schon einiges von ihm.*

RENÉ: *Ja, aber noch nicht von drüben. Eine ganz aktuelle, exklusive Literatur von ihm, extra für dieses Buch geschaffen, wäre am tollsten.*

'JUNG': *Das wäre schön. Er arbeitet ja hier weiter mit den Worten, aber er malt auch.*

RENÉ: *Könnten Sie auch herausfinden, ob es schon möglich ist, mit 'Jackie Onassis-Kennedy' zu sprechen? Dieses eine Gespräch fehlt uns noch zum Abschluß.*

'JUNG': *Warten Sie ab.*

CeGe begann, sich mit der Hand des Mediums die Augen zu reiben, es schien, als ob ihm etwas ins Auge gefallen wäre.

'JUNG': *Ach, diese Cremen. - Ich würde mich nun gerne zurückziehen.*

RENÉ: *Dann danke ich herzlichst.*

'JUNG': *Gute Nacht und auf Wiedersehen.*

Die zur Berechnung der Horoskope fehlenden Geburtszeiten einiger der in diesen Seiten versammelten Stars hat uns übrigens auf meine Bitte hin 'Carl Gustav' kurz vor Drucklegung noch rasch im Akasha nachgesehen und uns minutengenau übermittelt.

Unmögliches möglich machen...

Soweit unsere erste Meinungsforschung im Jenseits! Sie sehen also, es gibt - wie Shakespeare so schön sagte - mehr Dinge zwischen Himmel und Erde, unsere Schulweisheit sich träumen läßt. Wir von Studio Phoenix können wahrlich ein Lied davon singen, leider auch von den Hürden, die es uns nicht leicht machen, in diesem Metier zu arbeiten. Wir sind deshalb immer auf der Suche nach geistig offenen Komplizen, mit deren Hilfe wir weitere Unmöglichkeiten ermöglichen könnten.

Eines unserer Projekte, das uns besonders am Herzen liegt und wir liebend gerne verwirklichen würden, nennen wir ›ParaFax‹. So utopisch es klingt, es geht hier um ein paranormales Faxgerät, mit dem sich aus dem Jenseits ins Diesseits faxen läßt! Wir haben von technisch versierten Astralfreunden exzellente Detailinformationen erhalten, die es uns, zusammen mit einem schlauen diesseitigen Elektroniker, erlauben würden, dieses Wunderding wirklich zu bauen, um Topinformationen in Wort und Bild (am besten ganze Manuskripte druckfertig gesetzt) direkt von› Drüben‹ gefaxt zu bekommen, und zwar ›objektiv‹ und unverzerrt von menschlich-medialen Unzulänglichkeiten. Erste technische Ansätze solcher Transkommunikation gibt es zwar schon, aber dieses Ding wäre dennoch ein Quantensprung auf dem Gebiet und ein Meilenstein in der Geschichte der Menschheit dazu! Es ist natürlich - obwohl im Prinzip sehr einfach - eine komplexe Sache, die umfangreicher Entwicklungsarbeit bedarf und wie es auf diesem Planeten so ist, einen Haufen Geld und Zeit kostet.

Eine irdische Variante davon könnten wir allerdings schon für weniger Geld realisieren, an der auch Sie, werter Leser, sofern Sie ein Faxgerät besitzen, hautnah teilhaben könnten. Wir würden nämlich, wenn in genügendem Maße

283

gewünscht, unsere aktuellen Channelings zum planetaren Tagesgeschehen und allen möglichen sonstigen hochinteressanten Themen, anstelle über den langwierigen Prozeß einer Buchproduktion, viel lieber umgehend, d.h. Stunden nachdem wir selbst Kontakt hatten, per Fax an Sie weitergeben. Wer mitmacht könnte sogar interaktiv partizipieren, indem er direktes Feedback retourfaxt. Teilnehmer könnten beispielsweise Zusatzfragen an die jeweilige Entität stellen oder selbst Themen samt zu kontaktierenden Wesenheiten vorschlagen und auf diese Weise ein grenzüberschreitendes Abenteuer live mitgestalten. Kurz und gut, wir bieten in Form eines periodischen ParaFax-Bulletins an, Ihnen die Highlights unserer aktuellen Transkommunikation schnellstens zukommen zu lassen - von egal wo auf der Welt wir uns gerade befinden!* (Wer kein Faxgerät besitzt, könnte diese als Newsletter per Post erhalten). Dieses Projekt ist natürlich eine etwas exklusive und kostspielige Angelegenheit, es sollten zudem ja auch Mittel für die technische Entwicklung des eigentlichen ParaFaxes übrigbleiben.

Sobald sich zumindest 100 Teilnehmer dafür ernshaft interessieren und für ein Halbjahres-Abonnement DM 500.- auslegen wollen, würden wir die Sache sofort angehen.Wenn Sie das Projekt also auch noch in dieser Preislage toll finden, faxen Sie uns bitte umgehend die am Buchende beigeheftete Fax-Antwortkarte. Sie erhalten dann vorerst eine Muster-Nummer unseres ParaFax-Bulletins zugefaxt, damit Sie sich eine konkretere Vorstellung davon machen können.

Es gibt aber noch weitere Studio-Phoenix-Aktivitäten, Produkte und Para-Serviceleistungen, mit denen Sie unsere in Arbeit befindlichen Projekte sponsern können: Neben unseren Büchern sind auch einige Videos und Tonkassetten von Live-Trancen erhältlich, persönliche Trance-Konsultationen** bzw. die Teilnahme an Trance-Experimenten möglich, ebenso werden zu unseren Themen Seminare*** abgehalten. Gelegentlich begleiten wir (aufgrund eigener überwältigender Erfahrungen) auch Touren zu den Top-Geistchirurgen auf den Phillipinen. Und neuerdings will ein Reiseveranstalter mit uns sogar ›Vollwert-Bio-Para-Kreuzfahrten‹ in der Karibik veranstalten!

Falls Sie an einem oder mehreren der genannten Punkte Interesse haben, teilen Sie uns dies bitte mittels Antwortkarte (siehe übernächste Seite) mit. Wir sind natürlich auch an Ihrer Lesermeinung, eventueller Kritik, speziellen

---

* Ein ParaFax-Original-Bulletin geht an die Verteilerzentrale in Österreich.

** insbesondere Dialoge mit 'C.G.Jung' und Ungeborenen-Kommunikation, bei uns im Studio oder vor Ort, wenn sich eine Gruppe von Interessierten zusammentut, auch aus der Ferne möglich.

*** Themen und Ort können vorgeschlagen werden, wenn die Organisation einer Gruppe von mindestens 12 Personen von einem spirituellen Aktivisten oder Zentrum übernommen wird.

Anfragen und Anregungen interessiert, können aber als Familie mit zwei Kindern (5 und 10 Jahre) nicht mehr versprechen, alle Briefe persönlich zu beantworten. Wir sind auch öfter verreist. Deshalb bitten wir Sie bezüglich der Behandlung Ihrer Wünsche um etwas Geduld. Trösten Sie sich mit dem alten esoterisches Gesetz, das da sagt: Wenn es sein soll, wird es auch geschehen!

Viel Sonne im Herzen wünschen Ihnen

René & Mirabelle Coudris

PS: Auf den nächsten Seiten finden Sie eine Reihe von Möglichkeiten, wie Sie an unserer Trance-Arbeit teilhaben können und sie dadurch gleichzeitig unterstützen.

Unsere Kontaktadresse:

Studio Phoenix-Austria
Institut für Transkommunikation und Metapsychologie
Postbox 8
A-4810 Gmunden am Traunsee
(FAX 0043 7612 75130)

HEYNE
BÜCHER

René und Mirabelle Coudris

Gespräche mit dem Ungeborenen

Der spirituelle Wegweiser für eine bewußte Schwangerschaft

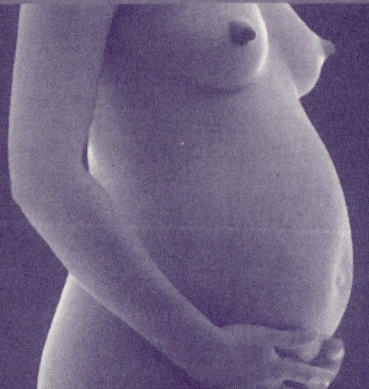

ESOTERISCHES WISSEN

Neuauflage von ›Ich kann sprechen‹ als Heyne-Taschenbuch Nr. 9662, erscheint Juni 95, DM 16.80

Bereits in sechs Sprachen: Die erstaunlichen Botschaften einer sich verkörpernden Seele!

Deutsch: ab Juni 95 neu bei Heyne /
München - siehe linke Seite

Holländisch: Ankh-Hermes -
Deventer / Niederlande

Portugiesisch: Editora Ground -
Sao Paulo / Brasilien

Englisch: Gateway Books,
Bath / England

Italienisch: Edizioni Mediterrannee -
Rom / Italien

Französisch: Editions Soleil -
Lausanne / Schweiz

Band 1 dzt. vergriffen, Neuaufl. Frühj. 95

Band 2   DM 24.80 / öS 194 / SF 25.80

Kommt die Psychologie des dritten Jahrtausends aus dem Jenseits?

Nein.
Das sogenannte Jenseits ist die Welt des Unbewußten!

DAS MAMMUT CHANNELING PROJEKT VON 'CARL GUSTAV JUNG'

EIN GEISTIGES ABENTEUER FÜR JEDEN AN ESOTERIK UND PSYCHOLOGIE INTERESSIERTEN

Erleben Sie einen faszinierenden Brückenschlag zwischen den Welten und die Geburt einer Spirituellen Psychologie!

CGJ: Ich bin der, der ich mal war. Aber ich lebe nicht mehr in der Begrenzung. In diesem Sinne bin ich es nicht mehr.

CGJ: Von dieser Dimension aus zum Bewußtsein, zur Ganzheit und Lebensfülle des Individuums beizutragen, erfüllt nun mein Leben.

CGJ: Ich möchte hier nicht mein altes Werk wiederholen, aber ein paar neue Ideen aus dem kosmischen Bewußtsein einbringen.

CGJ: Meine Aufgabe ist es jetzt, den Menschen zu helfen, Bewußtes und Unbewußtes nicht mehr als getrennt zu empfinden.

KOMMENTARE AUS FACHKREISEN

...Es ist höchst wahrscheinlich, daß das, was uns durch den Channel erreicht, auf irgend eine Weise Kommunikation von Carl Jung ist. Ich bin davon überzeugt, daß die Natur des übermittelten Materials von beträchtlichem Wert für unsere Gesellschaft ist...

> John L. Levy - Executive Director of the
> C.G.Jung Institute of San Francisco

...Die Inhalte verdienen zweifellos Beachtung. Wie auch immer man diese Informationen versteht, sie zeigen uns, daß wir vieles daraus lernen können. Ich bin begierig, Zugang zu den weiteren Unterlagen zu finden...

> Wayne K. Detloff, M.D. - President of the Society
> of Jungian Analysts of Northern California

...Ich finde die Aussagen, die eindeutig von einer hohen Intelligenz kommen, höchst interessant und von heutigen spirituellen Gesichtspunkten bestimmt...

> Arthur Hastings, Ph.D. - Institute of
> Transpersonal Psychology, Menlo Park, California

...Nachdem ich die von Mirabelle Coudris gechannelten Mitteilungen C.G.Jungs gehört und gelesen habe, möchte ich meine Überzeugung bescheinigen, daß unser geliebter Lehrer und Analytiker durch sie spricht...

> Cornelia Brunner - ehem. Präsidentin des
> Psychologischen Clubs, Zurich

...So hätte Jung zu Lebzeiten nie gesprochen. Aber das, was er hier sagt, macht es nicht völlig unwahrscheinlich, daß es aus seiner Quelle stammt...

> C.A.Meier, Prof. Dr. - Leiter der Klinik und
> Forschungsstätte für Jungsche Psychologie, Zürich

...Eine wundervolle Arbeit auf dem Gebiet der Esoterik. Mirabelle ist ein begnadet sensitives und helles Medium, was in bislang publizierten Büchern und im TV-Trance-Interview eindrucksvoll bezeugt wird...

> Nené von Muralt, Dipl. Psych. - Schweizer
> Parapsychologische Gesellschaft

...Was da aus dem Mund einer jungen Frau mittlerer Bildung kommt, ist eine Fundgrube an Einsichten in tiefere Zusammenhänge, wie man sie einem Altgewordenen vom geistigen Format eines C.G.Jung zutrauen mag, niemandem geringeren aber. Die Echtheit der Aussagen bestätigt sich selbst...

> Walter A. Frank, Prof. Dr. phil - Ethnologe
> an der Universität Bonn

jeweils 208 Seiten, broschiert, illustriert erschienen im Silberschnur -Verlag

Die Bände können in beliebiger Reihenfolge gelesen werden.

Band 3   DM 24.80 / öS 194 / SF 24.80

Band 4 in Vorbereitg., ersch. Sommer 95

ERST NACH REDAKTIONSSCHLUSS TELEPATHISCH EMPFANGEN:

Gechannelte Kommentare von 'Marilyn' und 'Bhagwan' zum Thema Nummer Eins!

sex im Jenseits

Alles, was Sie schon immer darüber wissen wollten...

Studio Phoenix Transkommunikation

Eine (seriöse) paranormale Erkundung der Bedeutung der Sexualität im Leben nach dem Leben.

Dieses 50-seitige Mini-Büchlein gibt es
GRATIS ALS DANKESCHÖN,
wenn Sie uns auf nebenstehendem Kupon ein halbes Dutzend Adressen von Freunden und Bekannten notieren, die vielleicht an unseren Publikationen interessiert sein könnten.
Wer uns ein volles Dutzend Adressen möglicher Interessenten zusendet, bekommt noch ein zweites dieser Büchlein zum Weiterschenken dazu. Falls die Kupon-Seite nebenan bereits fehlt oder Sie Zugang zu für uns interessanten Adresslisten haben, schreiben Sie uns bitte nähere Angaben c/o
STUDIO PHOENIX, BOX 8, A-4810 GMUNDEN, AUSTRIA

Okay, über Sex im Jenseits wollte ich schon immer mehr wissen. Sendet das Büchlein an

Name:

Strasse:

Land, PLZ, Ort:

Hier sind meine Adressen von eventuell interessierten Leuten:

Name:

Strasse:

Land, PLZ, Ort:

Name:

Strasse:

Land, PLZ, Ort:

Name:

Strasse:

Land, PLZ, Ort:

Name:

Strasse:

Land, PLZ, Ort:

Name:

Strasse:

Land, PLZ, Ort:

Name:

Strasse:

Land, PLZ, Ort:

›Kontaktwunsch mit Berühmtheit‹

Hallo Mirabelle und René!

Versucht doch, in Euren Trance-Experimenten auch mit dem Bewußtsein der ehemals verkörperten Persönlichkeit namens

....

telepathisch Kontakt aufzunehmen und stellt bitte an diese Wesenheit folgende Fragen:

....

....

....

....

....

....

....

Informiert mich bitte nach geglückter Kontaktnahme sogleich telefonisch unter der Nr: ....

PS: Zum Ausgleich für Eure Mühen habe ich mit nebenseitigem Kupon aus Eurem Angebot um zumindest öS 3000.- / DM, SF 500.- bestellt, um damit Eure Arbeit zu sponsern.

Absender ....

Strasse ....

Land, PLZ, Ort ....

HINWEIS: Diese Kontaktwünsche werden von uns in der Reihenfolge ihres Eintreffens zu realisieren versucht. Sollte uns allerdings die Frequenz einer gewünschten Wesenheit nicht behagen oder aus sonstigen Gründen kein Dialog herstellbar sein, werden wir mit dem Leser ihn zufriedenstellende Alternativen besprechen. Ist der jeweilige Wunschkontakt einmal geknüpft, kann in der Folge mit vereinzelten Lesern auch ein Direktkontakt im Studio Phoenix oder anderswo arrangiert werden. René & Mirabelle

Ich möchte bestellen

Senden Sie mir bitte umgehend *(bitte ankreuzen)*

☐ .....Exemplar(e) **Coudris / Jenseits berühmter Leben**
     (à öS 300.- / DM, SF 40.- inkl. Porto u.Verpackg.)

☐   Exemplar(e) **Coudris / Im Trance-Dialog mit 'C.G.Jung'**
     ..... Band 1   ..... Band 2   ..... Band 3   ..... Band 4
     (à öS 200.- / DM, SF 25.- inkl. Porto u. Verpckg.)

☐ .....Exemplar(e) **Coudris / Gespräche mit dem Ungeborenen**
     (à öS 150.- / DM, SF 20.- inkl. Porto u. Verpackg.)

☐ .....Exemplar(e) **Trance-Video: Channeling 'Carl Gustav Jung'**
     (à öS 700.- / DM, SF 100.- inkl. Porto u. Verpackg.)

☐ .....Exemplar(e) **Trance-Video: Channeling 'Jackie Onassis'**
     (à öS 700.- / DM, SF 100.- inkl. Porto u. Verpackg.)

Ich bezahle die Summe von öS .... bzw. DM/SF ....

☐   mit beiliegendem Euroscheck *(unbedingt in ÖS ausstellen)*
☐   mit beiliegenden Banknoten (bitte einschreiben)
☐   durch Voraus-Überweisung auf das österr. Postscheckkonto
     Nr.7512.209 (lautend auf Studio Phoenix)
☐   per Nachnahme-Lieferung (zusätzlich öS 70.- /DM, SF 10.-)

Ich bin interessiert an

☐ **CGJ-Konsultation**   *Unter Channeling-Konsultation verstehen*
☐ **Baby-Channeling**   *wir die eigenverantwortliche Teilnahme*
☐ **Vortrag** ☐ **Seminar** *an einem unserer paranormalen Kontakt-*
☐ **ParaFax per Post**   *Experimente mit Geistwesen Ihrer Wahl.*
☐ **Bio-Para-Kreuzfahrt** *Vorträge und Seminare halten wir derzeit*
☐ **Phillip. Heiler-Reise** *nur, wenn jemand vor Ort die Organisation*
☐ .... *übernimmt.*

NAME .... *TEL* ....

STRASSE ....

LAND, PLZ, ORT ....

DATUM .... *UNTERSCHRIFT* ....

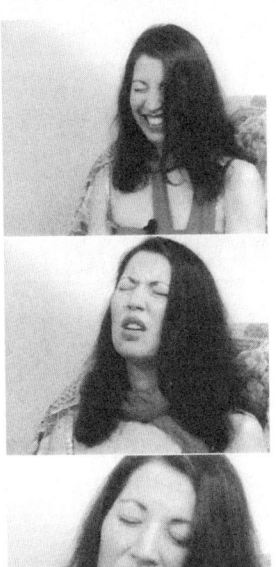

Trance Videos

DIREKT VOM VERLAG

Nur wenige unserer Live-Trancen wurden auch im Bild aufgezeichnet. Zwei davon bieten wir den Lesern, die sich mit dieser Arbeit näher befassen wollen, jetzt an. Mit dem Kauf sponsern Sie künftige Studio Phoenix-Aktivitäten!

'Jacqueline Onassis'
via Mirabelle 94

Interview von René Coudris aus diesem Band

'Carl Gustav Jung'
via Mirabelle 88

Interview der SRG über Reinkarnation (englisch untertitelt)

je 40 Min. VHS
á öS 700.-
DM / SFR 100.-

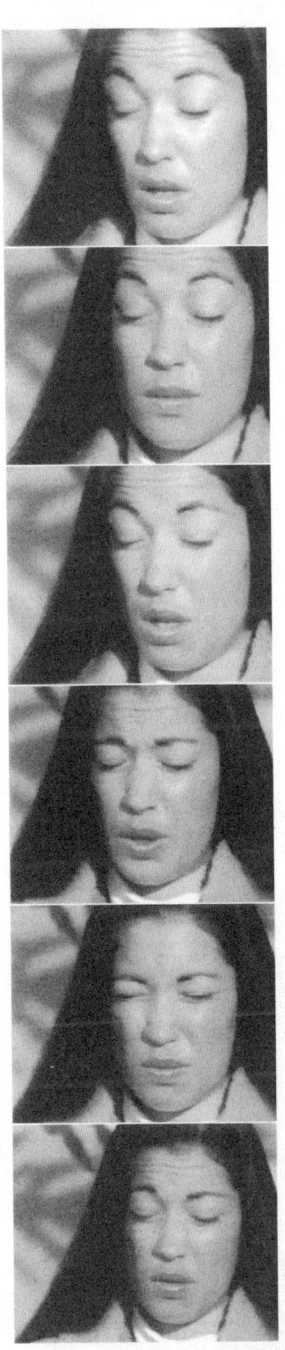

© BILDQUELLEN

Wir bedanken uns für die freundliche Abdruckgenehmigung bei:
Klappenfotos u. Seite 6: Foto Humer, Seite 15: Pressebilderdienst Kindermann,
Seite 43: Ullstein / Jochen Blume, Seite 63, 75 US Information Service, Seite
75: IMA-Press, Seite 97, 133: OÖN-Archiv, Seite 109: Ullstein / Camera Press,
Seite 125: OÖN / Brüder Basch, Seite 145: Contrast / Popperfoto, Seite 151:
David Gahr, Seite 161: Contrast / Stills / Bonazza, Seite 167: OÖN / Felicitas
Timpu, Seite 177: VBK / Isy Brachot, Seite 183: Bibliotheque Municipale
Nantes, Seite 193: Diogenes / Alain Renoir, Seite 205: Suhrkamp / Martin
Hesse, Seite 213: Votavafoto, Seite 223: Motovun / John Phillips, Seite 237:
Edgar Cayce Foundation, Seite 245: Dr.Edward Bach Centre, Seite 255:
Contrast / Stills / Foto Blitz, Seite 267: Bildarchiv Preussischer Kulturbesitz,
Backcover: ICS-Media. Coverdesign: Studio Phoenix.
Die Horoskopscheiben wurden mit freundlicher Genehmigung von Hans-
Hinrich Taeger seinem Horoskope-Lexikon, erschienen im Bauer Verlag,
entnommen. Die Faksimile-Signaturen entstammen diversen Publikationen
oder wurden uns von Autographenhändlern und -Sammlern zur Verfügung
gestellt. Die digitale Bildbearbeitung besorgte Arno Dudek/ Apple mit Biß.